Gregor Hundeshagen

Mein
SEVEN
SUMMITS
WEG

**Ein Chirurg besteigt
die höchsten Gipfel
aller Kontinente**

Manuela Kinzel Verlag

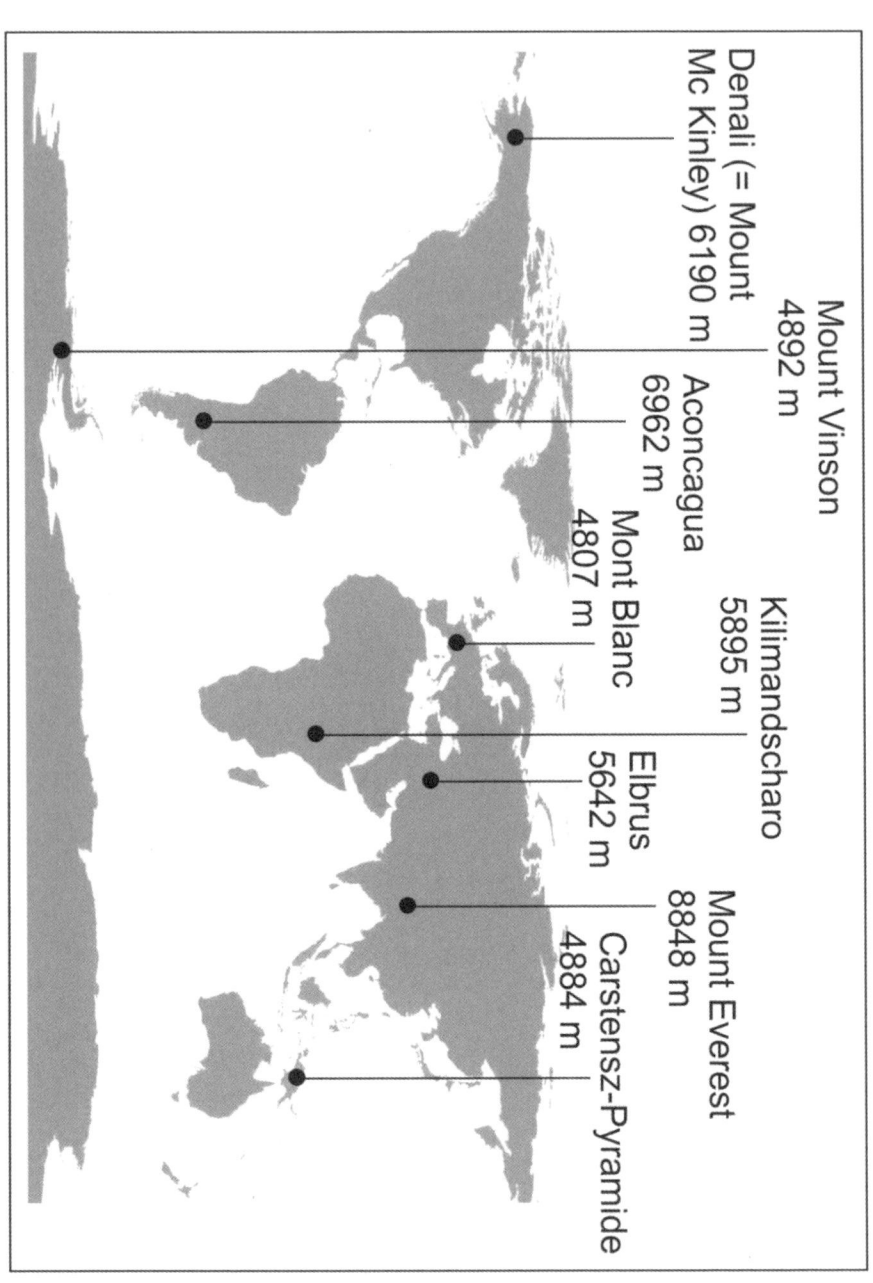

Inhalt

Vorwort 5

Jeder Weg beginnt mit einem ersten Schritt
   Prolog über Afrika 7
   Exkurs über die Seven Summits 15
   Glück musst du dir erarbeiten 16
   Mein Marathon-Weg 22
   Freiheit, die ich meine 30

Mont Blanc oder Elbrus? Mont Blanc und Elbrus!
   »Magic Hand« 38
   Alte Freunde, neue Pläne 41
   Steigeisen, Pickel, Hüftgurt und Seil 45
   Nächtlicher Gipfelsturm 48
   Eine Expedition auf Russisch 51

Eine Vision nimmt Gestalt an
   Unter »Bergspechten« 60
   Ein Benzinbrenner und andere Schwierigkeiten 65
   Umkehren oder weitergehen? 75

Ein langer Anlauf
   Die Zeit ist zu kostbar, um sie sich stehlen zu lassen 89
   »Gregor, du solltest weniger arbeiten« 92
   Mein Sprung über die Gletscherspalte 95

Wege und Kreuzwege
   Ein Gottesberg 99
   Andenluft 115
   Neue Einsichten 125

Durch den Urwald
    Begegnungen mit den Dani   128
    Über den Neuseeland-Pass   139
    Operationen mit einem Schweizer Präzisionswerkzeug   145

Muttergöttin der Erde
    Freie Entscheidungen   159
    Wiedersehen mit Kathmandu   162
    Eingriff vor Publikum   164
    Auf der Nordroute   173
    Das höchste Café der Welt   190
    Erst wenn du wieder unten bist   210
    Bergsteigertragik, Bergsteigerglück   216

Teures Hobby?   224

Epilog   228

Vorwort

*Tu erst das Notwendige, dann das Mögliche
und plötzlich schaffst du das Unmögliche.*
(Franz von Assisi)

Die meisten Bergbücher und Bergvorträge kennen wir von professionellen oder semiprofessionellen Bergsteigern. Dieses Buch dagegen ist aus der Sicht eines kompletten Amateurs geschrieben, der als blutiger Anfänger begann und die kleinen und großen Berge mehr und mehr zu lieben lernte. Ich zeige auf, wie man unter bestimmten Umständen auch als Nicht-Profi sauber bis zum höchsten Gipfel jedes Kontinents hinauf- und – das ist besonders wichtig – wieder herunterkommen kann.

Damit Sie als Leser mich kennenlernen (oder noch etwas besser kennenlernen) und verstehen, unter welchen Voraussetzungen diese mal mehr mal weniger waghalsigen Expeditionen möglich waren, gehe ich auch auf meinen nicht weniger herausfordernden Beruf als Mund-, Kiefer- und Gesichtschirurg mit zwei eigenen Behandlungszentren in Dessau und Halle ein – und auf meine langjährige Erfahrung im Marathonlauf, die auf meine (ansonsten wenig erfreuliche) Zeit in der NVA zurückgeht. Ein paar Worte zur DDR und wie ich sie erlebte, dürfen da ebenfalls nicht fehlen.

Meine sieben kleineren und größeren Abenteuer (und noch ein paar mehr, quasi außer der Reihe) habe ich nicht nur als sportliche Herausforderung angesehen, sondern auch als spirituelle Reise, als Pilgerweg zu Gott und zugleich zu mir selbst. Denn während der Zeit meines *Seven-Summits*-Weges ist mein privates Leben ein wenig durcheinandergeraten und verlangte nach Neuorientierung.

»Die Symbolik der Berge liegt tief im Menschen verwurzelt, so dass er leicht angestoßen werden kann zu spirituellen Erfahrungen. Man muss nur hingehen, sich öffnen und hineinhorchen in die Bergwelt und die eigene Innenwelt«, schreibt die Theologin Carolin Neuber in »Gottesberge und Bergsteiger«[1]. Genau das habe ich getan und beschreibe es hier.

---

[1] In der Zeitschrift *Geist und Leben* 81/5 (2008) Seite 321–335.

So verstehe ich dieses Buch auch als Hommage an die »Schöpfung Berg«. Es soll zeigen, dass ein starker Wille, verbunden mit einem tiefen Glauben, das Unmögliche möglich macht.

Dieses Buch ist ein Dankeschön an Dich, lieber Gott, dass Du mir diesen *Seven-Summits*-Weg gegeben und mir neue Horizonte aufgezeigt hast – in der Hoffnung, dass Du mich auch in Zukunft immer sicher ans richtige Ziel bringst.

Bevor es losgeht, möchte ich aber auch einigen Menschen für ihren Anteil an meinem Erfolg danken. Zuallererst danke ich meiner Mutter für die Liebe zur Natur, die sie in mir geweckt hat, meinem Vater für den eisernen Willen, den er mir gab – und ich danke beiden zusammen für den gelebten Glauben an Gott, den ich nie verloren habe.

Danke allen Freunden, Verwandten und Bekannten für die vielen guten Wünsche, insbesondere die Botschaften über den Internet-Blog, die mir den schweren Weg zum Gipfel des Mount Everest erleichtert haben, und danke für die *eine* Nachricht (der Absender weiß, welche), die mir Flügel verliehen hat.

Mein herzliches Dankeschön möchte ich Dr. Karsten Wagner sagen für seine Ermunterung, meinen Pilgerweg aufzuschreiben, und seine große Unterstützung. Ein ganz besonderer Dank gilt auch meinem Lektor Dr. Stefan Kappner, für die Einblicke in das »Reich« der Schreibenden und seine unermüdliche Arbeit daran, mir für dieses Buch den richtigen Weg zu weisen.

Ich danke meinem Kollegen und langjährigen Freund Dr. Dr. Thomas Paling für seine Unterstützung beim englischen Text und für die Einblicke in die Tiefen der Religiosität, die er mir ermöglichte.

Ein besonders dickes Dankeschön gilt allen Mitarbeitern unserer Praxis, dafür, dass sie mir die Zeit gegeben haben, diesen Weg zu gehen. (Vermutlich tat es manchmal auch gut, wenn »der Alte dann mal weg« war.)

Und danke allen Bergfans unter meinen Patienten, die zu mir gesagt haben: »Kommen Sie heil wieder, wir brauchen Sie noch!«

Last but not least: Ich danke ganz besonders Frau Manuela Kinzel, dass sie mein Projekt in ihren „Manuela Kinzel Verlag" aufgenommen und eine 2. Auflage mit viel Enthusiasmus, Fleiß und Energie realisiert hat.

Dessau, im Mai 2017
Gregor Hundeshagen

Jeder Weg beginnt mit dem ersten Schritt

Prolog über Afrika

Viel grauer Staub war zu sehen, aber auch Sümpfe mit ergiebigen Wasservorkommen für die zahlreichen Wildtiere, die sich von Sauergräsern, Binsen und den salzigen Büschen ernährten. Lichte Wälder aus Akazienbäumen schlossen sich an, die sich nach und nach von ihresgleichen zu lösen schienen und die endlose Savanne in immer weiteren Abständen bevölkerten, bis sie ganz ausblieben und die offene Landschaft sich am Horizont verlor. Und dies alles überragte ein Berg, dessen schneebedeckter Gipfel den Himmel zu berühren schien: der Kilimandscharo.

Der Rundflug über den Amboseli-Nationalpark im Südwesten Kenias war einer der Höhepunkte unserer Afrikareise, mit der wir den Übergang ins neue Jahrtausend feierten. Wir, das waren meine Frau Britta, meine Söhne Gabriel und Simon – damals 13 und 9 Jahre alt –, mein alter Schulfreund Bernd und ein Kollegenehepaar: Kerstin und Karsten. Auch sie hatten ihren Nachwuchs dabei, Sören und Julia.

»Das ist der höchste Berg Afrikas, er liegt in Tansania, direkt hinter der Grenze«, erklärte ich den Kindern, während wir allesamt wie gebannt aus den Fenstern schauten. Viel mehr wusste ich nicht, doch der majestätische Anblick des Bergmassivs berührte mich unmittelbar, wie er dort über der Graslandschaft thronte, mit weißem Haupt und von einem grünen Band umsäumt. Er schien mir etwas Besonderes zu sein – ganz anders etwa als die vielen, dicht beieinanderliegenden Gipfel der Alpen. Einzigartig, wie er war, passte er zu dem einzigartigen Ereignis, das wir begangen, Silvester 1999.

Doch auch nach dieser Reise, und als wir uns schon an die ungewöhnliche neue Jahreszahl gewöhnt hatten, blieb die Faszination für diesen Berg erhalten. Und das galt nicht allein für mich. Auch Karsten als eingeschworener Afrika-Fan war begeistert. Fast gleichzeitig kamen wir auf die Idee, seinen 40. Geburtstag auf dem höchsten Punkt Afrikas zu feiern. Das klang zunächst verrückt, Bergsteiger war schließlich keiner von uns. Doch ich zweifelte nicht daran, dass Karsten das notwendige Durchhaltevermögen für eine solche Unternehmung mitbrachte.

Erst zwei Jahre zuvor hatte ich Karsten für das Laufen begeistern können. Wir hatten schon viel gemeinsame Zeit laufend auf wunderschönen Strecken entlang von Mulde und Elbe verbracht – und das, obwohl unser erster gemeinsamer Lauf Chaos pur gewesen war. Im hügeligen Gelände rund um die oberpfälzische Wutzschleife hatten wir uns verlaufen, und was ein lockerer Silvesterlauf als Saisonabschluss für mich und als Auftakt zu einer neuen sportlichen Herausforderung für ihn werden sollte, endete mit einer Gewaltaktion über mehr als 25 Kilometer. Karsten war so kaputt, dass er mich fragte: »Kannst du mich nicht ein Stück tragen – zumindest bergauf?«

»Nein, dafür bist du mir einfach noch zu schwer!«

Aber irgendwie schaffte er es doch, sogar die Feier der Silvesternacht, bis zum Schluss.

Umso mehr sprach es für Karsten, dass er schon ein Jahr später zu seinem ersten Marathon antrat und nicht nur ankam, sondern sogar unter vier Stunden blieb.

Wenn Karsten nun also vorschlug, am 1. September des Jahres 2000 auf den höchsten Berg Afrikas zu steigen, dann meinte er es ernst. Vor meinem inneren Auge tauchte erneut die großartige Landschaft Afrikas auf, mittendrin dieser schneebedeckte Kegel – und ich konnte es kaum erwarten.

Die Geschichten meiner Bergbesteigungen handeln stets auch von den Menschen, die sich mit mir gemeinsam auf den Weg machten. Bei dieser ersten Tour war es – neben Karsten – dessen Freund Micha, der schon lange geplant hatte, den Kilimandscharo eines Tages von oben zu sehen. Vierter im Bunde war Tilman, ein befreundeter Kardiologe aus den alten Bundesländern, der als passionierter Langstreckenläufer nicht nur die nötige Fitness, sondern auch bereits einige Erfahrung am Berg mitbrachte. Ich hatte ihn über seine Frau Ellen kennengelernt, die sich in unserer Kirchengemeinde engagierte. Als Naturfreak im Westen aufgewachsen, wusste er viel über den großen Teil der Welt zu berichten, der uns anderen erst seit der Wende zugänglich geworden war.

Ich fragte auch meinen Freund und damaligen Haustechniker Olli. Wir kannten uns ebenfalls über die Kirchengemeinde, unsere Familien waren befreundet, und ich wusste, dass er immer für ausgefallene Aktionen zu haben war.

Wie mein Studienfreund Olaf zu der Gruppe stieß, verdient eine längere Einleitung. Sie hat mit einem festen Freundeskreis zu tun, der sich während meines Studiums gebildet hatte, und der in diesem Buch noch häufiger erwähnt wird: Als »Elferrat« hatten wir den jährlichen Fasching der Medizinischen Akademie Dresden organisiert – ein Highlight im studentischen Nachtleben, das uns zusammengeschweißt und stabile Freundschaften hervorgebracht hatte. Mitte der 80er Jahre engagierten wir Bands, ließen Studenten der Hochschule für bildende Künste das Bühnenbild gestalten, schrieben Büttenreden, drehten Super-8-Filme, wählten die Professoren aus, die an der Seite unserer hübschesten Studentinnen die Faschingsprinzen sein sollten, und waren bekannt für die legendärsten Nachfeten.

Seit unser Studium zu Ende gegangen war und wir verstreut über die DDR und später ganz Deutschland unserem Beruf nachgingen, trafen wir uns jedes Jahr zum Himmelfahrtswochenende, immer an einem anderen Ort, um zu feiern, alte Zeiten hochleben zu lassen – und den einen oder anderen Plan auszuhecken. An Himmelfahrt des Jahres 2000 also war es wieder so weit. Diesmal waren wir ins Tiroler Stubaital gefahren. Zu elft saßen wir zusammen, und Olaf und ich kramten in Erinnerungen, als mir nach dem ich-weiß-nicht-wievielten Bier etwas einfiel: »Hey Olaf, im September steige ich auf den Kilimandscharo. Wie sieht's aus, kommst du mit?«

Es dauerte keine fünf Sekunden und er sagte: »Ja, mach' ich!«

Nun ja, das war in Bierlaune gesagt, und Olaf mit seinem kleinen Bäuchlein war nicht gerade als ambitionierter Sportler bekannt – darum gab ich nicht viel darauf. Aber er meinte es ernst und griff sofort zum Handy, um seine Frau anzurufen und ihr seinen Entschluss mitzuteilen. Dabei vergaß er natürlich, dass es erst nachmittags um drei war, er schon einige Bierchen intus hatte und dass seine Frau, die eine Apotheke betrieb, vielleicht gerade mitten im Alltagsstress hinter ihrer Verkaufstheke stand.

Das Gespräch war intensiv, aber kurz! Ilona war tatsächlich mitten im Beratungsgespräch – die Apotheke voller schmerzgeplagter Patienten – und wenig empfänglich für die Nachricht ihres Göttergatten, er steige im Herbst auf den Kilimandscharo. Sie blieb stumm und legte auf – nicht nur, weil sie sprachlos war, sondern weil eine adäquate Antwort kaum dienlich fürs Apothekergeschäft gewesen wäre. So jedenfalls rekonstruierten wir die Situation im Nachhinein.

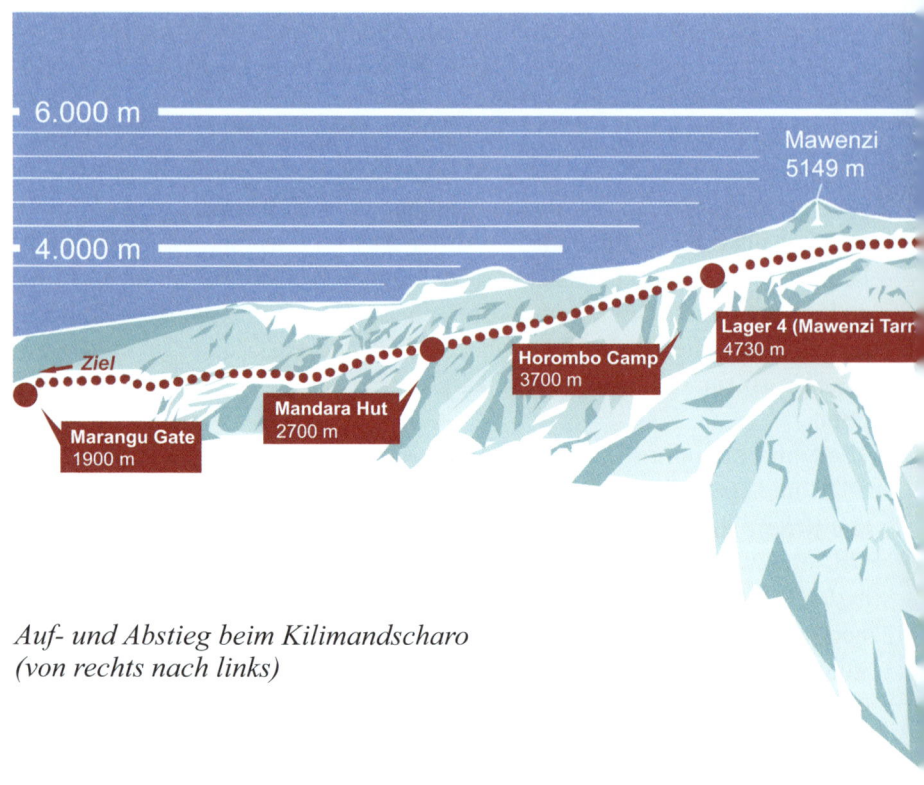

*Auf- und Abstieg beim Kilimandscharo
(von rechts nach links)*

Weil ich Olaf lange genug kannte, war mir klar: Was er so ankündigte, würde er auch durchziehen. Egal, was seine Frau davon hielt.

Im Frühsommer des Jahres 2000 setzten wir uns also zu sechst zusammen und überlegten, wie wir das Abenteuer angehen wollten. Schnell war klar, dass wir einen Reiseveranstalter ausfindig machen mussten, der Expeditionen dieser Art anbot. Tilman empfahl eine Überschreitung des Berges von Norden nach Süden, und schließlich fanden wir Kibo Slopes in Kenia, deren »Rongai-Route« unseren Wünschen entsprach. Die Route führt von Rongai im Norden Tansanias an der Grenze zu Kenia über das Kikelewa Camp (3600 Höhenmeter) und vorbei am Fuß des Mawenzi (4330 Meter) bis zur School-Hut (4730 Meter). Hier trifft sie auf die klassische »Marangu-Route«, die wir als Abstiegsroute wählten.

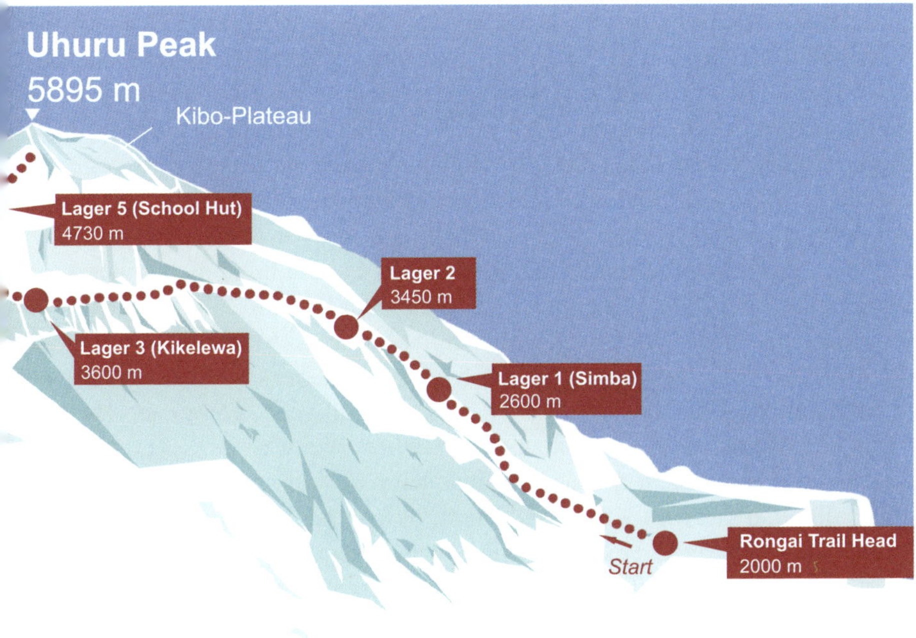

Mit dieser Gruppe begann Ende August 2000 mein Seven-Summits-Weg. Am Ausgangspunkt des Veranstalters Kibo Slopes, von links: Gregor, Tilman (stehend), Olli, Micha, Karsten und Olaf (stehend).

Ende August ging es los. Von Nairobi aus flogen wir erneut zum Amboseli-Nationalpark, dem Ausgangspunkt unserer verrückten Idee. Nach einer Jeepsafari mit Josef, den wir lustigerweise schon ein Jahr zuvor als Guide hatten, fuhren wir zunächst nach Loitokitok im Südosten Kenias, direkt an der tansanischen Grenze. Hier wurde die Ausrüstung gewogen und die Rucksäcke für unsere Überschreitung gepackt. Am nächsten Morgen ging es dann mit dem Jeep nach Rongai, wo wir mit unserer zehnköpfigen Begleitmannschaft zusammentrafen. Schließlich brachen wir zu Lager 1 auf, von 1730 Höhenmetern begaben wir uns auf 2600 Höhenmeter, und dann in Stufen immer weiter hinauf. Dieser Aufstieg sollte eine der grausamsten Erfahrungen meines bisherigen Lebens werden.

Der Kilimandscharo ist ein Massiv aus drei Vulkanen, von denen zwei, Shira und Mawenzi, als erloschen gelten. Über zwei weit gezogene Sättel sind beide Erhebungen mit dem Mount Kibo verbunden, einem Plateau oberhalb einer riesigen Kraterlandschaft, dessen höchster Punkt – Uhuru Peak – in 5895 Meter Höhe liegt. Das war unser Ziel. Der Weg dorthin führt aus der Savanne und durch urwaldartigen Regenwald hinauf in die felsige, von Schutthalden gesäumte Gipfelregion mit ihrem für die geografische Lage – nur 350 Kilometer südlich des Äquators – einzigartigen Gletscher. Die Erstbesteigung des Kibo durch den Leipziger Hans Meyer, Ludwig Purtscheller aus Österreich sowie als tansanischen Bergführer Yohani Kinyala Lauwo datiert auf den 6. Oktober 1889.

Rein konditionell zeigte ich mich der Herausforderung durchaus gewachsen. Schwierige Kletterpartien gab es nicht. Pickel, Steigeisen und Seil waren nicht gefragt. Was mir zu schaffen machte, war die Höhe. Obwohl wir schon die verlängerte Rongai-Route über den Fuß des Mawenzi nahmen, reichte die Akklimatisation für mich nicht aus. Nach Lager 1 folgten vier weitere Lager unterhalb des Gipfels, in 3450 Meter, 3600 Meter, 4330 und 4730 Meter Höhe. Auf den Zwischenetappen übernachteten wir in Zelten, die Lager Mawenzi-Tarn-Hut und School-Hut besaßen feste Behausungen. Unsere Route war deutlich weniger frequentiert als die von Süden kommende Marangu-Route, was wir als sehr angenehm empfanden.

Die kurze abendliche Akklimatisierungstour von Lager 5, der School-Hut, von 4730 auf circa 5000 Meter war zwar für die Psyche gut, genügte aber leider nicht zu meiner körperlichen Akklimatisation. Die Anstrengung machte sich für mich vor allem durch eins bemerkbar: höllische Kopfschmerzen. Auf den letzten beiden Etappen hielt ich es kaum noch aus. Den anderen erging es deutlich besser, ich schien für die Kopfschmerzen besonders anfällig zu sein.

Es gab nur zwei Möglichkeiten: Umkehren – oder die Schmerzen ertragen. Eine Entscheidung, die jeder für sich allein treffen muss. Wie wir später erfuhren, kranken viele Expeditionen zum Kilimandscharo an demselben Problem: Die Reiseanbieter verzichten häufig auf eine allmähliche Höhenanpassung. In der Folge schaffen es viele der Expeditionsteilnehmer – zumal die meisten über nur wenig Bergsteiger-Erfahrung verfügen – nicht bis zum Gipfel. Und wenn doch, dann nur unter quälenden Schmerzen. Jedes Jahr gibt es auch Tote am Kilimandscharo, weil die Bergrettung in dieser Region noch komplett unterentwickelt ist. Doch darüber wird nicht in den Medien berichtet.

Im Lager 3 der Rongai-Route mit dem schneebedeckten Gipfel im Hintergrund, von links: Micha, Karsten, Tilman, Olaf, Gregor und Olli.

Ich hielt durch. In der Nacht vom 31. August zum 1. September 2000, um null Uhr, begannen wir den letzten Aufstieg bei minus zehn Grad. Micha gab sich mit dem Vorgipfel zufrieden, dem Gilman's Point auf 5681 Meter Höhe. Wer diesen Punkt erreicht, gilt bereits als erfolgreicher Kilimandscharo-Besteiger.

Ich trotzte weiter dem Dröhnen und Pochen im Kopf, bis wir um 7 Uhr Ortszeit endlich auf dem Uhuru Peak standen, dem mit 5895 Metern höchsten Punkt des schwarzen Kontinents – Olaf, Tilman, Karsten und ich. Olli, der bis zur letzten Etappe konsequent weiter geraucht hatte, kam etwas später zum Gipfel. Er taumelte ziemlich, aber er hat es geschafft. Wir trafen ihn auf dem Rückweg.

Am 1. September 2000 um 7 Uhr stand ich auf dem Uhuru Peak des Kilimandscharo-Massivs.

Darauf, den Sekt hoch zu schleppen, um auf seinen 40. Geburtstag anzustoßen, hatte Karsten verzichtet: »Die Flasche ist mir zu schwer«, sagte er. Doch ihm war gelungen, was er sich vorgenommen hatte. Das war die Hauptsache. Und wenn nicht bereits auf dem Gipfel – der höllischen Kopfschmerzen wegen – war ich doch spätestens nach dem Abstieg glücklich und stolz, die Herausforderung gemeistert zu haben. Wir überstiegen den

Berg, das Hämmern hinter den Schläfen nahm mit jedem verlorenen Höhenmeter wieder ab. Olaf dagegen hatte einen furchtbaren Abstieg. Da ihm die Bergschuhe drückten, tauschte er sie kurzerhand gegen die Badelatschen seines Guides ein, was nur für wenige Meter funktionierte. Doch die Schuhe waren jetzt weg, und er ging die letzten beiden Etappen etwas unrund und laut fluchend bergab. Ich passierte ihn, ohne ein Gespräch zu beginnen, um mir meine Freude nicht nehmen zu lassen. Beim Eintauchen in die Wolkendecke hatte ich das erste Mal das Gefühl, dem Himmel ein Stück näher gekommen zu sein.

Bei der Mandara-Hut auf 2700 Metern holten wir die Sekt- und Bier-Party nach, und auch Olafs Laune besserte sich zusehends.

Was ich in keiner Sekunde ahnte: Dieser schmerzhafte Aufstieg sollte mein erster Schritt auf einer langen, langen Reise werden, über sieben Kontinente und deren höchste Berge. Damals begann mein *Seven-Summits*-Weg.

Exkurs über die Seven Summits

Die Idee, die höchsten Berge aller sieben Kontinente – eben die *Seven Summits* – zu besteigen, geht zurück auf den US-Amerikaner Richard »Dick« Bass. 1929 geboren, entstammte er einer Unternehmerfamilie, die mit Öl, Gas und Kohle handelte und einige Ranches unterhielt. Ende der 1960er Jahre entdeckte Bass seine Liebe zu den Bergen und fasste um das Jahr 1980 herum den Entschluss, als erster Mensch die *Seven Summits* zu bezwingen. 1981 bestieg er den Elbrus, der an der Grenze zwischen Europa und Asien liegt und nach unter Bergsteigern verbreiteter Auffassung als der höchste Berg Europas gilt – nicht etwa der Mont Blanc. Sein Partner Frank Wells musste diese Expedition wegen mangelnder Akklimatisation abbrechen. Nach einigen gescheiterten Versuchen, weitere Gipfel zu erklimmen, gelang beiden 1983 der Durchbruch: Sie bezwangen nacheinander den Aconcagua in Argentinien, den Denali in Alaska, den Mount Kibo im Kilimandscharo-Massiv, den Mount Vinson in der Antarktis und schließlich den Mount Kosciuszko in Australien. Die letzte sollte auch ihre größte Herausforderung sein: Mount Everest, der höchste Berg der Erde. Mehrfach hatten Dick Bass und Frank Wells es bereits versucht, ohne ihr Ziel zu erreichen. Schlechte Witterung hatte sie ein um das andere Mal zum Rückzug gezwungen. Schließlich blieb es allein Dick Bass vorbehalten, den Weg zu vollenden: Am 30. April 1985 erreichte er als damals ältester Bergsteiger mit 55 Jahren den Gipfel des Mount Everest. Er war am Ziel.

Zwischenzeitlich kursierte eine alternative Liste der *Seven Summits*, nach der für Australien nicht der Mount Kosciuszko, sondern die auf West-Papua gelegene Carstensz-Pyramide als höchste kontinentale Erhebung gilt. Verantwortlich hierfür war niemand anderes als Reinhold Messner, in mancher Hinsicht ein Gegenspieler zu Dick Bass: Als Dick Bass sich 1983 auf die schwierige und kostspielige Expedition zum Mount Vinson in der Antarktis vorbereitete, hatte Reinhold Messner sich als möglicher Partner ins Spiel gebracht. Dick Bass lehnte ab, weil Messner die übrigen sechs Gipfel bereits erreicht hatte und damit selber der erste Mensch auf den *Seven Summits* gewesen wäre. Die Messner-Liste der *Seven Summits* vollendete der Kanadier Patrick Morrow mit der Besteigung der Carstensz-Pyramide am 5. August 1986 als Erster. Reinhold Messner selbst folgte am 3. Dezember 1986.

Im Gefolge von Dick Bass und Reinhold Messner versuchten sich seit Ende der 1980er Jahre immer mehr Menschen an den *Seven Summits* – Profibergsteiger und Amateure. Da die Carstensz-Pyramide als anspruchsvoller gilt, halten sich insbesondere die Profis eher an die Messner-Liste. Doch letztlich zählen beide Listen – ergänzt um eine weitere europäische Variante: den Montblanc.

Glück musst du dir erarbeiten

Im Jahr 2000 lagen die *Seven Summits* für mich aber noch in weiter Ferne, auch nach der Besteigung des Mount Kibo. Ich war an anderer Stelle gefordert – in einer ständig wachsenden Praxis für Mund-, Kiefer- und Gesichtschirurgie.

Nach einigen Jahren an der Universitätsklinik Leipzig und einer kurzen Stippvisite in den USA, am *Massachusetts General Hospital* in Boston, stand mein Entschluss fest: Ich wollte mich selbstständig machen. Zuvor musste ich noch einige Monate Vorbereitungszeit bei einem niedergelassenen Kollegen absolvieren. Ich hatte das Glück, in einer sehr frequentierten MKG-Praxis mitten auf dem Ku'damm in Berlin unterzukommen. Fachlich gab es nicht viel Neues, dafür betriebswirtschaftlich um so mehr. Ich habe nie wieder eine Praxis gesehen, die effektiver gelaufen wäre als jene im Herzen Berlins. Viel von dem Gelernten habe ich später einfach kopiert. Gepaart mit einem eisernen Willen und den »Wirtschaftsgenen«, die mir mein Vater mitgegeben hatte, sollte dies der Grundstein für unsere erfolgreiche Praxis werden. Auf der Landkarte hielt ich Ausschau nach dem kieferchirurgisch weißesten Fleck – und siehe da: Es war der Großraum Dessau, gerade dort, wo sich meine Frau Britta zwei Jahre zuvor als Zahnärztin niedergelassen hatte. Nach Rücksprache mit erfahrenen Kollegen entschieden wir gemeinsam, einen kieferchirurgischen Praxisanbau an die vorhandene Zahnarztpraxis zu planen.

Im Januar 1993 ging es los: Ich operierte, betreute Patienten und stellte Personal ein, während sich Britta um die Verwaltung beider Praxen kümmerte. Doch obwohl unser Anbau 70 Quadratmeter groß war, ausgestattet unter anderem mit einem kompletten Operationssaal, platzte er bald aus allen Nähten, erst recht, als mich vom Jahr 1995 an mein Kollege Eberhard Bender von der Uniklinik Erlangen unterstützte. Beide arbeiteten wir sehr viel. Dass ein OP-Tag bis 22 Uhr dauerte, war nichts Ungewöhnliches. Unsere Wohnung lag direkt über der Praxis und auch Eberhard wohnte zwischenzeitlich in unserem Haus, während es seine Frau vorzog, mit dem Rest der Familie im heimatlichen Erlangen zu bleiben.

Längere Zeit hielt ich Ausschau nach einer größeren Praxis. Die Raumnot musste ein Ende haben. Und immer wieder fiel mir, wenn ich aus dem OP-Fenster sah, der vom Verfall bedrohte Kindergarten in direkter Nachbarschaft zur Praxis auf.

»Wenn man dieses architektonische Kleinod restaurieren und mit einem modernen Praxisanbau verschönern könnte – das wäre ein Traum.«

Ich hatte, wie so oft in meinem Leben, eine Vision. Und frei nach dem Leitspruch »Glück musst du dir erarbeiten«, erlebte ich eines Tages das Glück, dass der Besitzer eben dieser Immobilie auf meinem OP-Tisch lag. Dieser wirklich angenehme Patient gehörte zu einer größeren Ingenieursgesellschaft aus den alten Bundesländern, die »prophylaktisch« das Vorkaufsrecht für die »halbe« Albrechtstraße erworben hatte.

Es fiel mir nicht schwer, das schon hundertfach durchdachte und bis ins Kleinste ausgeklügelte Betriebskonzept »rüberzubringen«. Emotional wie immer.

Heute noch bin ich diesem Patienten dankbar für seinen Glauben an mein Projekt und für seine professionellen Tipps, wie ich dieses Gebäude und das Grundstück erwerben könne.

Die Aktion »Behandlungszentrum MKG Albrechtstraße« ging an den Start und wurde neben unserem vollem Arbeits- und OP-Pensum in die Realität umgesetzt. Meine Arbeitszeit verlängerte sich auf etwa 60-80 Wochenstunden, Wochenenden oft inklusive. Aus dem OP ging es auf die Baustelle und zurück, ich besprach Pläne mit den Handwerkern und vermaß jeden Zentimeter. Britta plante die Einrichtung, und gemeinsam stimmten wir Einrichtungsgegenstände, medizinische Einheiten und die baulichen Gegebenheiten so genau aufeinander ab, dass unsere Praxisklinik in meinen Augen heute noch immer perfekt ist! Ich hatte eine Frau, einen Kollegen und einen Haustechniker Olli, die mir den Rücken freihielten, wofür ich noch heute dankbar bin. 1997 weihte der damalige Propst Max Pritze die neuen Räumlichkeiten ein. Das Kreuz, das er uns als Geschenk überreichte, hängt noch heute an seinem Platz.

Gerne hätte ich Eberhard als Partner mit in unsere Gemeinschaft aufgenommen. Aber das scheiterte an einem waschechten fränkischen Dickschädel namens Anette, der Frau meines Kollegen. Ich musste Lehrgeld bezahlen: Man konnte viel im Leben erreichen, aber einen fränkischen Sturkopf in den »Osten« zu bringen, ging nicht mit Geld und guten Worten. Eher geht ein Kamel durch das berühmte Nadelöhr als ein Franke aus seiner Heimat!

Doch auch das hat sich als nicht ganz richtig erwiesen. Denn als Eberhard die Erfolglosigkeit meines Bemühens, ihn mit seiner Familie nach Dessau zu holen, erkannte, sagte er zu mir: »Ich habe einen Freund, auch von der Uni Erlangen und als Hartgewebschirurg sehr gut in seinem Fach. Den frage ich einmal.«

Ich weiß nicht, was er ihm erzählt hat, aber das Vorhaben gelang. Der Kollege namens Thomas Bauer kam nach Dessau. Ich half ihm beim Kauf eines riesigen Grundstückes mit einer Mühle – in der Hoffnung, dass er dort jahrzehntelang zu tun und keinen Grund dazu haben würde, seine neue Heimat wieder zu verlassen.

Auch später gehörte es zu meinen wichtigsten Aufgaben, gute Mitarbeiter zu gewinnen, ihnen Dessau und Umgebung von der besten Seite zu zeigen – nicht unbedingt das Zentrum, sondern zum Beispiel das Bauhaus und die Elbauen, wo ich häufig auch Fahrradtouren oder ausgedehnte Spaziergänge mit Interessenten unternahm. Ich motivierte sie und trug dazu bei, dass sie sich hier wohlfühlten. Dass mir das gelungen ist, hatte entscheidenden Anteil an unserem gemeinsamen Erfolg.

Gruppenfoto mit allen Mitarbeitern im Sommer 2015, 22 Jahre nach Gründung unserer Praxis und 18 Jahre nach Eröffnung des Behandlungszentrums in der Albrechtstraße 121.

Als Thomas und ich uns 1999 über seinen Eintritt in die gemeinsame Praxis verständigten, schlug er vor: »Übernimm du bitte die geschäftliche Seite, also Abrechnungen, Einkaufsverhandlungen, Personalführung. Ich werde dir nicht in dein Konzept reinreden. Ich vertraue dir, weil ich weiß, dass du ehrlich bist. Ich gebe dir, was ich kann: perfekte Arbeit. Und wenn du mich brauchst, bin ich da.«

Wenn man solch eine Vereinbarung mit Handschlag trifft, kann man sich jeden noch so guten (und vor allen Dingen teuren) Praxisvertrag sparen. Am vereinbarten Konzept rüttelten wir nicht mehr und bauten die MKG Dessau zielstrebig auf. Noch immer waren wir weit und breit die einzige Praxis in unserem Fachbereich. Meine Frau arbeitete weiterhin als Zahnärztin in unserer Gemeinschaftspraxis, jetzt aber örtlich getrennt. Unsere Söhne Gabriel und Simon wuchsen zwischen Praxen, Wohnung nebenan und »Oma und Opa« auf. Ihre Erziehung lag zum großen Teil in Brittas Händen. Ein wichtiger Anteil meiner Erziehungsversuche bestand darin, ihnen die Liebe zum Sport und zur handgemachten Musik vorzuleben. Hausaufgaben und Elternabende, Musikschule und Arztbesuche, Mahlzeiten und Urlaubsplanung schaffte Britta »nebenbei«. Ich kam meistens noch gerade dazu, ihnen Gutenachtgeschichten zu erzählen – von fantastisch frisierten Erlebnissen meiner langen Laufstrecken. (Später wird noch von meiner Marathonleidenschaft die Rede sein.) Gabriel und Simon fanden die Geschichten superspannend und wollten sie lange Zeit hören.

Aktuelle Ansicht unseres Mund-, Kiefer- und Gesichtschirurgischen Behandlungszentrums in Dessau, Albrechtstraße, eines ehemaligen Kindergartens.

Um uns als Fachärzte zu etablieren, mussten wir die Zahnärzte (unsere »Überweiser«) von der Qualität unserer Arbeit überzeugen. Ich war ehrgeizig. Schon bald genoss ich den Ruf, ein guter Operateur zu sein. Mein

Hang zum Perfektionismus, gepaart mit einem gelegentlich etwas aufbrausenden Temperament (der Choleriker lässt grüßen!), führten aber zugleich dazu, dass ich als »harter Hund« galt, und sogar Gossenjargon-Titulierungen wie »Fleischer von Dessau« aushalten musste.

Heute sehe ich das gelassen, weil ich weiß, dass sehr viele Patienten den Erfolg ihrer OP an der Intensität von Schmerz und Schwellung festmachen. Dass der Grund ihres Kommens, das eigentliche Leiden, perfekt beseitigt wurde, wird allzu schnell vergessen. Doch zum Glück gibt es Ausnahmen – mit steigender Tendenz. Die ehrliche Zufriedenheit und Dankbarkeit, die ich mehr und mehr erfahre, wiegt alle Vorurteile auf.

Hin und wieder beklagten sich Patienten bei meiner Frau, und sie gab den Unmut an mich weiter: »Du musst dich etwas zurücknehmen, Gregor. Heute hat sich ein Patient bei mir beschwert: Ihr Mann ist ja ein glänzender Operateur, sagte er, aber wie er mit den Helferinnen umspringt, das geht gar nicht.«

Später sollte ich mir die Kritik zu Herzen nehmen. In den ersten Jahren jedoch war ich auf diesem Ohr taub. Doch auch wenn mein Perfektionismus mich gelegentlich etwas zu forsch zu Werke gehen ließ: Was zählte, war unser Erfolg. Trotz oder vielleicht gerade wegen meiner Art kam ich auch mit sehr schwierigen Patienten zurecht. Und so hartnäckig ich darauf pochte, dass bei der Behandlung und Betreuung unserer Patienten in medizinischer Hinsicht alles exakt nach Plan verlief, so unnachgiebig und zäh war ich bei den Verhandlungen, die ich mit unseren Geschäftspartnern und Zulieferern führte.

Bei allem Engagement für die Praxis hatte ich von Beginn an darauf geachtet, mir auch den nötigen Freiraum zu bewahren. Thomas Bauer und ich arbeiteten in einer Art »rollendem System«, das uns wechselweise alle zwei Wochen ein langes Wochenende von Freitag bis Montag bescherte – genügend Zeit, um uns zu erholen und auf andere Gedanken zu kommen. Trotzdem war die Praxis regelmäßig von Montag 8 Uhr bis Freitag 18 Uhr geöffnet.

Abenteuerliche Pläne zu schmieden, lag mir in dieser Zeit noch fern. Die Praxis stand im Fokus. Eine Passion hatte ich aber dennoch: das Laufen. Entdeckt hatte ich meine Leidenschaft für diesen Sport eher unfreiwillig Ende der 1980er Jahre, als ich meinen Dienst bei der NVA ableistete – eine Episode in meinem Leben, die im Folgenden erzählt werden soll.

Mein Marathon-Weg

Meine 27-monatige Armeezeit kannte viel Langeweile und mehr oder weniger sinnloses Zeitvertun, aber auch drei Lichtblicke: Erstens bekam ich als NVA-Zahnarzt ausreichend Patienten, um Datenmaterial für die Doktorarbeit zu sammeln, die meine Frau und ich gemeinsam schrieben. Zweitens erwachte meine Laufleidenschaft und drittens wurde in dieser Zeit mein Sohn Gabriel geboren – wobei es meinem Vorgesetzten beinahe noch gelungen wäre, mich von einem Besuch in der Geburtsklinik abzuhalten.

Doch der Reihe nach: Als ich nach meinem Abitur zum Dienst an der Waffe eingezogen werden sollte, verspürte ich keinerlei Lust, zur Armee zu gehen. Meine Aversion galt nicht allein der NVA, sondern auch dem Staat, in dem ich aufgewachsen war. Genährt worden war sie durch mein religiös und kirchlich geprägtes Elternhaus. Mein Vater Hermann Josef Hundeshagen, geboren am 14. März 1926, und meine Mutter Rita Christiane, eine geborene Kornetzky, die das Licht der Welt am 7. September 1929 erblickt hatte, waren beide tief im katholischen Glauben verwurzelt. Sie heirateten im Juli 1954 in Wernshausen und erzogen meine älteren Geschwister Carola, Thomas und mich gemäß ihren religiösen Überzeugungen. Als gelernter Schmied war mein Vater später in den Lehrerberuf gewechselt und arbeitete als Studienrat und Ausbilder für Meisterschüler, während meine Mutter nach einigen Jahren, in denen sie sich um den Haushalt und uns Kinder kümmerte, in ihren alten Beruf als Kindergärtnerin zurückkehrte.

So sehr meine Eltern jedoch im Berufsleben inmitten der Arbeitswelt der Deutschen Demokratischen Republik zu stehen schienen: Mit dem real existierenden Sozialismus und dem staatlich verordneten Atheismus konnten und wollten sie sich nicht anfreunden.

Als ich meinem Vater offenbarte, wie wenig Lust ich verspürte, zur NVA zu gehen, unterstützte er mich darum gern. Den entscheidenden Tipp, wie ich mich meiner Einberufung entziehen konnte, gab mir allerdings mein Bruder Thomas, der fünf Jahre älter ist als ich und zu dieser Zeit bereits Medizin studierte.

Auf seinen Rat hin legte ich bei meiner Musterung ein neurologisches Gutachten vor, das sich auf meine in dieser Zeit gelegentlich auftretenden starken Kopfschmerzen unklarer Herkunft bezog. Im Zeitalter vor Magnetresonanztomographie (MRT) und Computertomographie (CT) hatte ich damit Erfolg. Ich wurde vorerst vom Wehrdienst zurückgestellt und konnte mich an der Universität Jena zum Studium der Zahnmedizin einschreiben. Später wechselte ich nach Dresden.

Einen kleinen Einblick in das »Armeeleben« bekam ich leider auch dort schon: Im letzten Studienjahr mussten die »gedienten« Studenten als Reservisten einrücken, während die Mädels und »Ungedienten« im Studentenwohnheim blieben, um im Rahmen der »Zivilverteidigung« (ZV) vier Wochen lang Armee zu spielen.

Meine Freundin Britta und ich hatten das zweifelhafte Vergnügen, zu Hundertschaftsführern ernannt zu werden. Das bedeutete, dass man zwischen zwei »Fronten« stand: auf der einen Seite die vielen Studentinnen mit allen ihren »Frauen-Ausreden«, um nicht an den Übungen teilnehmen zu müssen, und auf der anderen Seite die zu armeegeilen Möchtegernoffizieren degenerierten Hochschullehrer, denen wir Rede und Antwort stehen mussten. Manche der Professoren blühten just im Moment des Tragens der Uniform zu heimlichen Generälen der „guten alten braunen Zeit" auf, andere wiederum mutierten zu kriegsspielenden Rambos, um das sozialistische System zu verteidigen – gegen wen eigentlich? Es war eine paranoide, unwirkliche, aber zugleich reelle Situation.

Doch das ZV-Lager hatte auch sein Gutes: Zum ersten Mal wohnten meine spätere Frau Britta und ich für längere Zeit zusammen: Freie Studentenzimmer gab es ja genügend. Ich hatte Albträume gehabt, Britta befreite mich von ihnen. Kennengelernt hatten wir uns schon im dritten Studienjahr. Jetzt, kurz vor Ende des Studiums, hatten wir uns auch lieben gelernt.

Dann war unser Studium zu Ende. Freunde und Kommilitonen verabschiedeten sich ausgelassen feiernd als frischgebackene Zahnärzte voller Enthusiasmus in die Weiten der DDR – und mir flatterte ein weiterer Musterungsbescheid der NVA ins Haus.

Nach dem Motto »Never change a winning team« besorgte ich mir erneut ein neurologisches Gutachten, um es siegessicher beim Wehrkreiskommando vorzulegen. Der Wehrkreisarzt, dem ich gegenübersaß, las das Gutachten in aller Ruhe, beinahe genüsslich. Noch immer war ich mir sicher, nicht Jahre meines Lebens in der Nationalen Volksarmee vergeuden zu müssen.

»Und Sie sind von Beruf Zahnarzt?«, wurde ich plötzlich gefragt.
»Ja.«

»Und als Zahnarzt können Sie ohne Abstriche arbeiten?«
»Ja, klar!«, antwortete ich, nicht ahnend, worauf »Genosse Wehrkreisarzt« hinauswollte. Daraufhin nahm er das Gutachten genüsslich zwischen Daumen und Zeigefinger seiner Hände und zerriss es in kleine Stücke, mit den Worten: »Wenn Sie als Zahnarzt arbeiten können, dann können Sie das auch bei der Armee tun. Ihr Gutachten ist also hinfällig.«
Ich war wie versteinert. Der Mann hinter dem Schreibtisch genoss die Situation und legte nach: »Sie haben genau zwei Möglichkeiten. Erstens: Sie gehen als Offizier und Zahnarzt zweieinviertel Jahre zur NVA. Zweitens: Sie gehen nur eineinhalb Jahre – dann aber nicht als Zahnarzt, sondern als Grundwehrdienstleistender. Sie haben genau eine Woche Zeit, um sich das zu überlegen. Auf Wiedersehen!«
Fast ohnmächtig vor Wut verließ ich das Wehrkreiskommando. Hoch gepokert, hoch verloren!
In dieser Woche führte ich viele Gespräche, mit Britta, mit Freunden, mit meiner Familie. Manche meiner Freunde wollten nicht, dass ich Offizier würde. Damit verträte ich ein System, das wir doch gemeinsam ablehnten. Letztlich sah ich jedoch keinen Sinn darin, mich – einer Selbstkasteiung gleich – eineinhalb Jahre von kleingeistigen Rambos, entlassen aus der 6. bis 8. Klasse, schikanieren zu lassen. Ich sollte in ein Motschützenregiment kommen. Und den Durchschnitts-IQ eines Motschützenregiments kannten wir alle zu dieser Zeit.
Es war meine bis dahin schwerste Entscheidung. Einige Freundschaften stellte sie auf eine schwere Probe. Dennoch entschied ich mich für den Offiziersdienst in einem System, das ich generell ablehnte. Mein Hauptargument war, dass ich als Offizier mehr Gutes bewirken könne. So sollte es auch kommen.

In einem Schnellkurs an der Militärakademie Greifswald wurde ich zum Offizier »geschlagen«. Anschließend kam ich als Regimentszahnarzt ins Motschützenregiment MSR 23 nach Bad Salzungen, ein Regiment mit zusätzlichen Einheiten von Pionieren, Aufklärern, Panzerjägern und einer dicken, fetten Stasi-Abteilung – sehr weit weg von Britta, die inzwischen schwanger war. Man musste schon Opfer bringen zur Verteidigung der sozialistischen »Zwangsheimat«. Das Entfernungsopfer war nicht das einzige.

Immerhin: In den Behandlungsräumen, die mir zur Verfügung standen, war ich der König. Jeder, der zu mir kam, ob Leutnant oder Major, ob NVA- oder Stasi-Offizier, verhielt sich lammfromm. Vorm Zahnarzt hatten sie alle Respekt. Außerhalb meines kleinen Refugiums aber wurde ich von vielen Seiten drangsaliert. Als »stellvertretender Leiter MED-Punkt« und praktizierender Zahnarzt für 4000 Armeeangehörige und Zivilangestellte war ich geradezu dafür prädestiniert, alle verfügbaren Feldlager auf diesem sozialistischen Planeten zu begleiten, von Weißwasser in der Oberlausitz über Polen bis nach Kasachstan. Und hier, schön versteckt in den Wäldern mit »Sankra« (Sanitätskraftwagen) und MED-Punkt-Zelt, alles perfekt abgetarnt, war ich schließlich kein Zahnarzt mehr. Hier war ich ein Soldat wie alle anderen auch, und das ließen sie mich spüren.

Wenig besser als Hauptmann W., der für diese Abordnungen ins »Feld« verantwortlich war, verhielt sich der Regiments-Apotheker, ein Unteroffizier namens H. – ich wusste, dass er für die Stasi arbeitete, und er wusste, dass ich ein bekennender Christ ohne Parteibuch war, ein »Kirchgänger«. Mehr als einmal nervte er mich: »Willst du nicht in die Partei eintreten?« Aber auf diesem Ohr stellte ich mich taub, und selbst Beschimpfungen wie »Katholikenschwein« ließen mich kalt. Ich wusste ja, woher sie kamen, und dass meine Zeit in der NVA endlich sein würde.

Doch eines Tages, im November 1985, klopfte ein Sanitätsoffizier namens Jörg an meine Tür, mit dem ich mich gut verstand. Er war ein sogenannter »25-Ender«, also jemand, der sich zu 25 Jahren Armeedienst verpflichtet hatte.

»Wenn du Langeweile hast, komm mit mir laufen«, schlug er vor.
»Laufen? Wie laufen?«
»Ja, hier im Thüringer Wald, schön über die Berge in lockerem Tempo. Du wirst sehen: Das wird dir gut tun.«

Seit jeher sportlich, nahm ich die Einladung an – und kam ganz schön aus der Puste. Einen lang gezogenen Anstieg bewältigte mein Kumpel scheinbar mit Leichtigkeit, während mir fast schwarz vor Augen wurde. Und als es am Ende etwa zwanzig Minuten bergab ging, schwanden mir beinahe vollends die Kräfte. Zu meinem größten Verdruss überflügelte mich auch noch der dritte Mann, der an unserem Lauf teilnahm: H., der Regiments-Apotheker. Er war zehn Jahre älter als ich. Dennoch »besiegte« er mich locker.

Das weckte meinen Ehrgeiz.

»Dem Stasi-Sack werde ich es zeigen«, schwor ich mir. »Ich bin schneller. In kürzester Zeit werde ich diesen Sauhund abhängen!«

Bei unserem zweiten gemeinsamen Lauf zog ich noch immer den Kürzeren. Beim dritten Mal aber ließ ich ihn bereits stehen. Als er nach mir am Ziel unserer Strecke eintrudelte, begrüßte ich ihn: »Auch schon da? Machen deine alten Knochen nicht mehr mit?«

Doch auch unabhängig vom Wettstreit mit dem Apotheker fand ich mehr und mehr Vergnügen am Laufen. Wir trafen uns regelmäßig und liefen sehr abwechslungsreiche, immer bergige Strecken. Schließlich, kurz vor Ende meiner Dienstzeit, fragte mich mein Lauf-Partner: »Hättest du nicht Lust, am Rennsteiglauf teilzunehmen?«

»Rennsteiglauf? Was ist das denn?«

»Das ist ein Volkslauf durch den Thüringer Wald. Seit über zehn Jahren gibt es den schon. Die größte Herausforderung ist der sogenannte ›Lange Kanten‹. 70 Kilometer. Aber man kann sich auch für die kürzere Strecke von 45 Kilometern entscheiden.«

»70 Kilometer? Das schaffe ich doch nie im Leben.«

»Nein, wahrscheinlich nicht. Aber die kurze Strecke packst du. Wir trainieren vorher mal einen 30-Kilometer-Lauf und wagen uns dann an die 45 Kilometer.«

Am 24. Mai 1986 war es so weit. Mit der Startnummer 4204 bewältigte ich den »kurzen« Rennsteiglauf. Auf der Teilnehmerurkunde stand: »Die erfolgreiche Teilnahme am XIV. GutsMuths-Rennsteiglauf 1986 über die kurze Strecke wird bestätigt.« Daran zeigt sich, wie relativ solche Bezeichnungen sind: »Kurz« war noch 2,805 Kilometer länger als ein Marathon.

Spätestens zu dieser Zeit hatte mich das Lauf-Fieber endgültig gepackt. In Dessau fand ich in meinem Schwiegervater, »Opa« Siegfried, einen ebenso begeisterten Läufer. Er hatte erst spät, mit vierzig Jahren, zum Laufen gefunden und zeigte mir viele reizvolle Strecken an Mulde und Elbe – und zerstreute damit eine gewisse Skepsis, die ich zunächst an den Tag gelegt hatte: »Im Thüringer Wald ist es so wunderschön«, hatte ich geschwärmt. »Da lässt es sich stundenlang laufen, ohne dass es jemals langweilig wird. Aber hier?«

Schon bald war ich eines Besseren belehrt. So oft ich es einrichten konnte, drehte ich fortan meine Runden. Manchmal allein, manchmal mit Siegfried, und gelegentlich auch mit Britta, der das Laufen zwar nicht so viel Spaß bereitete wie mir, die mir aber diesen Gefallen tat.

Mein erster Rennsteiglauf am 24. Mai 1986

16. Mai 1998: Der einzige Laufwettkampf mit meinem Hund Arko mit eigener Start-Nr., natürlich beim Rennsteiglauf, Von links: Gregor mit Hund Arko, „Opa" Siegfried, Karsten

Der Rennsteiglauf wurde zu einem festen Termin in meinem Kalender. Als ich mich im Herbst 1992 für eine Weile an der *Harvard University* im US-amerikanischen Cambridge bei Boston fortbildete, fuhr ich zusammen mit Britta von Boston nach New York – für den Noch-fast-Ossi, der ich war, eine große Herausforderung. Angekommen lief ich den wohl berühmtesten Laufwettbewerb der Erde, den vom New Yorker *Road Runners Club* organisierten New-York-City-Marathon.

4. April 2004: *Britta empfing mich hinter dem Zieleinlauf des Paris-Marathons, persönliche Bestzeit 3:28 h*

In den folgenden Jahren reisten Britta, die Kinder und ich in die Metropolen dieser Welt – ich lief Marathon und Britta gelang es in den meisten Fällen, mich unter Tausenden von Läufern wiederzufinden, für ein Foto von unterwegs oder beim Zieleinlauf. Für mich war es immer eine besondere Motivation und Freude, von ihr im Ziel mit offenen Armen begrüßt zu werden.

Bei einem meiner zahllosen Rennsteigläufe im Jahr 2005, ich startete nach einer Knie-OP im September 2004 nur über die Halbmarathon-Distanz, lief ich eine Weile hinter einem Typen her, dessen Laufstil mir irgendwie bekannt vorkam. Ich überlegte einige Kilometer lang, woher ich ihn kenne. Dann sah ich, dass er seine Brille in der Hand trug und wusste: Ich kenne nur einen, der das macht. Es war Jörg H., der mich vor genau 20 Jahren bei der Armeezeit in Bad Salzungen zum Langstreckenlauf gebracht hatte. Ich rief von hinten: „Hey Jörg, bist du es?" und auch er erkannte mich sofort. Wir liefen die letzten 5 Km gemeinsam, hatten uns viel zu erzählen und kamen zusammen durchs Ziel. Nach einem gemeinsamen Foto sagte ich zum Abschied: „Danke nochmal, Jörg, dass Du mich zum Laufen gebracht hast."

Wiedersehen mit Jörg H., der mich zum Laufen gebracht hatte

Am 15. März 2008 beim Catalina-Island-Marathon, vor der Küste Kaliforniens, kurz vor dem Ziel und nach dem Zieleinlauf mit meinem Schwiegervater, „Opa" Siegfried, der ebenfalls teilnahm.

Bei aller Leidenschaft betrieb ich das Laufen als Volkssport. Ich entwickelte nicht den Ehrgeiz, eine Zeit unter drei Stunden erreichen zu wollen. Mein Ziel war es lediglich, jeweils unter vier Stunden zu bleiben. Das gelang mir. Nachdem ich mehrfach nur wenig mehr als dreieinhalb Stunden benötigt hatte, wollte ich versuchen, diese Grenze zu knacken. Im April 2004 meldete ich mich für den Paris-Marathon an und bereitete mich intensiv darauf vor. Am Ende lief ich in 3 Stunden und 28 Minuten durchs Ziel: ein schöner Erfolg. Mehr wollte ich mir nicht beweisen – wenigstens nicht auf dem Gebiet des Marathon.

Freiheit, die ich meine

Die körperliche Fitness, die ich mir durch das Laufen erarbeitete und erhielt, war eine wichtige Voraussetzung für meine späteren Hochgebirgsabenteuer. Eine andere – noch viel wichtigere! – Voraussetzung nimmt man heute für selbstverständlich, doch das war sie für mich wie für einen Großteil der DDR-Bevölkerung für lange Zeit keineswegs, die Freiheit nämlich, reisen zu können, wohin man möchte.

Das Gegenteil davon, die größte Unfreiheit erlebte ich während meiner NVA-Zeit – im Januar 1986, als Britta hochschwanger war und ich bei Hauptmann W. einen Antrag auf Kurzurlaub zur Geburt meines Sohnes einreichte. Einen Tag später erhielt ich statt der erhofften Erlaubnis den Befehl, mich in ein Feldlager nach Nochten zu begeben– begleitet von einem *risus sardonicus*[2] des Hauptmanns. Nochten in der Oberlausitz war schon zu DDR-Zeiten eine Region, in der sich Fuchs und Hase gute Nacht sagten. Doch Befehl war Befehl, ich musste hin.

Was schließlich geschah, war trotz aller Widrigkeiten letztlich derart grotesk, dass es auch ein Licht auf die Zustände in den letzten Jahren der DDR wirft:

Angekommen im Feldlager am Ende der DDR-Welt, hatte ich trotz allem den klaren Vorsatz, zur Geburt meines Sohnes in Dessau zu sein. Als Sanitätsoffizier verfügte ich über einen Sanitäts-LKW Typ »Robur LO« und einen Sanitätssoldaten als Fahrer. Mit diesem nicht allzu »hellen« Köpf-

---

[2] *Risus sardonicus* oder »Teufelsgrinsen«: für gewöhnlich ein Symptom der Tetanus-Infektion.

chen besprach ich meinen Plan: »Pass auf, ich nehme meine Zivilklamotten mit in den LO und melde, dass ich ins örtliche Krankenhaus fahre, um die Behandlung der demnächst anfallenden Feldlager-Patienten abzustimmen und einzutakten. In Wirklichkeit fahren wir aber direkt zum Bahnhof, ich ziehe mich im Auto um und steige in den Zug. Du fährst zurück zum Standpunkt und berichtest, dass es bei mir länger dauert und du mich später abholen sollst. Das wird keinem auffallen. Die sind ja noch damit beschäftigt, die Zelte aufzubauen. Übermorgen um 4.20 Uhr früh holst du mich vom Bahnhof Weißwasser ab. Ist das klar? Hast du das verstanden?«

Zweimal fragte ich nach und bekam jedes Mal ein kräftiges »Jawoll, Genosse Leutnant!« zur Antwort.

Gesagt, getan: Ich saß in Zivilsachen im Zug und war augenblicklich ein anderer Mensch. Zwar gab es theoretisch noch die Möglichkeit, von der »Trapo« (Transportpolizei der DDR) abgefangen zu werden, aber warum sollten sie bei einem unauffälligen Zivilisten wie mir den Ausweis kontrollieren?

Am 9. Januar 1986 kam ich auf diese Weise vom Feldlager direkt auf die Entbindungsstation des Klinikums in Dessau. Eine Stunde nach der Geburt war ich an meinem Ziel und wurde von einer mir bekannten urgemütlichen Anästhesistin mit folgenden Worten empfangen: »Na, das wurde aber auch Zeit mit dem Kind! Ich habe eine halbe Fußballmannschaft zu Hause, und es ist immer wieder schön. Ich hoffe, bei Ihnen folgen auch noch mehrere! Ihre Frau muss noch kurz zu einer Nachtastung, bekommt von mir dafür ein kleines Schläfchen, danach können Sie rein.«

Ich war da! Wir haben die Dreisamkeit genossen. Es war wunderschön, meinen Gabriel zum ersten Mal im Arm zu halten – so klein und zerbrechlich, aber gesund und munter. Leider war unsere Zeit knapp bemessen. Ich blieb einen Abend, eine Nacht und einen halben Tag, dann musste ich zurück.

Als der Zug am nächsten Morgen pünktlich um 4.20 Uhr in Weißwasser einfuhr, freute ich mich noch immer über die gelungene Aktion. Doch wer nicht da war, war mein LO. Wo war der Sanitäter mit meinem »Fluchtwagen«? Weit und breit keine Spur.

Ich wurde leicht nervös, hatte jedoch immerhin das Glück, an diesem unwirtlichen Ort und zu dieser nachtschlafenden Zeit einen Taxifahrer zu finden, der mir Auskunft geben konnte: »Wissen Sie, wo hier die Feldlager der NVA stationiert sind?«

»Ja, es gibt zwei Standorte, einmal links und einmal rechts im Wald«, lachte der Fahrer.

»Und wo haust das Motschützenregiment?«

»Guter Mann, ich bin Zivilist, ich dürfte überhaupt nicht wissen, wo die hier Krieg spielen.«

Ich zählte die Knöpfe an meinem Trenchcoat ab, die Wahl fiel auf »rechts« und wir fuhren los. Kurz vor einem Übungs-Gefechtsfeld hielt der Taxifahrer: »Endstation. Bis hierhin war es schon mehr als riskant.« Ich bedankte mich, bezahlte und lief los. Aber wohin? Als ich einen schlecht getarnten Kommando-Stützpunkt entdeckte, stiefelte ich direkt darauf zu. Ich hatte ganz vergessen, dass ich keine Uniform trug.

»Hallo, Bürger«, hörte ich jemanden brüllen, »verlassen Sie sofort das Gelände. Sie befinden sich mitten auf einem Gefechtsfeld! Militärische Sperrzone!«

Da war ich wohl falsch. Soldat Schwejk lässt grüßen. Ich rannte los, mit der Angst im Nacken, dass hier vielleicht mit scharfer Munition geschossen wird. Durch den Wald irrend, gelangte ich wie durch ein Wunder irgendwann auf einen breiteren Weg, an dessen Ende ich ein Auto sah. Es war ein Wartburg 353W. Ich ging auf ihn zu. Ein junger Soldat saß am Steuer. Froh, eine menschliche Seele gefunden zu haben, erklärte ich ihm kurz meine peinliche Situation.

»Kannst du mir sagen, wo meine Einheit ist? Das MSR23?«

»Ich bin der Fahrer des Kommandeurs, der hat gerade auf dem Gefechtsstand zu tun. Euer Regiment liegt genau auf der anderen Waldseite. Das findest du nie.«

»Kannst du mich nicht hinfahren?«, fragte ich ihn, ohne groß zu erläutern, wer und was ich war, nur die Gewissheit vermittelnd, dass ich in einer ziemlichen Scheißsituation war.

Nach kurzem Zögern sagte er: »Okay, die Übung hat gerade erst angefangen. Ich hoffe mal, dass der Alte nicht zwischendurch kommt. Steig ein, ich fahr dich schnell hin.«

Und ich stieg ein. Wo? Intuitiv hinten.

Nun saß ich also in Zivil mit Trenchcoat und hochgeschlagenem Kragen im Kommandeursauto mit eigenem Fahrer und fuhr durch den Wald zu meiner Einheit. Wenn aber ein Kommandeursauto mit einer Zivilperson zwischen zwei Feldlagern hin und her fuhr, sprach sich das herum wie ein Lauffeuer. Dabei dachte jeder – ob Offizier oder Soldat – nur eines: Das muss ein hochrangiger Stasioffizier sein, der zur verschärften Kontrolle kommt. Oder schlimmer noch: Der will jemanden abholen!

Ungewollt die ganze NVA düpierend, fuhr ich direkt vor unseren Lagerplatz. Aus Angst, irgendetwas falsch gemacht zu haben, stand das ganze Regiment in Habachtstellung vor den Zelten und grüßte strammstehend den ankommenden Kommandeurswagen – in Erwartung schlimmer Ereignisse. In diesem Augenblick öffnete sich die hintere Tür des Wartburgs und heraus stieg – der Zahnarzt!

Konsterniert versuchte die Mannschaft zu begreifen, was hier vorging, so dass ich noch Zeit hatte, den Fahrer mit einem herzlichen Dankeschön und fünf Mark Trinkgeld zu verabschieden, bevor eine Flutwelle von Anfeindungen über mir zusammenstürzte.

»Hundeshagen, du Sauhund! Erst haust du ab und dann machst du einen auf Stasi!«

Die Wut der Obrigen entlud sich in Androhungen, bis hin zum Knast in Bautzen. Ich blieb ruhig, noch gestärkt von der Freude über meinen Sohn und in der Gewissheit, dass die Zeit im Feldlager irgendwann vorbei sein und ich nach unserer Rückkehr wieder stellvertretender MED-Punkt-Leiter und »Objektzahnarzt« sein würde!

»Denkt dran, wenn ihr Zahnschmerzen habt, **müsst** ihr zu mir kommen. Und dann kann ich auch den russischen Bohrer aus der Schublade holen!«

Das hatte ich den Feldlager-Bossen unmissverständlich klargemacht. Und als die zweite oder dritte Flasche höherprozentiger Alkohol geleert war, den nur ich in der Lage war einzuschleusen, wurden alle leiser, schließlich sogar weinerlich und bedauerten ganz unverhohlen, sich für 25 Jahre verpflichtet zu haben.

Ich zeigte ihnen mein Bandmaß, dessen Länge die mir verbleibenden Tage angab. Sie wussten, dass es bei ihnen mindestens Monate, wenn nicht Jahre waren, und wurden ganz ruhig.

Für unsere standesamtliche Hochzeit, die wir im kleinsten Kreis während der Armeezeit am 4.11.1985 in einem Dorf im Thüringer Wald feierten, bekam ich sage und schreibe drei Tage Sonderurlaub zur »sozialistischen Eheschließung«. Das war sie: die DDR!

Erst nach meiner NVA-Zeit, als ich zumindest die Freiheit wiedererlangt hatte, meinen Aufenthaltsort innerhalb der DDR zu wählen, heirateten Britta und ich in der Dresdner Hofkirche »richtig«, das heißt kirchlich, und zwar am 13. August 1988 – genau 27 Jahre nach dem Mauerbau. Wer hätte gedacht, dass es nur ein gutes Jahr dauern würde, bis Günter

Schabowski die neue Reisefreiheit verkünden und damit den Anfang vom Ende der DDR markieren sollte?

Ich hatte am Dessauer Krankenhaus hospitiert und arbeitete inzwischen an der Klinik für Kiefer- und Plastische Gesichtschirurgie der Universität Leipzig. Leipzig – wo gerade die ersten Montagsdemonstrationen im Anschluss an die Friedensgebete in der Nikolaikirche abgehalten wurden. Zunächst waren es noch wenige, die mitgingen, doch im September 1989 hatten es die DDR-Oberen plötzlich mit Massendemonstrationen zu tun. Am 4. September wurde eine Kundgebung auf dem Nikolaikirchhof organisiert. Die Demonstranten forderten Freiheit und meinten damit nicht zuletzt Reisefreiheit. »Wir wollen raus!« stand auf einem der Transparente. Währenddessen setzten sich bereits etliche Assistenten aus der Universitätsklinik über die grüne Grenze Ungarns in den Westen ab. Auch Alberto, mein Freund und Kommilitone, von dem in diesem Buch noch öfter die Rede sein wird, machte sich mit der ganzen Familie aus dem Vogtland auf den Weg, der zunächst gen Osten führte. Kurze Zeit später saß er in der Prager Botschaft. Niemand wusste, wie sich die Situation weiter entwickeln würde. War das vielleicht die letzte Chance zur Flucht?

Zufälligerweise feierte die Schwester meiner Großmutter am 7. November 1989 ihren 80. Geburtstag, Tante Käthe in Herford. Ich erklärte sie kurzerhand zur Schwester meiner Mutter und beantragte samt Familie die Besuchserlaubnis in die BRD – die wir wider Erwarten auch erhielten, allerdings ohne Gabriel. Die Stasi ist scheinbar doch nicht allwissend, dachte ich, wenn sie eine Großtante nicht einmal von einer richtigen Tante unterscheiden kann.

Wir planten, dass ich alleine im Westen bleiben sollte, und wir Familienzusammenführung beantragen würden. Alle wichtigen Unterlagen nähte ich in meine Kleidung ein, bevor ich mit Britta in einem gespenstisch leeren Geisterzug nach Herford fuhr. Das Gefühl, als das Holpern des Zuges über die DDR-Gleise in ein fast geräuschloses Dahingleiten wechselte, werde ich nie vergessen! Ohne große Filzaktionen passierten wir die Grenze – und waren tatsächlich im goldenen Westen. Und ich sogar mit all meinen Urkunden, eingenäht in die Jacke. Unglaublich!

Nach dem Geburtstagskäffchen bei Tante Käthe fuhren wir nach Detmold zu Verwandten von Britta.

Es waren bewegte Zeiten. Im Westfernsehen liefen unentwegt Bilder aus Leipzig. Innerlich bewegt von den Geschehnissen zu Hause und unseren Plänen, sahen wir uns Detmold und Umgebung an, konnten aber keine

richtige Ruhe zum Genießen dieser neuen Freiheit finden. Ich erinnere mich jedoch an einen lustigen Kneipenbesuch zu dritt. Als wir nach durchzechtem Abend in die Wohnung der Verwandten kamen, den Mantel noch in der Hand, hörte ich es laut aus dem Wohnzimmer rufen: »Die tanzen alle auf der Berliner Mauer! Die Grenzen sind offen!«
Auf einen Schlag war ich nüchtern.
»Das kann doch nicht wahr sein!«, schrie ich zurück. Es war der 9. November 1989. Unsere aufregenden Westpläne waren komplett hinfällig geworden.

Noch einige Tage lang feierten wir die neue Freiheit, bevor wir in einem überfüllten, zum Partywagen mutierten Zug zurück in unsere Heimat fuhren. Vor lauter Gebrüll war der Übergang vom Gleiten ins Holpern diesmal nicht mehr zu hören.

Noch hatte ich den Plan, in die so lange ersehnte Freiheit zu gehen, nicht ad acta gelegt. Zu Hause angekommen, meldete ich mich erst einmal krank. Ich musste nachdenken. So viele gute Freunde gingen in den Westen, wer wird überhaupt noch bleiben? Ist ein Rückfall ins alte System möglich? Kurz nach der Grenzöffnung konnte uns niemand diese Fragen beantworten. Lange telefonierte ich mit meinem Freund Alex, der während unseres gemeinsamen Studiums ausgereist war und nun an der Universität München lehrte. Und nach vielem Hin und Her entschloss ich mich zu einem zweiten Versuch: Ich fuhr zu ihm nach München – erst einmal allein – und war entschlossen, für Britta, Gabriel und mich ein neues Leben vorzubereiten. Zwar fehlte mir noch die Facharztprüfung, doch vielleicht bekäme ich die Anerkennung als Oralchirurg, was ohne Zweitstudium möglich war. Mund-Kiefer-Gesichtschirurgen benötigten in der BRD beide Studienabschlüsse. Alex und seine Freundin Jutta gewährten mir Unterschlupf, während ich mich beim Einwohneramt meldete und Bewerbungen schrieb, anfänglich sehr enthusiastisch.
Einen ersten Dämpfer bekam ich, als ich meine Unterlagen in der MKG-Chirurgie der Universität München abgab und zufällig den riesigen Bewerbungsstapel im Vorzimmer des Chefs entdeckte, unter dem sie verschwanden. Tage und Nächte vergingen, ich wartete vergeblich auf Antworten und die Zweifel nahmen zu.
Alex empfahl mir, mit seinem Vater zu sprechen, den ich noch aus guten alten Dresdner Zeiten kannte, von vielen Abenden mit selbstgemachtem Jazz, Blues und Boogie-Woogie. Nach seiner Ausreise hatte dieser sich

mit viel Ausdauer und Können eine Stelle als Professor an der Musikhochschule München erkämpft. Wir sprachen eine ganze Nacht lang, er erzählte von seinem steinigen Weg, warf viele Fragen auf, ohne mir Antworten auf meine Zweifel vorzugeben. Ich fand sie am nächsten Morgen selbst: »Ich gehe zurück!« Frei nach dem Sprichwort »Du musst nicht mit dem Strom schwimmen, wenn du stark genug bist«, ging ich voller Elan auf das Einwohneramt und verlangte alle meine Unterlagen zurück.

»Irgendetwas machen Sie falsch«, sagte die Dame am Schalter zu mir, »Alle kommen und sie gehen?«

»Nein, nein, dieses Mal ist alles richtig!«

Ich ließ mich von einem Freund von Alex nach Hause fahren. Eigentlich wollte der nach Dresden.

»Dresden und Dessau klingen ähnlich und liegen auch nicht so weit auseinander«, schwindelte ich ein wenig.

Er fuhr mich tatsächlich bis vor die Haustür.

»Wenn du mir gesagt hättest, wie weit Dessau von Dresden entfernt liegt«, sagte er später zu mir, »dann hätte ich dich maximal bis zum Hermsdorfer Kreuz mitgenommen.«

Hätte er mich wirklich mitten in der Nacht am Hermsdorfer Kreuz abgesetzt? Zu DDR-Zeiten hätte ich mir diese Frage wohl nicht stellen müssen. Niemand hätte so etwas getan, nur um ein paar Stunden Zeit zu sparen. Zeit, merkte ich, besaß im Westen einen ganz anderen Stellenwert. Man war ständig in Eile. Dieses Problem würde auch auf uns zukommen.

Drei Wochen nach meiner vermeintlichen Krankmeldung stand ich jedenfalls erneut vor meiner Chefin Dr. Barbara Langanke, damals erste Oberärztin an der Universitätsklinik Leipzig: »Hey Chefin, ich bin wieder da, bin wieder gesund und habe die Klinik richtig vermisst«, sagte ich.

»Schön, dass Sie wieder da sind. Sie können so viel arbeiten wie nie zuvor.«

Natürlich wusste sie, was los war. Doch sie fragte mich nie nach dem Krankenschein und ließ mich in der Folge genau das tun, was ich heute noch liebe: viel operieren. Jetzt wurde mir klar, auf welcher Seite sie gestanden hatte: auf meiner, nicht der des Systems! Das letzte Mal sah ich meine alte Chefin zu ihrem 80. Geburtstag im Dezember 2014. In Erinnerung an alte Leipziger Uni-Zeiten, in denen sie sich zwischen 2 anstrengenden OP's mit einem Stück Käse aus dem OP-Kühlschrank stärkte, bevor wir dann gemeinsam die eine oder andere Zigarette rauchten (wohl bemerkt: im Vorraum des OP's), brachte ich ihr als Geschenk einen herzhaften Emmentaler mit. Sie freute sich riesig, bedankte sich herzlich beim

Gang zum Zigarettenpäuschen. Ich sagte zu ihr: „Hey Chefin, wenn ich gewusst hätte, dass Sie noch rauchen, hätte ich außer dem Käse noch eine Schachtel Duett mitgebracht." Von Andreas Vogel (einem lieben Kollegen) erfuhr ich, dass sie am 31.01.2017 gestorben ist. Passend der Spruch auf Ihrer Traueranzeige: „Wenn ihr mich sucht, sucht in euren Herzen. Habe ich dort eine Bleibe gefunden, lebe ich in euch weiter." Wie wahr! Ich habe ihr viel zu verdanken, nicht nur fachlich, sondern vor allen Dingen auch menschlich.

Die Facharztprüfung legte ich noch nach dem alten System ab. Endlich war ich am Ziel: Ich war Kieferchirurg. Meine Chefin hielt, was sie versprach und ich durfte nun die größeren kieferchirurgischen Operationen lernen. Einige Assistenten – man vermutete: die „Stasisäcke" – verließen die Klinik. So hatte ich die Gelegenheit, viel zu arbeiten und viel operative Erfahrung zu sammeln.

Doch nach dem BRD-Recht, das bald auch im »Osten« galt, war ich zwar Kiefer-Gesichtschirurg, besaß aber nur eine Approbation. Eine Übergangsregelung der Bundesregierung erlaubte uns, tätig zu sein, doch begrenzt auf das Fachgebiet der MKG-Chirurgie. Der Freistaat Sachsen bot für diejenigen, die sich mit dieser Übergangsregelung nicht identifizieren konnten, ein Programm für ein verkürztes Medizinstudium mit Schwerpunkt auf der klinischen Ausbildung an.

Also schrieb ich mich erneut an der Dresdner Universität ein, besuchte an den Wochenenden Vorlesungen, nahm an Seminaren teil und legte das medizinische Staatsexamen ab. Später promovierte ich sogar ein zweites Mal – mit einem guten Grund: Obwohl Britta und ich nämlich in der DDR als Zahnärzte promoviert hatten – mit den Daten aus meiner NVA-Zeit –, lautete unser Titel »Dr. med.« und nicht »Dr. med. dent.«. Ursache dafür war das Thema der Dissertation. Es lag im medizinischen Gebiet. Nun ergriff ich die Gelegenheit, den Doktor der Zahnmedizin nachzuholen.

Meine Entscheidung, zurück in den Osten zu gehen, und unser gemeinsames Leben hier aufzubauen, habe ich nie bereut. Wie zur Bekräftigung unseres neuen alten Lebens kam am 31. Oktober 1990 unser zweiter Sohn Simon zur Welt – kurz nach der deutschen Wiedervereinigung. Nun hatte ich alle Freiheiten, die ich brauchte – im Beruf wie im Sport, und natürlich für meine Bergleidenschaft, von der ich freilich noch nichts ahnte. Nach meinem ersten Gipfelerlebnis auf dem Kilimandscharo im Jahr 2000 sollte sie erst Mitte der 2000er Jahre wieder an Stärke zunehmen.

Mont Blanc oder Elbrus?
Mont Blanc und Elbrus!

»Magic Hand«

Im Jahr 2002 suchte das katholische Hilfswerk Misereor nach Ärzten verschiedener Fachrichtungen, die bereit waren, nach Nepal zu reisen, um sich dort im Distrikt Ghorka um die medizinische Versorgung der Ärmsten der Armen zu kümmern. Tilmans Frau Ellen, ihres Zeichens Arbeitsmedizinerin und aktives Mitglied unserer Kirchengemeinde, hatte den Aufruf an mich weitergeleitet. Spontan ließ ich mich auf das Abenteuer ein und fragte wieder einmal meinen damaligen Haustechniker Olli, ob er nicht mitkommen wolle. Das Konzept der Hilfsaktion sah vor, dass man den Trip selbst finanzierte und auch das notwendige Equipment mitbrachte. Alleine wäre der Transport des Equipments unmöglich gewesen.

»Hättest du Lust, in ein fernes Königreich zu reisen?« (Erst 2008 wurde die Monarchie in Nepal abgeschafft.)

Olli schien nicht abgeneigt zu sein.

»Würdest du in diesem Fall nicht nur als technischer Mitarbeiter, sondern auch als zahnärztliche ›Helferin‹ fungieren?«

»Warum nicht?«

Worauf er sich im zweiten Teil seiner Zusage einließ, ahnte er wohl höchstens.

Unsere Reise wurde ein voller Erfolg. Partner vor Ort war eine nichtstaatliche nepalesische Organisation, das *Center for Community Development & Research* (CCODER), das der Arzt Govinda Prasad Dhital gegründet hatte. Im Crashkurs wurde »Bruder Olli« zum perfekten Zahnarzt- und OP-Helfer ausgebildet. Auf unserem »Mobile Health Trek« zogen wir durch das Bergland im Distrikt Gorkha, am Fuße des achthöchsten Berges der Erde, dem Manaslu (8163 Meter). Gemeinsam mit Olli, der für die professionelle Vor- und Nachbereitung der Operationen sorgte, und Govindas hübscher Tochter Jyoti, die simultanübersetzte und mir ebenfalls assistierte, konnte ich dort vielen Menschen helfen. Ich erfuhr eine Dankbarkeit, die ich niemals wieder in dieser Form erlebt habe.

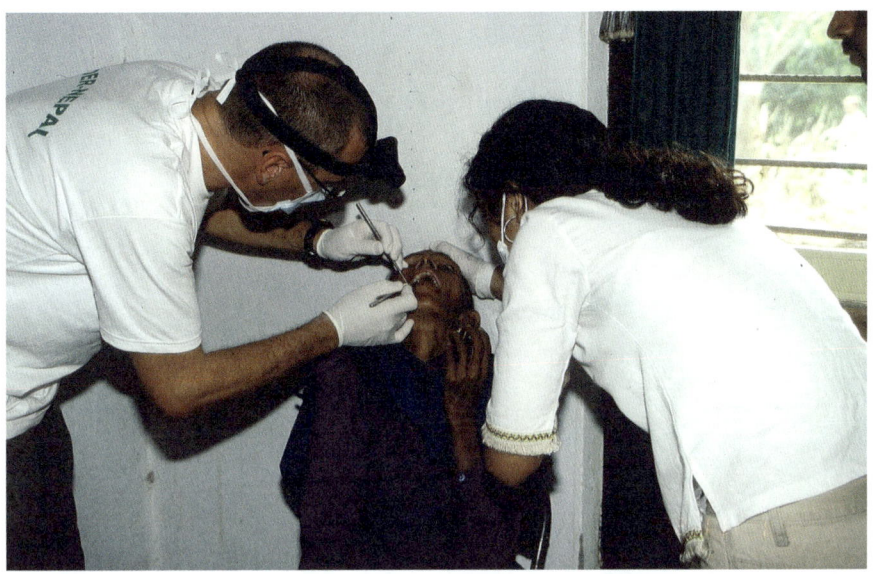

Beim Misereor-Hilfseinsatz in Nepal, November 2002. Rechts Jyoti, Govinda Prasad Dhitals Tochter, die vor Ort als Helferin und Dolmetscherin tätig war.

Mein Haustechniker Olli mit dem Leiter des Center for Community Development & Research (CCODER), Govinda Prasad Dhital, in Nepal, November 2002.

Mit Jyoti bei der Feier des Tihar-Festes in Govindas Garten, 2002.

Govinda gehört der Brahmanen-Kaste an. Wegen meiner schnellen Operationen nannte er mich »Magic Hand« – und verlieh mir während des hinduistischen Tihar-Festes, dem Fest des Lichts, in einer Zeremonie den Namen »Ganesh«. Der fünfte Tag des Tiha wird »Bhai Tika« genannt, das Bruderfest. Govinda lud eine große Gruppe von Ärzten und Helfern zu sich nach Hause ein, und jeder von uns bekam einen Tika-Punkt auf die Stirn, mit verschiedenen andersfarbigen Zeichen darunter – so wie hinduistische Geschwister sich gegenseitig mit Tikas segnen. Außerdem wählte er für jeden einen Götternamen. Mit dem Namen »Ganesh« weihte er mich gleichsam dem Gott Ganesha, dem »Herrn der Hindernisse«, der zu den populärsten Hindugöttern Nepals und Indiens gehört und an seinem Elefantenkopf leicht wiederzuerkennen ist. Ganesha steht für Güte und Menschlichkeit, aber auch für Klugheit, Witz und Humor – ich konnte also durchaus stolz darauf sein, mit ihm als Namenspatron in Verbindung gebracht zu werden.

Einige Tage hielten wir uns auch in Kathmandu auf, besuchten dort Schulen, Krankenhäuser und andere öffentliche Einrichtungen, für die wir Sachspenden mitgebracht hatten. Govinda lud mich zu sich nach Hause ein. Ich erzählte ihm, wie sehr mich Land und Leute beeindruckt hatten: »Mit Freunden und Kollegen gehe ich regelmäßig auf Reisen. Eine Trekking-Tour durch Nepal haben wir aber noch nie gemacht. Das müssen wir unbedingt nachholen!«

»Dabei kann ich dir gerne helfen«, bot mir Govinda überraschend an. So ergab es sich, dass ich ein Jahr später erneut nach Nepal reiste. Diesmal mit einer bunten Truppe aus Elferrats-Freunden, meiner Schwester Carola und ihrem Mann Achim. Wir mussten nur die Flugtickets besorgen, um die Reiseroute kümmerten sich Mitarbeiter von Govinda, als Dankeschön für meine Hilfe im Vorjahr. Es ging über den *Mardi Himal Trek* in der Anapurnaregion, wobei wir uns dem Mardi Himal, der wegen seiner Form auch »Matterhorn des Himalaya« genannt wird, bis über 5000 Meter Höhe näherten – Wasser auf die Mühlen meiner Bergsteiger-Leidenschaft. Zu unserem Programm gehörte sogar ein Ritt durch den Dschungel des Chitwan-Nationalparks – auf dem Rücken von Elefanten. Diese Reise jenseits der üblichen Touristen-Pfade erweiterte unser aller Horizont und ließ Freundschaften wachsen.

Alte Freunde, neue Pläne

Ich erinnere mich an einen der peinlichsten Anrufe, den ich je getätigt habe: Im Radio hörte ich ein Interview mit dem durch seine Extremtouren bekannten Bergsteiger aus Sachsen-Anhalt, Olaf Rieck. Er hatte vor, im Jahr 2005 den Mount Everest mit einem kleinen Team von Mitstreitern ohne Zusatzsauerstoff zu besteigen. Die Expedition lief unter der Überschrift »Leipzig goes to Everest«. Auf dem Gipfel sollte die Leipziger Fahne gehisst werden, man suchte Sponsoren aus der Region und die Leipziger Volkszeitung würde über die Expedition berichten.

Dieses Interview ging mir nicht mehr aus dem Sinn. Ich recherchierte einiges über Rieck, erfuhr unter anderem, dass weiterhin nach Sponsoren für die Unternehmung gesucht wurde, und hatte eine kühne Idee: Ich könnte als Sponsor auftreten, wenn er mich im Gegenzug mitnehmen würde! Nicht, dass ich so vermessen gewesen wäre, an einen Aufstieg bis zum Gipfel zu glauben, aber vielleicht bis ins Basislager? Oder noch ein Stückchen höher? Das wäre etwas! Dann hätte ich einen intensiven Kontakt zum Berg der Berge. Vielleicht würde ja was gehen? Als zusätzlicher Expeditionsarzt und Sponsor – wäre das nicht ein gutes Angebot?

Andererseits: Was hatte ich als Bergsteiger vorzuweisen? Unsere Tour auf den Kilimandscharo lag nun bereits fünf Jahre zurück. Zwar hatten mich die Berge seither nie mehr losgelassen, aber außer etlichen Marathonläufen gab es nur die eine oder andere Berg-Tour mit der Familie oder Freunden, vor allem die Trekking-Tour im Annapurna-Massiv. Die atemberaubende Kulisse dort hatte ich genossen – und als wir mit einem Kleinflugzeug den Mount Everest überflogen, verspürte ich eine beinahe magische Anziehungskraft. In mir hatte sich ein tief verborgener Wunsch geregt: noch einmal ein großer Berg!

In dem Jahr, das seit unserer Nepal-Reise vergangen war, hatte ich das eine oder andere Buch über die höchsten Gipfel der Welt und deren Geschichte gelesen – die Faszination wuchs!

Nun schlich ich also ums Telefon und kämpfte mit mir, ob ich Olaf Rieck anrufen sollte oder nicht. Aber warum eigentlich nicht? Wenn du es nicht versuchst, sagte ich mir schließlich, kannst du nie wissen, ob es vielleicht doch geklappt hätte! Ich griff zum Hörer und wählte die Nummer, die ich im Internet gefunden hatte. Als Rieck sich meldete, stellte ich mich vor, und schilderte mein Ansinnen so vorsichtig wie möglich.

Das Schweigen am anderen Ende der Leitung schien Stunden zu dauern. Dann endlich sagte er etwas: »Haben Sie – außer dem Kilimandscharo – irgendwelche hochalpinen Erfahrungen?«
Ich musste verneinen.
»Haben Sie schon einmal in einem Hochlager in 6000 Metern oder höher übernachtet und sich selbst versorgt?«
»Nein, noch nicht.«
»Sind Sie schon einmal mit Steigeisen gelaufen?«
Die Reihe seiner Fragen hörte nicht auf, und jede einzelne Frage, die ich mit »Nein« beantworten musste, stach mir wie ein Pfeil ins Herz. Acht Jahre später wäre es mir sehr viel leichter gefallen, auf alle diese Fragen zu antworten. Jetzt hatte ich eigentlich nur noch das Verlangen nach dem berühmten Loch, in das man ganz unbemerkt verschwinden kann. Doch da war kein Loch und mir blieb nichts weiter übrig, als das unglückselige Telefonat so charmant wie möglich zu Ende zu bringen.
Nagender Selbstzweifel setzte ein: »Das war's. Ich Vollidiot! Was habe ich gemacht? Bin ich jetzt total größenwahnsinnig geworden?«
Und dennoch: Ich wäre nicht ich gewesen, wenn sich diese Selbstzweifel nicht relativ zügig in eine gewaltige innere Energie verwandelt hätten. Die Blamage entwickelte einen ungeheuren Schub. Die gefühlte Niederlage führte, wie so oft in meinem Leben, zu einem Jetzt-erst-recht-Effekt!

Olaf Riecks Expedition sollte ich später intensiv in den Medien verfolgen. Ich bedauerte es sehr, dass er mit seinem Team aufgeben musste: Das Quäntchen Glück – oder ein guter Draht nach »ganz oben« – hatten ihm leider gefehlt.
Nun war ich aber selbst vom Bergfieber erfasst, von einer inneren Unruhe, die mich das Thema nicht mehr vergessen ließ. Bei unserem Dessauer Zahnärztestammtisch brachte ich es zur Sprache: »Wäre es nicht fantastisch, auf den höchsten Berg Europas zu steigen?«
»Du meinst auf den Mont Blanc?«
»Nein, den Elbrus im Kaukasus. An der russisch-georgischen Grenze. 5642 Meter hoch. In der Schule haben wir zwar gelernt, dass der Mont Blanc der höchste Berg Europas ist, aber unter Bergsteigern gilt der Elbrus – weil das Schmelzwasser ins Schwarze Meer fließt. Wie sieht es aus – wer hat Lust?«
Der ganze Tisch war begeistert, doch schnell stellte sich heraus, wer wirklich mitkommen wollte: Frank-Reiner, der Ecki genannt wurde, war

Gründungsmitglied des Stammtisches und sportlich einer der Aktiveren. Er fuhr viel Rad, und in früheren Zeiten waren wir noch den einen oder anderen Kilometer zusammen geschwommen, bevor es in die Kneipe ging. Die körperlichen Voraussetzungen für den Elbrus schien er also mitzubringen. Und er interessierte sich sehr dafür, was ich zu erzählen hatte.

Tilman, mit dem ich zusammen auf dem Kilimandscharo gewesen war, sprach ich bei einem unserer Trainingsläufe in den Elbauen an.

Auf eine andere Idee kam ich während eines Kirchenbesuchs: Die Messe wurde von unserem damaligen Jugendpfarrer Stefan Hansch gehalten, der es mit unkonventionellen Mitteln verstanden hatte, viele Jugendliche innerhalb und auch außerhalb der Gemeinde für die Kirche zu begeistern, darunter auch unsere Söhne.

Am Anfang ihrer aktiven Jugendzeit hatte ich skeptisch auf die engagierte Arbeit des jungen Pfarrers geschaut. Ich befürchtete, dass im Hintergrund bewusst oder unbewusst die Missionierung zum Priesterberuf stand. Ich wollte aber nicht, dass sie diesen Weg einschlagen. Die Gründe dafür sind schwer zu benennen. Es waren die Gedanken eines Vaters, der meinte, die Kinder könnten in ihrem Leben etwas verpassen. Heute weiß ich, dass Eltern darauf letztendlich keinen direkten Einfluss haben. Man kann lediglich versuchen, begleitend über viele Jahre bei den Kindern eine Meinung und einen festen Standpunkt aufzubauen.

Jedenfalls sollte es nicht sein, dass unsere beiden Söhne den pastoralen Weg einschlagen. Nun wollte ich dem Pfarrer einen Gefallen tun, in der Freude über die schönen Jahre, die unsere Kinder in der Kirchenjugend hatten. Weil ich wusste, dass er ein totaler Bergfreak ist, dachte ich daran, auch ihn mit auf den Elbrus zu nehmen.

Doch wenn ihn, dachte ich, warum nicht auch Gabriel, der gerade sein Abitur mit Bravour bestanden hatte? Ja, als Anerkennung für seine tollen Leistungen würde ich ihn mitnehmen, und letztlich auch als Bindeglied zwischen Pfarrer Hansch und dem Rest der Truppe.

Gabriel war sogleich Feuer und Flamme, und auch Stefan Hansch freute sich sehr, als wir ihn fragten. Leider hatte er schon zugesagt, eine kirchliche Südamerikareise zu begleiten, und blieb diesem Vorhaben treu. Sicherlich schweren Herzens.

Natürlich erzählte ich auch im Elferrat von meinen Plänen, doch eher beiläufig und kurz vor der Heimfahrt. Doch zwei meiner alten Studienfreunde hörten aufmerksam zu: Rolf und Alberto.

Matthias Albert, den ich »Alberto« zu nennen pflege, kannte ich bereits seit Beginn der 1980er Jahre. Auch er hatte Zahnmedizin studiert. Er war es, der im dramatischen September 1989 mit seiner Familie in die deutsche Botschaft nach Prag geflüchtet war. Mit vielen anderen Bürgern der DDR, die ihrem Land den Rücken kehren wollten, hatte er im Garten der Botschaft ausgeharrt.

»Es war wild«, hatten er und seine Frau Marina, starke Stütze und Ruhepol in seinem bewegten Leben, mir einmal erzählt. »Mit Kind und Kegel über den Zaun – und dann saßen wir tagelang im Matsch.«

Als Hans-Dietrich Genscher schließlich am Abend des 30. September 1989 verkündete, dass die Ausreise in die BRD bewilligt worden war, standen Alberto, Marina und die beiden Kinder Michael und Christina inmitten der Menge, deren Aufschrei den Außenminister der BRD übertönte. Ihr Weg führte in das oberfränkische Gößweinstein. Dort gründete Alberto eine eigene Praxis. Seine Leidenschaft aber waren schon seit seiner Jugend – die Berge.

»Übrigens nehme ich auch Gabriel mit«, erzählte ich ihm von meinem Vater-Sohn-Projekt, wohl wissend, dass Albertos Sohn Michael im gleichen Alter wie Gabriel und ebenfalls eine Sportskanone war.

Rolf kenne ich schon ebenso lange wie Alberto. In Studienzeiten wohnten wir nebeneinander, unsere Facharztprüfungen zum Kieferchirurgen fanden am selben Tag statt. Noch heute sehen wir uns regelmäßig und arbeiten fachlich zusammen. Rolf ist ein hervorragender Schwimmer und ausdauernder Radfahrer – und war bereits in Nepal mit dabei.

Aus der Nepalgruppe meldete sich außerdem Ulf. Er war damals mit Henry gekommen, einem Mitglied unseres Elferrats. Ulf war Kampfjet-Pilot bei der NVA gewesen – auch bei ihm konnte man also von der notwendigen Fitness ausgehen. Später sattelte er um und wurde Banker.

Last, but not least: Auch meinen Freund, exzellenten Haustechniker und nepalesischen »Zahnarzthelfer« Olli konnte ich mit meinem Elbrus-Fieber infizieren. Er brauchte nicht lange, um sich zu entscheiden.

Binnen einiger Wochen hatte ich auf diese Weise eine Truppe zusammen, die im September 2006 gemeinsam zum höchsten Berg Europas aufbrechen wollte. Zusammen waren wir neun: die Alberts, Rolf, Ecki, Ulf, Olli, Tilman und die Hundeshagens.

Trotz der beachtlichen Höhe von 5642 Metern gilt der Elbrus, ähnlich wie der Mount Kibo, als nicht besonders schwierig. Das ermutigte auch diejenigen unter uns, die über wenig Bergerfahrung verfügten. Wir wandten uns an einen deutschen Reiseanbieter, der auch mit vor Ort ansässigen russischen Bergführern zusammenarbeitete und uns bei den notwendigen Formalitäten unterstützte.

Steigeisen, Pickel, Hüftgurt und Seil

Noch vor der Elbrus-Expedition, im August 2006, fuhr ich mit meiner Familie zum Sommerurlaub nach Chamonix in den französischen Alpen. Die Stadt, für Wintersportler und Alpinisten ein beliebtes Ziel, liegt unmittelbar nördlich des Mont Blanc.

Mit Britta in Chamonix, am 6. August 2006, vor dem Aufstieg zum Mont Blanc.

Als der Urlaub näher rückte, reizte mich mehr und mehr ein Gedanke: Wie wäre es, als kleines »Urlaubs-Highlight« und gewissermaßen als Vorbereitung, den höchsten Gipfel der Alpen zu besteigen – angeleitet von einem fachkundigen Bergführer?

Ich erkundigte mich in einem Dessauer Reisebüro, wie sich die Sache am besten einfädeln ließe.

»In Chamonix gibt es viele Bergführer, die Touristen ihre Dienste anbieten«, erfuhr ich. »Wenn Sie wünschen, vereinbaren wir für Sie einen Termin mit einem zuverlässigen Mann.«

Dieser »zuverlässige Mann« war ein ziemlich junger Kerl namens Dominic. Als wir uns am 6. August in Chamonix trafen, war er mir gleich sympathisch. Wie unter Bergleuten üblich, duzten wir uns. Er erläuterte mir, worauf es bei einer Besteigung des Mont Blanc ankam: »Unsere Route führt über eine Hütte, *Refuge du Goûter*, in knapp 3900 Meter Höhe. Die meisten Bergsteiger übernachten dort, stehen in aller Herrgottsfrühe auf – manche sogar schon um ein Uhr nachts – und nehmen dann den Gipfel in Angriff. Fast 1000 Höhenmeter über Fels, Geröll, Schneefelder und Gletscher. Der Gipfel selbst, ein sogenannter Firngipfel, liegt unter einer dicken Eisschicht. Der Weg ist weitgehend gesichert, aber steil und anspruchsvoll.«

Mit Bergführer Dominic am Aiguille du Midi, wo sich auf 3842 Meter Höhe das höchstgelegene Café Europas befindet.

Für unsere Eingehtour fuhren wir mit der Seilbahn auf den Aiguille du Midi, einen felsigen Vorposten des Mont-Blanc-Massivs, der sich auf 3842 Meter Höhe über Chamonix erhebt. Oben, im höchst gelegenen Café Europas, machte ich zum ersten Mal Bekanntschaft mit Hüftgurt, Steigeisen, Pickel und Seil. Wir kletterten übers Geländer und standen sogleich mitten im eisigen Hochgebirge. Hier wollte Dominic testen, ob ich für das geplante Unternehmen geeignet sei, und einige unverzichtbare Fertigkeiten mit den genannten Gerätschaften üben.

Mit Steigeisen, Hüftgurt und Helm ging es los. Ich lernte, wie man den Pickel verwendet, und kämpfte mich über einen kleinen Klettersteig – ein Konditionstest, den ich dank meines Marathontrainings gut meisterte.

Unterwegs trafen wir ein Gespann von Vater und Tochter mit einem anderen Bergführer: »Wir haben schon zweimal versucht, auf den Mont Blanc zu kommen«, erzählten sie mir. »Aber jedes Mal hat einer von uns es mit der Angst zu tun bekommen.«

»Höhenangst?«

»Auch, aber mehr noch die Angst davor, über Gletscherspalten zu springen. Oder die Angst, ins Seil zu fallen. Da kann einem ganz schön mulmig zumute werden.«

Kurz darauf erlebte ich diese Übung am eigenen Leib.

»Du musst dem Material vertrauen«, erklärte Dominic. »Nur dann bist du in der Lage, dich sicher durch schwieriges Gelände zu bewegen.«

An einer Felswand ließ er mich in die Sicherheitsseile einklinken. Ich stand nur noch mit den Frontzacken der Steigeisen am Fels, mit dem Rücken zum Abgrund, gesichert nur durch den Seilführer.

»Jetzt lass dich fallen!«, forderte Dominic mich auf.

Nicht nur dem Material, auch ihm als Seilführer musste ich vertrauen. Das war schon eine prickelnde Übung. Doch ich hatte das Vertrauen, ließ mich ins Seil fallen – und fühlte mich irgendwie frei.

Das Schlimmste aber war das Queren einer fast senkrechten Eiswand: Mit allem, was mir Halt geben konnte, krallte ich mich an die Wand, jeder Muskel aufs Höchste angespannt, um nur ja nicht abzurutschen. Weder wollte ich unkontrolliert ins Seil stürzen, noch hatte ich Lust auf eine Blamage. Mit Mühe und Not und einem kleinen Sprung rettete ich mich zum Schluss um die Kurve. Dominic war hinter einem Felsvorsprung, so dass ich die eigene Sicherung nicht sah, was zusätzlich ein mulmiges Gefühl verursachte. Was hatte ich vergessen? Dominic sagte es mir: Man musste die Frontzacken ins Eis hauen, so dass man nur mit den Zehenspitzen schräg am Berg steht. Das hatten wir vorher geübt, doch ich hatte es gleich wieder vergessen. Nach diesen bangen Minuten aber war es mir für immer ins Gedächtnis gebrannt – ich sollte diese Technik noch sehr oft nutzen.

Zuletzt noch einmal Konditionstraining: So schnell es ging mit Steigeisen zum Bergcafé. Test bestanden, Gott sei Dank!

Nächtlicher Gipfelsturm

Am nächsten Tag sollte die Tour zum Mont Blanc beginnen. Am Abend zuvor saßen wir zu dritt im Hotelrestaurant, Britta, Simon und ich, und ich stärkte mich noch einmal mit vielen Kohlehydraten (die Pastaparty vor jedem Marathon lässt grüßen). Was würde mich wohl erwarten? Angst verspürte ich nicht. Nur eins beschäftigte mich ernstlich: Würden mich auch diesmal wieder quälende Kopfschmerzen befallen? Meine sporadische Lektüre hatte mich gelehrt, wie wichtig es ist, sich gut zu akklimatisieren. Ich war körperlich in guter Verfassung. Aber war ich auch gut genug darauf vorbereitet, um in über 4800 Meter Höhe zu bestehen?

Die erste Etappe führte uns zum *Refuge du Goûter*. Dort hatten wir zwei Betten für die Übernachtung reserviert, oder besser: für ein paar Stunden Schlaf, ehe wir gegen zwei Uhr morgens zum Gipfel aufbrechen wollten.

Zunächst fuhren wir mit der Zahnradbahn *Tramway du Mont-Blanc* von 585 Metern zum Nid d'Aigle, einen Aussichtspunkt in 2362 Meter Höhe. Von langsamer Akklimatisation konnte also nicht die Rede sein. Über gesicherte Klettersteige und felsige Passagen kraxelten wir von dort aus stetig aufwärts, zuerst noch vereinzelt über grüne Abschnitte, dann kam nur noch Geröll. Ich schwitzte unter strahlend blauem Himmel. Die Strecke war an einigen Stellen äußerst steil und verlief teilweise unter Überhängen. Helme waren unerlässlich. Die letzten Meter waren mit Fixseilen gesichert – bis wir es gegen vier Uhr nachmittags endlich geschafft hatten: 1500 Höhenmeter zu Fuß, von der Zahnradbahn bis zur Hütte. Insgesamt hatte ich 2800 Höhenmeter zurückgelegt. Noch spürte ich keine Kopfschmerzen.

Probleme drohten von einer völlig unerwarteten Seite: Das *Refuge du Goûter* platzte aus allen Nähten! Für vierzig Bergsteiger vorgesehen, war es gerade völlig überfüllt. Trotz unserer Voranmeldung war es ungewiss, ob und wann ein Bett für uns frei werden würde.
»Was können wir tun?«, fragte ich.
»Ich weiß nicht. Erst mal ausruhen. Dann sehen wir weiter.«
Wir suchten uns einen Platz, an dem wir verschnaufen konnten, und Dominic bestellte beim Hüttenwirt Spaghetti für uns beide. »Ich nehme die Knoblauchsauce«, bestellte er. »Ich auch!«, rief ich dem Hüttenwirt hinterher – ein Fehler, wie sich später herausstellen sollte.
Nach einer Weile nahm Dominic von sich aus das Gespräch auf: »Hör mal, Gregor, akklimatisiert bist du doch sowieso nicht, oder?«
»Nein, das kann man wirklich nicht sagen.«
»Heute soll das Wetter schön sein. Alle Bergsteiger gehen morgen früh um ein Uhr los. Das wird ein ziemliches Gedränge auf dem Berg.«
»Ja, und?«
Ich wusste nicht, worauf er hinauswollte.
»Eigentlich könnten wir doch gleich jetzt losgehen. Wir machen eine Abend-Nachtbesteigung. Fit genug bist du, und mehr Akklimatisation bekommst du nach fünf Stunden Schlaf auch nicht. Außerdem hätten wir so den Berg für uns.«
»Okay. Wenn du glaubst, dass das geht. Ich bin dabei!«
Es war früher Abend. Ein wunderschöner, fast wolkenloser Tag, auf den eine sternklare Nacht zu folgen versprach. Die Entscheidung war gefallen: Abendaufstieg!

Am 7. August 2006 um 17 Uhr Ortszeit ging es vom *Refuge du Goûter* auf schmalem Tritt über ein riesiges Gletschergebiet zum Dôme du Goûter in 4304 Meter Höhe. In 4362 Meter Höhe sollte eine letzte Station folgen, *Abri Vallot*, eine sogenannte Biwakschachtel, die als Schutzhütte dient. Über den Bosses-Grat gelangt man schließlich zum Gipfel.
Bis auf eine einzelne Bergsteigerin, die noch eine kleine Eingehtour absolvierte, waren wir komplett alleine am Berg. Da es in den vergangenen Tagen nicht geschneit hatte und etliche Expeditionen vor uns eine feste Spur in das Eis getreten hatten, waren die Bedingungen für einen nächtlichen Aufstieg günstig. Anfänglich fühlte ich mich sehr gut und genoss die fantastischen Ausblicke. Auf die Helme konnten wir verzichten, dafür war

die Eisaxt gefragt. Um nicht vom Weg abzukommen, gingen wir in Seilschaft. Von nun an nahm die Anstrengung mit jedem Höhenmeter zu. Irgendwann hatte ich mit einem Problem zu kämpfen, das ich hätte voraussehen können: Mir war plötzlich speiübel. Die Knoblauchsauce! Ich kämpfte gegen das Sodbrennen an, mühte mich weiter, doch zu meiner Empfindlichkeit gegen den Knoblauch kam die enorme Anstrengung des Aufstiegs – und schließlich spuckte ich die komplette Mahlzeit wieder aus.

»Alles okay?«, fragte Dominic, und bevor ich antworten konnte, sagte er: »Die meisten müssen hier erst einmal vor Anstrengung in den Schnee spucken.«

Ich kannte das Phänomen: Wenn eine extreme physische Belastung die Reizschwelle des Körpers übersteigt, zum Beispiel auf der zweiten Hälfte eines Ultra- oder Berg-Marathons, rebelliert der Körper und macht nicht mehr weiter, bis er sich erleichtert hat.

Angeseilt stapften wir weiter. Geschwächt vom Erbrechen, gebeutelt von den zunächst unmerklich, dann aber mit Wucht einsetzenden Kopfschmerzen, eine stundenlange Kletterpartie in den Knochen, hielt ich mich aber noch auf den Beinen und blieb in der Spur. Als die Dämmerung die Täler ringsum mehr und mehr in Dunkelheit hüllte, setzte ich die Sonnenbrille ab und genoss das gigantische Panorama. Ich war platt wie eine Flunder, aber dennoch in der Lage, die Schönheit der Natur um mich herum zu genießen.

Ab und zu fiel ich einfach auf die Knie, um Dominic zu signalisieren, dass ich eine kleine Pause brauchte. Je höher wir kamen, desto öfter stoppte ich – und damit auch ihn als Seilersten. Ab und an huschte der Schatten einer Sorge über sein Gesicht. Doch trotz aller Widrigkeiten war ich dazu fähig, den Weg bis zum Ende zu gehen.

Auf dem Weg zum Gipfel des Mont Blanc fehlte mir die Akklimatisation.

Als wir am 7. August 2006 um 21.25 Uhr den Gipfel erreichten, in 4807 Meter Höhe, verglühte gerade das letzte Abendrot. Der Mond war aufgegangen. Im Tal erkannten wir die Lichter von Chamonix. Unbeschreiblich schön.

Beim Abstieg torkelte ich mehr, als dass ich ging. Doch mein Bergführer geleitete mich sicher durch die Dunkelheit auf fast demselben Pfad zurück, den wir gekommen waren. Irgendwann in der Nacht erreichten wir das *Refuge du Goûter* – genau in dem Augenblick, als die anderen aufbrechen wollten.

Ich stolperte zu einem der jetzt freien Betten, und mit den vielen kleinen weit entfernten Lichtern von Chamonix vor Augen schlief ich glücklich ein, tief und fest.

Gipfelfoto auf dem Mont Blanc

Eine Expedition auf Russisch

Am 8. September 2006 flog unsere neunköpfige Gruppe zusammen mit Bergführer Christian Zoller von Hauser-Exkursionen über Moskau nach Mineralnyje Wody, einer 75.000-Einwohner-Stadt im nordkaukasischen Steppenland. Noch vor unserer Abreise hatte Gabriel die Zusage für ein Medizinstudium an der Universität Jena erhalten. Er konnte stolz auf sich sein – und ich war es allemal. Diese Bergtour kam gerade richtig!

In einer kleinen Zeremonie hatte Pfarrer Hansch vor der Reise Gabriel und mir den Reisesegen erteilt – ein beruhigendes Zeichen und für mich seitdem obligatorisch vor großen Expeditionen.

Von Mineralnyje Wody aus ging es mit dem Bus über Baksan nach Terskol. Die Bevölkerung dieses kleinen kaukasischen Ortes befand sich in gespannter Erwartung auf ein Ereignis, das am 14. September stattfinden sollte – genau einen Tag nach unserer geplanten Gipfelbesteigung.

Das Elbrus-Rennen stand auf dem Programm, ein erstmals 1989 durchgeführter Wettlauf von der Talstation der Elbrus-Seilbahn in Asau bis hinauf auf den Gipfel. Viele namhafte russische Bergsteiger hatten sich bereits eingefunden, um sich zu akklimatisieren, unter ihnen Denis Urubko, einer der wenigen Menschen, der alle Achttausender ohne zusätzlichen Sauerstoff bezwungen hatte.

Unser Quartier bezogen wir im *Hotel Elba*, das uns besonders wegen seiner vorzüglichen Verpflegung in bester Erinnerung bleiben sollte. Doch bereits am Tag nach unserer Ankunft zog es uns hinaus in die Berge. Neben dem immer ruhigen und ausgeglichenen Christian begleitete uns der russische Bergführer Oleg, denn zum geplanten Programm gehörten drei Eingehtouren. Die erste führte uns am 9. September auf den 3650 Meter hohen Cheget südlich von Terskol. Vom Gipfel genossen wir den imposanten Blick auf den Elbrus, einige Kilometer nördlich.

Am 9. September, nach der ersten Eingehtour am 3650 Meter hohen Cheget, stehend von links: Olli, Gabriel, Micha, Alberto, Gregor, Ecki, Rolf und Victor, hockend: Tilman und Ulf.

In der Antike unter dem Namen Strobilus bekannt, ist der Elbrus ein Vulkan, der nur noch geringfügig aktiv ist (der letzte Ausbruch soll etwa um das Jahr 50 nach Christus stattgefunden haben). Er weist zwei stark vergletscherte Gipfel auf. Der Ostgipfel liegt am Rand eines Vulkankraters in

5621 Meter Höhe. Wir wollten auf den Westgipfel – 5642 Meter über dem Meeresspiegel. Im Kaukasus galt der Elbrus lange Zeit als heiliger Berg. Ihn zu besteigen, war tabu. 1829 erfolgte die Erstbesteigung des Ostgipfels. Den Westgipfel erreichte erstmals eine englisch-schweizerische Expedition im Jahr 1874.

Am 10. September näherten wir uns dem Ziel an. Mit einer typisch russischen Seilbahn, durch deren verrosteten Boden man in die Tiefe blicken konnte, und einem Sessellift fuhren wir hinauf zum Basislager, den sogenannten »Botschki-Hütten«: liegende, in den russischen Nationalfarben angemalte Fässer, die als spartanische Unterkunft für bis zu sechs Personen dienen. Von diesen Hütten, die wohl aus Gaspipelines hergestellt worden waren, hatten mir schon Bergfreaks erzählt, die sich zu DDR-Zeiten bis hierher durchgeschlagen hatten. Vom Basislager aus absolvierten wir unsere zweite Eingehtour – mit Steigeisen in verschneitem und vereistem Gelände. Ziel war der Pasturov Felsen in etwa 4400 Meter Höhe.

Plötzlich hielt Olli an: »Mein Fuß tut weh! Ich glaub', das geht nicht mehr lange.«

Wie sich später herausstellte, hatte sich sein Überbein entzündet. Vielleicht waren die Schuhe zu klein. Ein Stück noch kam er mit, doch auf halbem Weg zum Felsen musste er aufgeben und umkehren.

Wir anderen schafften es und konnten uns zu einer kleinen Pause am Felsen hinsetzen, bis es wieder an den Abstieg ging. Erste Ermüdungszeichen und Akklimatisierungsschwächen waren jetzt merklich. Auf dem Weg nach unten passierten wir die einige Jahre zuvor abgebrannte Schutzhütte »Prijut 11« und kehrten kurz in die etwas tiefer gelegene, neu gebaute Prijut-Hütte ein. Mit Lift und der angerosteten Seilbahn ging es schließlich wieder ins Tal, wo uns eine kaukasische Spezialität erwartete: ein frisch gegrilltes Schafs-Schaschlyk, das wir uns unter freiem Himmel schmecken ließen.

Einen Tag später wollten wir erneut ins Basislager aufbrechen, dieses Mal mit voller Ausrüstung, das hieß mit Essen für drei Tage, einer eigenen Köchin und einem weiteren Bergführer namens Victor – leider jedoch ohne meinen Freund Olli, dessen Fußschmerzen sich als ernsthaftes Problem entpuppten.

Zuvor hatten die russischen Bergführer noch eine besondere Einstimmung für uns vorbereitet: Kurz vor unserer Anreise war eine französische

Seilschaft von über fünfzehn Bergsteigern abgestürzt und tödlich verunglückt. In einem Restaurant auf dem Marktplatz von Terskol wurde uns ein Film über die Bergungsarbeiten gezeigt. Die Leichname derer zu sehen, die vor uns das gleiche Ziel im Auge gehabt hatten, löste bei uns allen ein ziemlich beklommenes Gefühl aus. Was war der Zweck dieser Aktion? Sollten wir abgeschreckt werden? Oder diente der Film lediglich als Mahnung, achtsam zu sein?

Abschrecken ließen wir uns jedenfalls nicht. Am 11. September 2006 um 9 Uhr starteten wir erneut zur Seilbahn und hätten auch den Lift genommen – wenn er nicht stillgestanden hätte. Keiner wusste warum, keiner konnte uns sagen, wann er wieder fahren würde. Also blieb uns nichts anderes übrig, als unsere Rucksäcke zu schultern und den letzten Teil der Strecke bis zu den Botschki-Hütten mit schwerem Gepäck per pedes zu absolvieren.

Oben bei den Hütten angekommen, sahen wir einen Bergsteiger in kurzen Hosen. Das sind ja wohl die ganz Harten, gegen solche Typen sehen wir ja aus wie die ›Soft-Eggs vom Lande‹, dachten wir – und erfuhren, dass der Mann mit der überschüssigen Hitze kein anderer war als jener Denis Urubko, der zu den Favoriten beim Elbrus-Rennen gehörte.

Denis Urubko, der spätere Gewinner des Elbrus-Rennens, mit kurzen Hosen an den Botschki-Hütten, 11. September 2006.

Gabriel und ich einmal vor den russischen Botschki-Hütten (im Hintergrund der Doppelgipfel des Elbrus) ...

... und einmal drinnen, 12. September 2006.

Bei einer kleinen Eingehtour am Nachmittag probierten wir die Hüftgurte und kontrollierten die Steigeisen. Bestens verpflegt, verbrachten wir die erste Nacht in den legendären Schlaf-Fässern.

Am Folgetag führte uns die dritte Eingehtour zu den oberen Pastuchov-Felsen in 4700 Meter Höhe, die auf dem Weg zum Westgipfel lagen. Wir stiegen mit Steigeisen auf. Ich bekam nasse und kalte Füße – wörtlich, nicht etwa im übertragenen Sinne – und war froh, als wir nach dem vierstündigen Aufstieg und dem etwas schnelleren Weg zurück wieder im Camp ankamen. In einem der kleinen mit Ölöfen beheizten Fässern trockneten Gabriel und ich unsere Sachen (wir schliefen im hinteren Teil der Röhre) und legten uns zur Ruhe – noch etwas erschöpft, aber auch voller Vorfreude auf den Höhepunkt unserer Reise.

Mittwoch, der 13. September 2006: Gipfelsturm. Das Aufstehen war für 4 Uhr angesetzt. Um uns den Weg zum Gipfel ein wenig zu erleichtern, hatten unsere Bergführer eine Schneekatze – eine Art Pistenbully – geordert, mit dem wir die ersten 700 Höhenmeter bis hinauf zum Fuße des Pastuchov-Felsen überwinden wollten.

Als ich geweckt wurde, sah ich auf die Uhr. Es war erst 2 Uhr, zwei Stunden früher als verabredet.

»Tut uns leid«, informierten uns die Bergführer. »Die Schneekatze fällt leider aus. Der Fahrer ist betrunken. Wir müssen die ganze Strecke laufen.«

Wir ließen uns nicht entmutigen. Nach einem kurzen Frühstück verließen wir das Basislager also schon um 3 Uhr morgens. Mit Stirnlampen ausgerüstet, ging es im Gänsemarsch los. Die Anstrengung war gewaltig, zumal das Wetter ziemlich stürmisch war – je höher wir kamen, desto heftiger und eisiger blies uns der Wind entgegen. Doch unsere Bergführer signalisierten uns, dass keine Gefahr bestand. Also gingen wir weiter, aufgeteilt in Zweier- und Dreiergruppen. Nach einer Weile überholte uns eine amerikanische Seilschaft. Wir ließen sie schweren Herzens ziehen.

Diesmal fühlte ich mich besser. Die Kopfschmerzen hielten sich in Grenzen, und auch sonst war ich stärker als noch beim Anstieg auf den Mont Blanc. Kurz nachdem die ersten Sonnenstrahlen den makellosen Himmel erhellten, erreichten wir den Pastuchov-Felsen.

Doch nach und nach machte sich die Anstrengung bemerkbar. Unseren beiden Kindern machte die Höhe auch zu schaffen. Zwischenzeitlich sah ich Gabriel und Michael schwanken, seltsamerweise vor allem zu Beginn der Gipfeletappe, zum Ende hin besserte sich ihre Verfassung wieder. In 5000 Meter Höhe gab Ulf auf, seine Kopfschmerzen wurden zu stark, er fühlte sich nicht in der Lage, bis zum Gipfel weiterzugehen. Tilman, durch eine Erkältung angeschlagen, strauchelte, kämpfte aber weiter. Alberto kämpfte ebenfalls, aber mit einem ganz anderen Problem: Er hätte jetzt gerne ein Häuschen mit Herz gehabt, stattdessen suchte er sich einen halbhohen Felsen und nannte seinen »Toiletten«-Gang später »Aktion rostige Eisschraube« – wohl bemerkt in über 5000 Meter Höhe! Respekt!

Im Gänsemarsch zum Gipfel

Kurz vor dem Gipfel entdeckten wir die amerikanische Seilschaft wieder. Offensichtlich musste sie ihrem forschen Anfangstempo Tribut zollen. Ohne Probleme und mit einem inneren »Lächeln auf den Lippen« passierten wir sie. Was für ein Vorbeimarsch! Wir deponierten die Rucksäcke auf circa 5700 Metern und erreichten nach einer letzten Kraftanstrengung glücklich den Gipfel – unter strahlend blauem Himmel. Alberto und Michael, Rolf, Gabriel und ich kamen zuerst dort oben an. Und auch Tilman schaffte es – wenn auch taumelnd und schwer gezeichnet. Der Aufstieg mit Erkältung war nicht ganz ungefährlich für ihn. Ecki war zurückgeblieben. Würde er noch kommen?

Unvergessliche Momente auf dem höchsten Berg Europas: Wir hissten unseren Elferratswimpel und Gabriel deponierte eine Marienstatue am

Gipfel – das hatte er Pfarrer Hansch versprochen. All die Mühe hatte sich gelohnt: Wir konnten stolz auf uns sein – zumal wir mit Seilbahn und Schneekatze gleich auf zwei Hilfsmittel verzichten mussten, die eingeplant waren. Es war ein unbeschreiblich schönes Gefühl, Arm in Arm mit dem eigenen Sohn auf dem Dach Europas zu stehen.

Dann folgte der Abstieg. Mit jedem Höhenmeter weniger ging es Tilman besser. Da kam uns Ecki entgegen. In Begleitung von Bergführer Victor marschierte er etwa eine Stunde hinter uns.

Am 13. September 2006 standen wir auf dem Gipfel des Elbrus (5642 m), von links: Micha, Gabriel, Alberto, Tilman, Victor, Rolf und sitzend Gregor.

Wir wünschten ihm Glück und stiegen weiter ab – bis das Wetter unversehens umschlug und wir in einen Schneesturm gerieten. Whiteout! Plötzlich waren die sonst so nahen Markierungsstangen nicht mehr zu sehen. Mitten in einem zerklüfteten Gletscherfeld, nicht weit vom Pastuchov-Felsen entfernt, waren zugleich auch unsere Bergführer verschwunden. Wir wussten nicht mehr genau, ob noch einer hinter uns war. Vorsichtig bewegten wir uns noch einige Meter weiter. Aber wir hatten überhaupt keine Orientierung mehr. Wir wussten nicht, ob wir bergauf oder bergab gingen. Dann entschied ich: »Jetzt ist Schluss! Wir warten hier, bis wir abgeholt werden.«

Bei diesen Sichtverhältnissen hätten wir niemals zwischen den Gletscherspalten hindurchgefunden.

Es dauerte eine Weile, einer jener Zeitabschnitte, von denen man am Ende nicht mehr sagen kann, wie lange sie gewesen sein mochten. Die Wetterlage änderte sich nicht, die Sicht wurde nicht besser. Schließlich aber erschien einer unserer russischen Bergführer – Oleg – und geleitete uns sicher hinab zu den Botschki-Hütten. Erst als wir die weiß-blau-roten Fässer sahen, wussten wir, dass wir es geschafft hatten. Olli und Ulf empfingen uns herzlich. Und nach einer Weile trafen auch Ecki und Victor bei uns ein: Auch sie hatten es bis zum Gipfel geschafft. Ecki war begeistert von seinem Erfolg und seinem Schrittmacher Victor äußerst dankbar.

Vater und Sohn gemeinsam auf dem Gipfel

Zum Abschluss unserer Expedition ließen wir es uns nicht nehmen, den Start des Elbrus-Rennens am 14. September zu verfolgen. Die Zahl der Teilnehmer war beschränkt – nach meiner Erinnerung waren es insgesamt vierzehn Männer und Frauen. Wir waren wirklich fasziniert, mit welchem Tempo die Läufer loslegten! Vorne zog schon nach wenigen Metern Denis Urubko davon. An diesem Tag stellte er einen neuen Rekord auf: Für 3240 Höhenmeter benötigte er nicht mehr als 3 Stunden und 56 Minuten.

Eine Vision nimmt Gestalt an

Unter »Bergspechten«

Der Gedanke war schon früh da gewesen. Doch anfangs nebelhaft, in einem abgeschiedenen Eckchen meines Kopfes. Zu viele andere Dinge hatten mich in Anspruch genommen, vor allem die Praxis. Jetzt aber, spätestens nach der Besteigung des Elbrus, hatte er sich verwandelt. Aus einer faszinierenden, aber in unbestimmter Ferne liegenden Idee schälte sich eine Vision heraus – konkret, fasslich, unmittelbar. Ein Weg tat sich auf.
Ich könnte es versuchen, dachte ich. Ich könnte versuchen, die höchsten Berge aller sieben Kontinente zu besteigen!
Eine gewaltige Aufgabe. Ob ich für sie gewappnet war, konnte ich kaum ermessen. Aber ich spürte den Reiz, mich auf den Weg zu begeben. Nach zehn Jahren harter Arbeit lief die Praxis überaus erfolgreich. Einen Grund, in unseren Anstrengungen nachzulassen, gab es nicht. Und dennoch: Der Erfolg gab mir die Freiheit, mich einer neuen, ganz anders gearteten Herausforderung zu stellen.
Ich redete mit fast niemandem über mein Vorhaben. Auch wenn ich bereits zwei der *Seven Summits* erklommen hatte: Ich stand noch ganz am Anfang und konnte mir keineswegs sicher sein, dass ich es wirklich schaffen würde, bis ans Ziel zu gelangen. Im Vorfeld darüber zu reden, um dann, wenn ich scheitern sollte, zu hören: »Das hat ja wohl nicht geklappt« – eine solche Blamage wollte ich mir ersparen. Doch visierte ich schon den nächsten Schritt an und zog dazu einen Mann ins Vertrauen, mit dem ich gerne noch eine weitere Etappe in Angriff nehmen wollte: meinen langjährigen Freund Alberto.
Im Mai 2007 traf ich ihn beim Elferrats-Treffen wieder, das diesmal in Meißen stattfand. Gemeinsam fassten wir das nächste Ziel ins Auge: den Mount McKinley – mit 6190 Metern der höchste Berg Nordamerikas. In der Sprache der in Alaska beheimateten Indianer, Athapaskisch, heißt er »Denali«, das bedeutet: der Hohe. Seit diesem Jahr ist das auch sein offizieller Name. Er liegt im *Denali National Park and Preserve* in Zentralalaska, einer der kältesten Berge der Erde.

Bei jedem Wort, das wir über den Denali sprachen, spürte ich, wie auch Albertos Wunsch zunahm, einen »extremen« Berg zu besteigen. Wir waren beide ziemlich fit und wussten, dass die Zeit nicht für uns spielt. So konnten wir uns schnell für dieses Ziel begeistern.

Wir erkundigten uns nach einem geeigneten Reiseanbieter und stießen auf die *BergSpechte*. 1978 von Edi Koblmüller, einem bekannten österreichischen Bergsteiger, gegründet, bieten die *BergSpechte* noch heute Bergexpeditionen, Ski- und Trekkingtouren an. Neben dem Renommee, das Edi Koblmüller und die *BergSpechte* seit vielen Jahren genossen, überzeugte uns der vergleichsweise günstige Preis für eine Expedition zum Denali.

Dafür mussten wir etwas in Kauf nehmen, was mir nicht so recht behagte: Während der Tour sollten wir uns selbst versorgen. Weit weniger schreckte es mich ab, dass der Denali mit Skiern bestiegen werden sollte, auch wenn ich in dieser Hinsicht keinerlei Erfahrung hatte – und eigentlich auch keine Ahnung.

»Eine Skitour? Wie funktioniert das eigentlich genau?«, fragten wir uns. Fürs Erste begnügten wir uns mit der Erkenntnis, dass sich die Teilnehmer einer solchen Tour Felle unter die Ski klebten, um bergauf durch den Schnee zu stapfen. Abwärts ging es dann ohne Felle über weite Strecken deutlich bequemer – wenn man es schaffte, die Abfahrt mit einem 25 Kilogramm schweren Rucksack und dazu mit einem Schlitten, der mittels Alustangen auf Distanz gehalten wird, zu meistern.

Wir meldeten uns zu der für Mai und Juni 2008 geplanten Expedition an und wurden zu einer ersten Besprechung im Februar 2008 nach Linz, dem Sitz der *BergSpechte*, eingeladen. Daran anschließend wollten wir einen Tiefschneekurs absolvieren, den wir im Vorfeld gebucht hatten – bei einem Skilehrer Edi Koblmüllers.

Im Haus der *BergSpechte* angekommen, fanden wir uns in einer illustren Runde von Bergfreaks wieder. Zu den ausgemachten Cracks gehörte ein gewisser Karl Huber. Heute sind Alberto und ich ihm freundschaftlich verbunden. Damals, als wir ihn kennenlernten, war er mit seiner Frau gekommen. Hin und wieder sah ich zu ihm hinüber. Da fiel mein Blick auf seine Hände: Ach du Schreck! Fast sämtliche Fingerkuppen fehlten!

Als wir ins Gespräch kamen, erzählte Karl von seinen Expeditionen und Erlebnissen. Die Liste der Berge, die er bestiegen hatte, war lang, auch die der Schwierigkeiten, die er dabei meistern musste.

»Und deine Fingerkuppen sind wohl irgendwo …?«, erkundigte ich mich.

»Ja, das ist bei einer Expedition auf den Cho Oyu passiert, im Himalaya. Ein Achttausender. Es war ziemlich kalt, und meine Handschuhe sind feucht geworden. Das war fatal.«

»Ach du je«, durchzuckte es mich, »was sind denn das für Horror-Geschichten?«

Ein bisschen Sorgen machte ich mir schon um meine Finger, die – möglichst vollzählig – für meinen Beruf unerlässlich sind! Zumal es diesmal in eine der kältesten Regionen der Erde ging. Karls Faszination für die Berge und die Lust, sie zu erklimmen, war durch sein schmerzliches Opfer jedenfalls in keiner Weise geschmälert worden. Das galt auch und in einem noch viel größeren Maß für Edi Koblmüller, den Chef der *Berg-Spechte*, der die Besprechung persönlich moderierte. 1991 war er in den Pyrenäen von einer Lawine erfasst worden. Dabei hatte er sich eine erhebliche Knieverletzung zugezogen, die nie mehr vollständig ausheilte. 2005 wurde er in den Abruzzen von einer Lawine komplett verschüttet, konnte jedoch von seinen Freunden geborgen werden. Weit schwerer noch wogen zwei Schicksalsschläge, die er innerhalb von vier Jahren hinnehmen musste: 1999 riss eine Lawine seinen Sohn Michael in den Tod, der im Karakorum-Gebirge unterwegs gewesen war. Im Juli 2003 verunglückte Liesi, Edi Koblmüllers Frau, bei einem Kletterunfall tödlich.

Während ich diese Zeilen schreibe, im April 2015, lese ich in der Zeitung mit großer Bestürzung von Edis Tod. Beim Aufstieg zum Gipfel des Kasbek im Kauskasus war ein Schneesturm aufgezogen. Sieben von neun Gruppenmitgliedern retteten sich in eine Schutzhütte, doch Edi blieb an der Seite der konditionell schwächsten Teilnehmerin, die es nicht rechtzeitig schaffte, vor dem Blizzard zu fliehen. Ein Versuch der beiden, sich im Schnee einzugraben, scheiterte. Der Schnee war zu hart. Beide erfroren.

So schloss sich Edis Schicksalskreis am 10. April 2015. Er wurde 69 Jahre alt. Seine Schwester Marianne Hofinger-Koblmüller sagte in einem Interview: »Ich weiß, dass es Edis Wunsch war, in den Bergen zu sterben. Die Berge waren sein Leben. Leider ist es viel zu früh passiert.«

Für Alberto und mich war die Expedition zum Denali die erste intensive Begegnung mit der Welt des hochalpinen Bergsteigens. Wir betraten buchstäblich Neuland.

Ein Jahr nach unserer Denali-Expedition kamen Alberto und ich zum 30-jährigen Jubiläum der BergSpechte, am 15. November 2008. Edi Koblmüller (rechts im Bild) freute sich riesig über unseren Besuch. Er lobte uns für unsere Tour und gab uns das Gefühl, richtige Bergsteiger zu sein.

Zum Auftakt sollte jeder aus der Gruppe von seinen Bergerfahrungen und Gipfelerfolgen erzählen. Wir waren als Letzte an der Reihe und hörten aufmerksam zu – wir wurden blass und blässer. Was wir vorzuweisen hatten, waren kaum mehr als Sandhügel im Vergleich zu den Riesen, von denen unsere Vorredner sprachen. So jedenfalls fühlten wir uns.

Nach der Vorstellungsrunde ergriff Edi Koblmüller das Wort. Er erläuterte, was uns während der Expedition erwarten würde, und legte dar, wie wir das Wagnis bestehen könnten. Ein großer Teil der Strecke sollte mit Skiern bewältigt werden. Das wussten wir bereits. Für die anderen war diese Art der Besteigung nichts Neues. Was aber war mit Alberto und mir?

»Ihr besitzt doch Touren-Skier?«, fragte uns Edi.

»Nein«, antwortete ich wahrheitsgemäß. »Ich dachte, wir könnten uns bei euch passende Ski ausleihen.«

Ein ungläubiges Staunen huschte über die Gesichter der übrigen Teilnehmer.

»Heißt das, dass ihr noch nie einen Aufstieg mit Skiern gemacht habt?«

»Nein. Das haben wir noch nie gemacht.«

Die Verwunderung schien kein Ende nehmen zu wollen. Nur Edi blieb ganz cool: »Jungs, kein Problem. Ich hab da noch zwei Paar Ski. Sie sind schon ein wenig in die Jahre gekommen, aber sehr schön und mit robusten Bindungen. Die gebe ich euch. Und ihr besucht einfach noch einen Vorbereitungskurs – dann wird das schon klappen.«

Welchen Eindruck unser Eingeständnis auf die anderen Teilnehmer der Expedition hinterlassen hatte, darüber klärte uns Karl einige Zeit später auf: »Als ihr gesagt habt, dass ihr auf den Denali wollt, ohne jemals zuvor auf Touren-Skiern gestanden zu haben, da haben wir gedacht: Was für größenwahnsinnige Greenhörner!«

Immerhin bewältigten wir den Tiefschneekurs auf der Wurzer Alm erfolgreich. Unser Skilehrer signalisierte Edi: »Sie können halbwegs abfahren. Du kannst sie mitnehmen.«

In der Folge beherzigten Alberto und ich Edis Rat, uns besser vorzubereiten. Während des Winters übten wir daheim, unter freiem Himmel zu übernachten – bei minus elf Grad. Außerdem verbrachten wir einige Tage in Ischgl, einer Tiroler Gemeinde an der Grenze zur Schweiz. Dort lernten wir den Umgang mit den Tourenski. Später besuchten wir zudem noch einen Höhenkurs, bei dem wir auch lernten, mit dem Brenner umzugehen – Stichwort Selbstversorgung. Im Anschluss daran unternahmen wir eine Tour über den Hintertuxer Gletscher in Tirol, der sich oberhalb des Tuxertals über eine Länge von vier Kilometern erstreckt und ganzjährig die Möglichkeit bietet, Ski zu fahren. Wir machten unsere Sache gut – bis auf eine Ausnahme: Bei einer Rast mitten auf dem Gebirgskamm wollten wir es wissen: »Jetzt lass uns mal den Brenner anmachen, irgendwann müssen wir damit anfangen, wenn wir nicht am Denali verhungern wollen.«

Bei pfeifendem Wind packten wir den Kocher aus und versuchten, ihn mit allen möglichen windschützenden Maßnahmen anzuzünden. An und für sich keine große Sache. Bei solchen extremen Umständen jedoch beinahe ein Ding der Unmöglichkeit, jedenfalls für uns zu diesem Zeitpunkt. Wir versuchten es mehrere Male – erfolglos. Am Ende packten wir das Teil wieder ein und stiefelten weiter. Das würde schon noch klappen, trösteten wir uns. Bei ein bisschen weniger Wind vielleicht. Wenn wir gewusst hätten, was auf uns zukommen sollte, hätten wir die Übung sicherlich ernster genommen. Wir hätten es können *müssen*.

Mit jeder Tour gewannen wir etwas mehr Sicherheit für unser großes Abenteuer. Um auch körperlich bestens gerüstet zu sein, trainierte ich zudem für einen Marathon auf Catalina Island, einer kleinen, felsigen Insel vor der kalifornischen Küste. Mein sportlicher Schwiegervater Siegfried war mit von der Partie. Weil Simon zu dieser Zeit für ein Jahr als Austauschschüler in Redding, im Norden Kaliforniens, lebte, hatte ich diesen Wettbewerb ausgesucht – wie ich es auch schon bei Gabriel getan hatte, der in Houston, Texas gewesen war. Ich absolvierte den sehr bergigen, landschaftlich aber wunderschönen Marathon am 13. März 2008 in für Volkssportler ordentlichen 4:22 Stunden. Anschließend rundete ich mein Fitness-Programm mit einem Halbmarathon beim Rennsteiglauf ab.

Nur eines trübte ernstlich meine wachsende Vorfreude: Brittas Sorgen um mich. »Geh nicht dahin«, bat sie mich eindringlich. »Tu mir den Gefallen und geh nicht auf diesen Berg!«

Ich bemerkte, dass sie innerlich Blut und Wasser schwitzte. An meinem Plan konnte das jedoch nichts ändern. Ich wäre mir wie ein Verlierer vorgekommen, wenn ich nach allen diesen Vorbereitungen einfach zu Hause geblieben wäre: »Wenn ich mir vorgenommen habe, auf den Denali zu steigen, dann fahre ich auch dahin!«

»Was du mir über den Berg erzählt hast, eure ausgiebigen Vorbereitungen, die anscheinend nötig sind – all das macht mir Angst.«

»Warum? Ich sage doch gar nicht, dass ich den Gipfel auf Biegen und Brechen und um jeden Preis erreichen will. Ich möchte es aber auf jeden Fall versuchen. Wenn ich merke, dass meine Kräfte nicht reichen oder die Umstände zu widrig sind, kehre ich um. Ich werde im richtigen Augenblick zurückgehen. Das schwöre ich!«

Doch ganz gleich, was ich vorbrachte, Britta blieb bei ihrem »Geh nicht«. In diesen Tagen ging ein erster feiner Riss durch unsere Ehe. Noch ahnte ich nicht, dass aus dem Riss eine Felskluft werden sollte, die letztlich nicht mehr zu überwinden war.

Ein Benzinbrenner und andere Schwierigkeiten

Bereits vor unserer Abreise nach Alaska kam es zu einer Planänderung. Ursprünglich war vorgesehen, dass uns ein erfahrener Bergführer der *BergSpechte* begleiten sollte. Doch der fiel kurzfristig aus.

»Wir haben jetzt zwei Möglichkeiten«, unterrichtete uns Edi Koblmüller, der persönlich nicht mit von der Partie sein würde. »Entweder ihr bestimmt einen von euch, der die Aufgabe des Bergführers übernimmt, oder ihr nehmt euch vor Ort einen Ranger, den ihr dann allerdings zusätzlich bezahlen müsstet. Ich empfehle euch, einen aus eurer Gruppe auszuwählen.«

»Wer könnte das denn sein?«, fragte ich nach – und ging innerlich die Liste der Teilnehmer durch. Außer Alberto, Karl und mir begaben sich noch sechs weitere Freaks auf die weite Reise: Sepp und Carola, ein Paar aus München, Klaus, ebenfalls aus München, seines Zeichens Professor für HNO und ein angesehener Höhenmediziner, der bereits mit einschlägigen Publikationen hervorgetreten war, dann noch Herbert und Gerhard aus Österreich und schließlich Richard, ein gebürtiger Brite, der bereits seit vielen Jahren als IT-Fachmann in Graz lebte und arbeitete. Ehrenamtlich war er beim Bergrettungsdienst tätig.

»Richard könnte es machen«, riet uns Edi Koblmüller. »Er hat bereits den Mount Logan in Kanada bestiegen, unmittelbar an der Grenze zu Alaska. Er weiß also, worauf es ankommt. Und auch sonst ist er erfahren genug.«

Da niemand etwas einzuwenden hatte, war es abgemacht: Richard wurde unser Bergführer.

»Nur eins noch«, fuhr Edi fort. »Am Beginn eurer Expedition auf den Denali wird es ein kurzes Briefing durch die Ranger des *Denali National Parks* geben. Sagt denen nicht, dass Richard euer Bergführer ist. Die Ranger sehen es nämlich prinzipiell nicht gern, wenn Ortsfremde sich als Bergführer betätigen. Sagt ihnen einfach, dass ihr *ohne jeden Bergführer* auf den Denali steigen wollt, denn ihr seid ein Trupp erfahrener Bergsteiger. Dann werden sie euch gehen lassen.«

Richard machte seinen Job während der gesamten Tour mehr als gut. Von Haus aus ein »zäher Hund«, erwies er sich als ein ebenso kundiger wie gewissenhafter Bergführer. Er reiste schon vor uns nach Anchorage, um Lebensmittel für uns alle einzukaufen. Sorgfältig sortierte und portionierte er die Vorräte – für die er eigens zwei Hotelzimmer buchte! Nach unserer Ankunft am 20. Mai 2008 sollten wir aus dem üppigen Angebot unsere Verpflegung auswählen. Ein unschätzbarer Luxus. Mir wäre es unendlich schwergefallen, den Einkauf selbst in die Hand zu nehmen. Selbst in Deutschland hasse ich es, einzukaufen, weil mir das Überangebot eine Entscheidung oftmals unmöglich macht.

Richard schärfte uns nochmals ein: »Für das Kochen ist jeder von euch selbst verantwortlich. Was ihr mitnehmt, liegt ganz in eurer Hand.«

Es war ein erster Hinweis auf etwas, das sich mir während der folgenden Tage immer deutlicher offenbarte: Wir liefen in einer Gemeinschaft – und doch kämpfte auf eine gewisse Weise, je schwieriger die Bedingungen wurden, jeder für sich allein. Von Härtefällen und Extremsituationen, wie sie zum Profilager gehören, blieben wir weit entfernt, doch bewegten wir uns bei dieser Tour an der Grenze zur Professionalität.

Zunächst war ich allerdings nur gefordert, einige (essenzielle) Ausrüstungsgegenstände zu kaufen, an die ich gar nicht gedacht hatte: zum Beispiel eine »Pee-Bottle« für das kleine Geschäft im Zelt, oder eine Augenbinde, da es zu dieser Jahreszeit in Alaska auch nachts nicht richtig dunkel wurde. Diese und ähnliche Sachen besorgten wir uns nicht in Anchorage, sondern erst an unserer nächsten Station.

Am 21. Mai verließen wir um 9 Uhr morgens Anchorage und fuhren mit einem Bus ins 185 Kilometer entfernte Talkeetna, eine kleine Ortschaft am Zusammenfluss von Susitna, Chulitna und dem Talkeetna-Fluss, die den umliegenden Gebirgszügen entspringen. Zum *Denali National Park and Preserve* und dem Basislager an der Südflanke des Denali ist es von Talkeetna aus nicht mehr weit. Wir checkten im *Hotel Swiss Alaska* ein und setzten uns mit der örtlichen Ranger-Station in Verbindung, um uns die nötigen »Permits« zu besorgen. Das Briefing, das Edi Koblmüller angekündigt hatte, leitete ein Ranger, der seinerzeit schon Reinhold Messner »gebrieft« hatte. Er klärte uns über Gefahren und die aktuellen Witterungsbedingungen auf und besprach mit uns die Route, der wir folgen wollten. Obligatorischer Bestandteil des Briefings war eine Demonstration der »Shit-Box«, die wir fürs große Geschäft nutzen sollten. Ihr Inhalt konnte in dafür vorgeschriebene Gletscherspalten, mindestens eine Meile vom Lager entfernt, entleert werden. Sauberkeit am Berg genoss allerhöchste Priorität.

Von Talkeetna aus sollte es am Morgen des 22. Mai mit einem Gletscherflugzeug zum Basislager gehen. Doch der Abflug verzögerte sich: Die Wetterverhältnisse waren ungünstig. In voller Ausrüstung warteten wir Stunde um Stunde. Endlich, um 18 Uhr, erhielten wir grünes Licht. Bevor wir abflogen, wurde noch unsere komplette Ausrüstung gewogen. Bei unserer Rückkehr würde das Gewicht erneut geprüft werden. Außer der Verpflegung sollten wir alles, was wir mit uns führten, auch wieder nach Hause bringen. Als auch das Wiegen erledigt war, zwängten wir uns in die Maschine der *K2 Aviation* – eine Cessna 185 – und flogen ab.

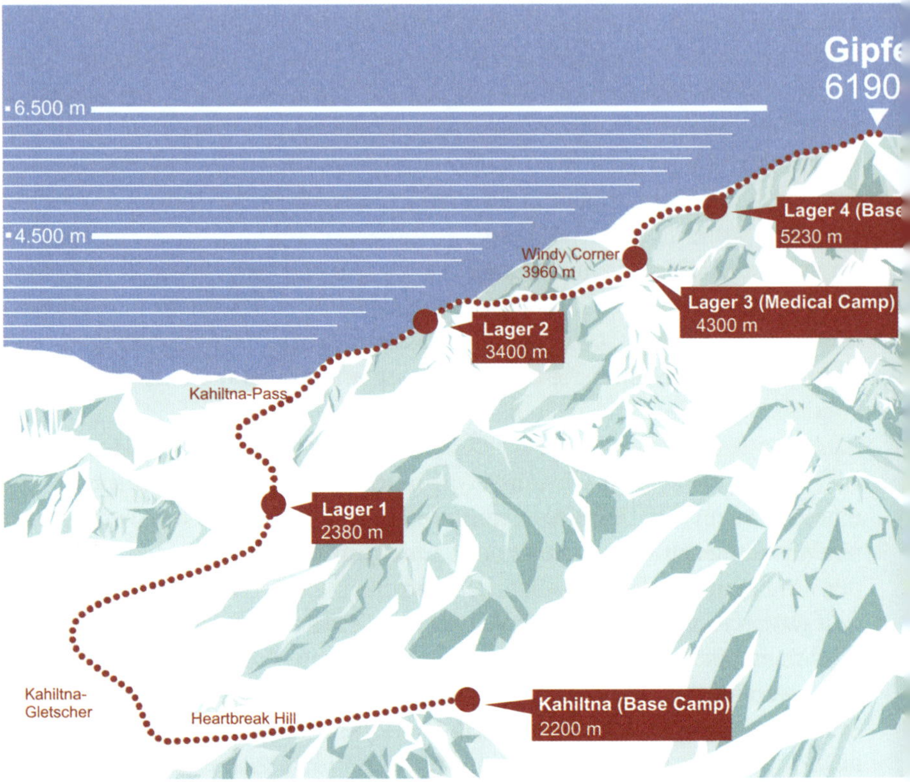

Die Route zum Aufstieg auf den Denali

Am 21. Mai 2008 auf dem Weg nach Talkeetna, von links: Gregor, Alberto, Karl, Richard, Klaus, Carola, Sepp, Herbert und Gerhard. Im Hintergrund ist der Denali zu sehen.

1906 hatte der US-amerikanische Entdecker und Polarforscher Frederick Cook behauptet, als erster Mensch den Gipfel des Denali bestiegen zu haben. Wie sich kurze Zeit später herausstellte: eine dreiste Lüge. Das vermeintliche Gipfelfoto, das er als Beweis vorlegte, war nachweislich auf einem deutlich niedrigeren Berg in der Nähe des Denali aufgenommen worden. Zu »Ehren« dieses Betrugsversuchs trägt der Gipfel dieses Berges heute den Namen »Fake Peak«.

Cook ist nicht der Einzige, der mit falschen Angaben zu Bergsteiger-Ruhm kommen wollte. Auch in unserer Zeit erregt hin und wieder ein Fall Aufsehen. Meist währt der Schwindel nur kurze Zeit, und demjenigen, der wie Cook zu unlauteren Mitteln greift, bleibt eine äußerst fragwürdige Berühmtheit.

Sieben Jahre nach dem Skandal um Cook, am 7. Juni 1913, waren es Hudson Stuck, Henry Peter Karstens sowie die beiden Athabaska-Indianer Walter Harper und Robert Tatum, die als Erste den Denali erklommen.

Ausgangspunkt unserer Tour, die über die Südroute, eine etwa 40 Kilometer lange Strecke, zum Gipfel führen sollte, war das *Kahiltna Base Camp* in 2200 Meter Höhe. Nachdem wir eine ausgedehnte Landschaft von Schmelzwasserflüssen überflogen hatten, deren Arme sich um kleinere und größere, von Nadelbäumen bewachsene Inseln schmiegten, erwartete uns dort eine Gletscherlandschaft aus »ewigem Eis«. Die erhabene, beinahe abweisende Natur faszinierte mich schon beim Blick aus dem Flugzeug. Wir flogen so eng zwischen den Felsen hindurch, dass man beinahe Angst hatte, anzustoßen. Der Landeanflug und die Landung selbst waren ein Erlebnis der besonderen Art: Wir flogen im langgezogenen Halbkreis zwischen Bergriesen aus Schnee und Eis direkt über das Basislager, um auf dem sogenannten »Heartbreak Hill« leicht bergan im Schnee zu landen.

Da wir spät am Abend eingetroffen waren, verbrachten wir die erste Nacht im Basislager. Wir nahmen unsere Schlitten und die Kanister mit dem »White Gas« in Empfang, einem speziellen Benzin für Brenner, die bei solchen Expeditionen genutzt werden. Wir bauten die Zelte auf und legten unsere Ausrüstung für den kommenden Tag zurecht. Dann hieß es: Ran an den Brenner, Suppe kochen! Der Stress war schon vorprogrammiert: Unser Brenner wollte nicht so, wie wir wollten. Das Teil hatte irgendeine Macke, dachte ich, aber welche? Als die anderen bereits den zweiten Teller Suppe gelöffelt hatten, mühten wir uns noch immer vergebens. Dass wir uns viel intensiver mit unserem Brenner hätten beschäftigen sollen, das wussten wir jetzt. Eine von vielen Lektionen, die wir auf dem Weg zum Gipfel lernten. Die Aufgabenverteilung regelten wir gleich zu Beginn. Ich war der Koch, Alberto der Zeltbauer – klarer Fall. Und möglichst redete keiner dem anderen rein – abgemacht!

Zelte im Denali-Basislager

Wir lernten, tagsüber sauberen Schnee in einen wasserundurchlässigen schwarzen Plastiksack zu stopfen, um ihn in der Sonne schmelzen zu lassen. Über Nacht gefror das Wasser zu Eis, das sich am anderen Morgen mit einem funktionierenden Brenner leichter wieder in Wasser verwandeln ließ. Füllt man den Topf hingegen gleich mit Schnee, verpufft ein großer Teil der Wärme – und man wartet viel länger, bis eine ausreichende Menge geschmolzen ist. Zum Glück konnten wir unseren Brenner nach der ersten Eingehtour am 23. Mai wieder repariert in Betrieb nehmen – mit freundlicher Unterstützung von Gerhard.

In Dreier-Seilschaften waren wir auf unseren Skiern zum zweihundert Meter höher gelegenen Lager 1 gegangen. Dort legten wir ein Depot mit Vorräten an. Für den Transport von Ausrüstung und Lebensmitteln nahmen wir unsere Schlitten, die wir mit einem Seil am Rucksack festbanden und hinter uns herzogen. Nach einer kurzen, steilen Abfahrt zu Beginn – dem Heartbreak Hill, unserer schon beschriebenen Landebahn – ging es flach ansteigend durch ein wolkenverhangenes, ziemlich windiges Tal vorwärts. Auf dem Rückweg schnallten wir die Schlitten auf den Rücken, nahmen die Felle von den Touren-Skiern und glitten langsam wieder bergab. Kurz vor dem Lager, als wir den Heartbreak Hill hochstapften, fand ich Gelegenheit, mich mit Karl zu unterhalten. Von Beruf war er, wie er mir erzählte, Kraftfahrer und in seiner Freizeit ein begeisterter Skitourengänger. Es war ein angenehmes Gespräch – das Tempo aber, das er vorlegte, raubte mir fast den Atem. Wie eine Maschine stapfte er voran.

Am 24. Mai zogen wir erneut zum Lager 1. Von dort aus wollten wir nach einer Übernachtung zum Lager 2 vorstoßen. Das Zwischenlager auf Höhe des Kahiltna-Passes übersprangen wir nach demselben Muster: Eine Tour hoch, um das Depot anzulegen, am nächsten Tag erneuter Anmarsch und Übernachtung.

Unterdessen hatten mich die Kopfschmerzen wieder voll im Griff. Als wir am nächsten Morgen geweckt wurden, zwei Stunden früher als ursprünglich geplant, brummte mir der Schädel. Zu allem Überfluss muckte mein Brenner wieder einmal. Später als die meisten anderen brachen wir schließlich auf. In meinem Kopf dröhnte es. Der Aufstieg über 1000 Höhenmeter dauerte fünfeinhalb Stunden. Für mich war es die reinste Strapaze. Oben mussten noch Schneemauern als Windschutz errichtet werden. Mir hämmerte der Schädel, und jetzt musste ich mich auch noch bücken, um die Schneeblöcke zu stapeln. Langsam wie eine Schnecke versuchte ich wenigstens den Anschein zu erwecken, dass ich mithalf.

Immerhin war die Abfahrt zurück zum Lager 1 eine wahre Freude – mit nur einem Sturz zog ich mich überaus achtbar aus der Affäre.

Auch an den folgenden Tagen fühlte ich mich oft matt und erledigt. Gerhard setzte unseren Brenner ein zweites Mal behelfsweise instand, so dass er zwar lief, aber nicht mit voller Power. Obwohl unsere Küche halbwegs funktionierte und wir uns mit Reis- und Nudelgerichten, Suppe und Tee stärken konnten, war ich innerlich in manchen Augenblicken aufgewühlt, skeptisch und zweifelte an mir. War ich der Herausforderung gewachsen? Sollte ich nicht vielleicht besser aufgeben?

Die nötige Pause, um wieder zu Kräften zu kommen, fand ich im Lager 3, dem *Medical Camp* in 4300 Meter Höhe. Hier legten wir, nach dem gewohnten doppelten Aufstieg, am 29. und 30. Mai zwei Ruhetage ein.

Diese Zeit nutzte ich dazu, um mich in Ruhe und mit etwas Hilfe von Gerhard intensiv mit dem Brenner zu beschäftigen: Ich baute das Teil komplett auseinander, reinigte sämtliche Düsen und Leitungen und baute anschließend alles wieder zusammen. Diese Prozedur wiederholte ich sogar, um für den nächsten »Notfall« perfekt gerüstet zu sein.

Meine Kopfschmerzen hatten sich derweil auf einem erduldsamen Level eingepegelt, der sich mit überschaubaren Dosen Ibuprofen beherrschen ließ.

Ein funktionierender Brenner ist bei der Besteigung des Denali als Selbstversorger lebenswichtig

Luftiges WC im Medical Camp, mit Blick auf den 4442 Meter hohen Mount Hunter.

Schneemauern um die Zelte in Lager 1. Gleich nach unserer Ankunft am 24. Mai begannen wir bei Sturm und Kälte mit dem Mauerbau.

27. Mai 2008: Erster Aufstieg zum Medical Camp (4328 Meter).

Am 2. Juni wechselten wir ins Hochlager (5230 Meter), wo wir bereits zwei Tage zuvor unser Depot angelegt hatten. Über Felsen und Eis ging es steil und schräg aufwärts. Einige Eisflanken wiesen eine Steigung von 45 Grad auf. Immer mehr zeigte sich mir, wie sehr in diesen extremen Höhen jeder auf sich selbst sah – und auch sehen musste. Jeder folgte seinem eigenen Tempo, seinem eigenen Rhythmus. Karl zog meist allen davon. Auch Carola erwies sich als geübte Bergsteigerin. Einmal überholte sie mich mit federleichtem Schritt, als wäre sie auf einem gemütlichen Sonntagsspaziergang. Ich hielt mich meistens am Ende unserer Gruppe auf und schonte meine Kräfte, wie ich es mir bei meinen Marathonläufen angewöhnt hatte: Langsam beginnen, um am Ende noch genügend Reserven zur Verfügung zu haben.

Die notwendige Selbstsorge tat der guten Kameradschaft, die wir untereinander pflegten, keinen Abbruch. Wir halfen uns gegenseitig. Dass Richard und ich, als wir gemeinsam mit Alberto eine Dreier-Seilschaft bildeten, einen halben Tag lang nur fluchend vorwärtskamen, lag weniger an seiner oder an meiner Person, sondern am Seil und an meiner fehlenden Erfahrung damit. In meinem Berg-Tagebuch notierte ich:

Montag, 02.06., auf dem Weg ins Hochlager 4 auf 5230 m:
Ich laufe in der Seilmitte – ätzend! Vor mir Richard, hinter mir Alberto. Es läuft sich furchtbar, da die Prusik-Schlinge, die das Seil führt, rechts auf Richards Schlitten liegt, das Verbindungsseil aber links an mir vorbeigehen muss (weil es auch auf der linken Seite nach hinten zu Alberto geht). Jedes Mal, wenn ich auf das Seil trete, bedeutet das Stress für Richard, weil man erstens das Seil mit den Steigeisen beschädigt und zweitens den Vordermann abrupt stoppt!

Im Nachhinein liest es sich wie eine technische Einzelheit – in Wahrheit ist es aber die Summe solcher Einzelheiten, welche über den Erfolg oder Misserfolg eines Unternehmens wie das Unsrige entscheidet.

Nach unserem ursprünglichen Plan wollten wir die Gipfeletappe am 4. Juni in Angriff nehmen. Am Abend des 2. Juni war das Wetter günstig, darum überlegten Karl und Klaus, ob sie nicht einen Tag früher starten sollten. Am nächsten Morgen hatte sich die Lage jedoch erneut geändert. Die Wetterprognose für den 3. Juni hatte sich verschlechtert. So blieb es bei einem Ruhetag im Hochlager.

Einerseits begrüßte ich den Entschluss, da ich mir einen weiteren schweren Anstieg, ohne vorher Kraft zu tanken, kaum vorstellen konnte. Andererseits war meine erste Nacht im Hochlager furchtbar gewesen: Völlig entkräftet hatte ich nicht einschlafen können, weil unser Schlafplatz an einem abschüssigen Hang lag. In Schieflage quälte ich mich durch die Nacht – bei minus 25 Grad und einem Sturm, der einem Angst machte, das Zelt würde wegfliegen.

Die Nächte im Zelt waren klirrend kalt. Temperaturen von 20 Grad minus – drinnen! – waren keine Seltenheit. Neben uns stand das Zelt von Carola und Sepp. Und jede Nacht gab es das gleiche Hörspiel: »Zzzzt«, Reißverschluss auf, raschelnde Geräusche beim langsamen Rausschälen aus dem Zelt, dann das helle klirrende Geräusch, wenn der Bergstiefel seinen Abdruck im verharschten Schnee hinterlässt: »Krch, krch, krch«. Dann wusste ich: Carola rafft sich zu ihrem nächtlichen Toilettengang auf. Sie tat mir jedes Mal leid, und ich kam mir fast ein bisschen schofelig vor, im kuschlig warmen Schlafsack zu liegen, während sie diese allabendliche Tortur bestritt. Ich war froh, in letzter Sekunde noch eine Pee-Bottle bekommen zu haben. Aber Carola schien es nichts auszumachen, denn sie hat sich nie – zumindest bei uns – darüber beschwert.

Dienstag, 03.06., Highcamp (5230m), früh irgendwann:
Ich kann nicht schlafen und habe deshalb im Geiste einen Brief an Bryan Adams geschrieben – um ihn zu einer gemeinsamen 50. Geburtstagsfeier zu animieren. Er ist wie ich am 05.11.1959 geboren. Auf was für Ideen man hier oben kommt!
Ruhetag nach besch... Nacht. Aufstehen zwischen 9 und 10 Uhr. Die Wetterprognose ist schlecht. Jetzt haben wir vielleicht bis Freitag Zeit ohne Ende, um über die eine oder andere Sache nachzudenken – da kein Buch, kein iPod, NICHTS.
Das ist der JACOBSWEG.

Umkehren oder weitergehen?

Am 4. Juni lag die letzte und schwerste Etappe vor uns. Um 9.30 Uhr verließen wir das Hochlager in Richtung Gipfel. Mit Richard und Alberto bildete ich erneut eine Seilschaft. Zunächst lief ich hinten. Nach einer

Weile erschallte ein Wutschrei: Da ich langsamer war als Richard und Alberto, straffte sich das Seil. Wir wechselten – ich übernahm die Führung, Richard »kontrollierte« uns vom Ende aus.
Doch es gab größere Probleme als die unterschiedlichen Tempi, die wir anschlugen:

Wind wie Sau, kalt wie Sau. Alle in heller Aufregung. Ich setze die Neopren-Gesichtsmaske auf. Meine Skibrille friert von innen an. Durch die Eisschicht auf den Gläsern wird mir jede Sicht genommen. Wir befinden uns mitten im Whiteout!
Richard fragt: »Zurück?«
Es kommt keine eindeutige Antwort.

Eine Weile liefen wir im Schutz eines Felskamms. Als wir aus seinem Schatten heraustraten, trafen uns Wind und eisige Kälte mit voller Wucht. Ich trug eine Outdoor-Hose, die sich als viel zu dünn erwies.
Wie aus dem Nichts erschien vor uns eine Gruppe US-amerikanischer Bergsteiger. Einer von ihnen hatte sich bereits Erfrierungen zugezogen. Sie kehrten um. Kurze Zeit darauf kam uns eine peruanische Seilschaft entgegen.

In der Nähe höre ich eine Frauen-, beinahe eine Kinderstimme flehentlich rufen, ja schreien: »Now, please go down with me!«
Aber keiner antwortet und man sieht auch keinen Menschen.
Alberto sagt: »Lass uns zurückgehen – oder?«
Ich weiß, dass ich meine Daunenhose anziehen muss. Andernfalls habe ich keine Chance, hier lebend hoch und wieder runter zu kommen. Ich sehe Richard zu und er braucht nur etwa drei Minuten, um die Daunenhose über seine Goretexhose zu ziehen.
Ich denke wieder: Wenn ich weiter will, MUSS ich die Daunenhose anhaben!
Ich hole die Daunenhose aus dem Rucksack heraus und versuche sie anzuziehen. Aber wie mache ich das? Ich mache die Reißverschlüsse an der Seite der Hose von oben bis ganz nach unten auf. Doch es hakt, geht nicht mehr weiter, Scheiße! Ich versuche mit Stiefeln und Steigeisen durch die zu kleinen Löcher zukommen. Keine Chance!

Plötzlich wird mein Geist ganz klar, wie ich es häufiger bei wirklich lebensbedrohlichen Notfällen erlebt habe. Ich schaue mir die Reißverschlüsse ganz genau an, bin jetzt vollkommen im Tunnel ... und erkenne, dass es genau umgekehrt geht: Reißverschluss von unten nach oben ziehen, hier aushaken, zuerst ein Bein, dann den Hintern in die Hose zwängen und in Position bringen – und danach den Reißverschluss wieder zuziehen. Wir haben Windgeschwindigkeiten von über 50 Meilen!
Alberto fragt erneut: »Sollen wir runter?«
Und jetzt meldet sich auch Richard zu Wort: »Ihr solltet beide runtergehen.«
Ein Stoßgebet entringt sich mir. Ich schwöre mir: Wenn ich die Daunenhose hier und jetzt anbekomme, gehe ich weiter!
Da – plötzlich ist es geschafft.
»Ich gehe weiter«, vermelde ich Alberto und Richard.
Wortlos dreht sich Alberto um und stiefelt gen Gipfel los. Richard sagt nichts.
Als ich mich wieder in Bewegung setze, merke ich, dass die Hosenträger der Daunenhose vorne verdreht sind, der Hüftgurt ist komplett verschwunden. Egal, meine Beine sind nicht mehr kalt.

Meine Gebete wurden erhört: Nach einer Weile legte sich der Sturm. Die Sicht klarte auf. Vor mir erstreckte sich ein schier endloses Weiß. Die Landschaft erinnerte mich an den Mont Blanc – doch um wie viel anstrengender war der Anstieg hier!

Da ich langsamer als die anderen war und wegen des einfacheren Geländes keine Notwendigkeit mehr bestand, in Seilschaften zu gehen, stapfte ich alleine über Eis und Schnee hinterher. Steil bergauf, Fußlänge für Fußlänge vorwärts, mit weit offenem Mund, um ein Maximum der dünnen Luft in die Lungen zu bekommen.

In einer Art Monotonie, in Gedanken versunken, ob ich auch alles richtig gemacht hatte, vergaß ich wieder einmal zu essen. Viel gab es ohnehin nicht mehr: Ich hatte nur noch einen Riegel und etwas Tee.

Plötzlich kam mir Klaus entgegen.

»Wo kommst du denn her?«, fragte ich ihn.

»Ich war schon auf dem Gipfel.«

»Wirklich?«, fragte ich etwas ungläubig. Der leise Zweifel, ob die Zeit gereicht haben könnte, verflüchtigte sich schnell. Wusste ich denn, wo der

Gipfel lag? Nein. Und außerdem war Klaus ein erfahrener Bergsteiger und angesehener Autor von Fachliteratur zu alpinen Fragen.

»Doch, natürlich«, bekräftigte er. »Es ist von hier aus nicht weit. Leg ruhig deinen Rucksack hier ab und befestige ihn mit dem Eispickel. Fünfzig Höhenmeter, gleich hier oben.«

Nur ungern ließ ich meinen Rucksack zurück, folgte aber Klaus' Ratschlag, der mir zudem anbot: »Weißt du was? Ich begleite dich nach oben. Ich bin noch fit. Ich gehe noch mal mit dir zum Gipfel.«

Ich ging also, ohne meinen Rucksack, in dem auch der Tee und der Riegel waren, mit meinen Stöcken voran. Nach einer Weile wurde Klaus immer stiller – und sagte schließlich keinen Ton mehr.

Irgendetwas stimmt hier nicht, dachte ich. Und leider hatte ich Recht: Klaus hatte sich geirrt. Der »Gipfel«, auf dem er war, war nur einer von zwei kleinen Hügeln – der Nebel hatte scheinbar seine Orientierung »vernebelt«. Als er seinen Irrtum erkannte, überholte er mich stillschweigend – und entschwand meinem Blick.

Alberto und Karl waren gemeinsam mit Klaus auf dem Weg zum Gipfel gewesen. Später erzählten sie mir, was sich ereignet hatte. An einer Gabelung hatte Klaus gesagt: »Hier geht es rechts herum, und dann sind es noch fünf Minuten bis zum Gipfel, macht schon mal ein Foto von mir.« Karl hatte widersprochen: »Der Gipfel liegt links. Es dauert noch mindestens zwei Stunden von hier aus. Und ein Foto mache ich auch nicht.« Sie hatten sich getrennt. Klaus war rechts herum gegangen, auf seinen vermeintlichen Gipfel, und kam danach zu mir. Vermutlich hätte ich sein Gipfelfoto machen sollen.

Hinter einem riesigen Schneefeld, so groß wie ein Fußballplatz, erreichte ich am späten Nachmittag den Vorgipfel. Das letzte Stück war ein schmaler Grat, der zum Teil über eine Wechte führte – nicht ganz ungefährlich. Kurz vor mir entdeckte ich Klaus und Richard. Sie befanden sich ebenso noch auf dem Schlussanstieg wie Sepp, Gerhard und Carola, die aber schon ganz kurz vor dem Ziel waren. Als Letzter folgte etliche Meter hinter mir Herbert.

Auf den letzten dreihundert Metern verengte sich der Grat. Links und rechts ging es beinahe senkrecht abwärts. Eigentlich hätte man an dieser Stelle in einer Seilschaft gehen müssen. Doch da mir die meisten anderen enteilt waren und ich mich zu müde fühlte, um auf Herbert zu warten, flüsterte ich mir zu: »Jetzt ziehst du das alleine durch!«

Auf dem Gipfelgrat, nah am Himmel und nah dem Abgrund.

Auf dem Denali, von links: Herbert, Carola, Klaus, Richard, Gregor, Gerhard.

Am 4. Juni 2008 um 18.30 Uhr stand ich auf dem Gipfel des Denali (6190 Meter).

Wie in meinem Beruf als Chirurg, wenn sich eine Krisensituation anbahnt und ich ohne Zögern hoch konzentriert arbeiten muss, wurde ich ruhig und fühlte mich erneut wie in einem Tunnel, ungeachtet aller Umstände, ohne Angst, nur auf meine Aufgabe fokussiert. Ich nenne das: den

Tunnelblick bekommen. »Im Tunnel« scheint die Zeit sich zu verlangsamen, und alle meine inneren und äußeren Kräfte richten sich auf ein einziges Ziel: Keinen Fehler zu machen! So war es auch jetzt, auf den letzten dreißig Metern bis zum Gipfel des Denali: Hoch konzentriert, keine Angst und völlige Ruhe.

Das Glücksgefühl wich bald einem gewaltigen Durst. Mein Rucksack aber stand weit unten – dort, wo ich ihn auf Klaus' Empfehlung hin mit meinem Eispickel befestigt hatte. Auf die Idee, mir von seiner Flasche etwas anzubieten, kam er nicht. Und er verlor auch später kein Wort darüber, dass er sich geirrt hatte ...

Karl und Alberto (mit Elferratswimpel) auf dem höchsten Berg Nordamerikas.

Auf dem Rückweg setzten sich die Misslichkeiten fort. Ins Hochlager gelangten wir noch ohne Zwischenfälle. Richard bildete mit Herbert und mir eine Seilschaft und geleitete uns sicher hinunter. Ein wahrer Bergführer und Bergfreund!

Nach einer, trotz aller Erschöpfung, unruhigen Nacht, brachen wir am folgenden Morgen ins Medical Camp auf. Ein wenig verträumte ich die Zeit neben dem Kocher und packte meinen Rucksack in der kurzen Zeit, die mir dann noch blieb, in der falschen Reihenfolge: zuerst das Zelt, dann der Müllbeutel und oben drauf die zu schwere Tasche.

Nachdem wir auch diese Hürde genommen hatten, verließen mich meine Kräfte. Ich bekam kaum noch Luft, meine Beine schienen aus Pudding zu sein. Taumelnd stolperte ich ins Medical Camp. Den Rucksack zog ich an einem Skistock hinter mir her – wie einen Schlitten. Als die anderen, die längst Tee gekocht hatten, mich sahen, verwarfen sie den Plan, noch am selben Tag weiter talwärts zu ziehen. Wir übernachteten im Medical Camp. Am nächsten Tag geschah Folgendes:

Bei meiner Rückkehr ins Medical Camp begrüßte mich Alberto mit heißem Tee, 5. Juni 2008.

06.06.08, Medical Camp (4300 m):
Wir stehen bewusst eine halbe Stunde früher auf (6.30 Uhr), um alles gut vorzubereiten.

Ich glaube, es ist der kälteste Tag (–30°C, ohne Wind). Da aber kein Wind ist, können wir draußen kochen. Zusammenpacken, Tee kochen und aufs Freiluftklo. Die Klobrille ist festgefroren und saukalt. (Trick: Warten, bis jemand vor einem muss ...)

Wir liegen gut in der Zeit. Um 9.00 Uhr ist alles gepackt, Schlitten und Rucksack.

Jetzt kommt Richard und stellt unsere Schlittenseilschaft zusammen. Alberto vorne, ich in der Mitte, Richard hinten. Es geht bergab, das heißt, ich muss Albertos Schlitten bremsen und Richard meinen Schlitten.
Über Gletscherspalten und auf schmalen Wegen mit schräg abschüssigem Gelände und Gegenverkehr ist die Strecke hinunter zum Lager 3 teilweise extrem steil. Richard ist sehr angespannt. Sein Rucksack ist sauschwer, dazu muss er noch seinen und meinen Schlitten bremsen, denn er hat beide Schlitten miteinander vertäut, damit sie stabiler sind und nicht kippen. Er stemmt sich mit aller Kraft dagegen. Plötzlich kann er die beiden zusammengebundenen Schlitten nicht mehr halten. Aufgeregt ruft er mir zu: »*Bitte Schlitten bremsen! Brake the sledge!*«
Zuerst auf Deutsch, dann in Englisch.
Ich denke, er meint Albertos Schlitten, der vor mir am Seil hängt und den ich einigermaßen unter Kontrolle habe. Also rufe ich zurück: »*Ja, das mache ich doch!*«
Als ich mich umdrehe, sehe ich, dass Richard abseits vom Weg im Schnee liegt und sich mit letzter Kraft und beiden Stiefeln in den Schnee stemmt. Nichts nützt – nicht einmal die Eisaxt, die er zu Hilfe genommen hat. Er rutscht unaufhaltsam. Endlich begreife ich, welchen Schlitten er meint. Ich ramme blitzartig meinen Skistock als Bremse vor beide Schlitten und stemme außerdem meinen Bergstiefel dagegen.
Die zusammengebundenen Schlitten kommen zum Stillstand. Aber die Ladung hat sich verselbstständigt.
Richard versucht, die Schlitten wieder aufzurichten und neu zu umschnüren. Als ich ihm helfen will, lehnt er partout ab.
»*Du handelst genau nach meinem Kommando*«*, weist er mich an.*
»*Aye, aye, Sir!*«*, erwidere ich stramm, denke aber für mich: Du britischer Dickschädel! Das wird doch nie was, mit den beiden Schlitten nebeneinander!*
Ich meine, Erfrierungen an seinem Zeigefinger zu erkennen. Oder ist es eine Blutblase? Egal, ich sage keinen Ton!
»*Go!*« *–* »*Stop!*« *–* »*Go!*« *– erschallen Richards Befehle. Ich führe sie kommentarlos aus und komme mir vor wie Michael Jackson in seinem Thriller-Video.*
Die anderen biegen sich innerlich vor Lachen – hüten sich aber, auch nur einen Ton von sich zu geben.

Die blauen Flecken, die ich an Richards Finger erkannt hatte, stellten sich glücklicherweise tatsächlich als Blutblasen heraus – verursacht von der starken Reibung des Schlittenseils. Auch Karl und Gerhard hatten Glück: Bei beiden hatten sich Fingerkuppen schwarz verfärbt. Doch bald klangen die Symptome ab.

Angekommen in Lager 2, wo die Ski im Schnee deponiert waren, heißt es umpacken, jeder seinen Schlitten (alles, was wir im Schnee deponiert hatten, muss mit). Es gilt, die richtige Technik zu finden, um die Stangen so zu montieren, dass man den Schlitten bei der Schussfahrt im Tiefschnee möglichst hinter sich behält und er nicht an einem vorbeifährt. Ich habe es Richard nachgemacht und die Stangen rechts und links im Frontbereich des Schlittens festgezurrt. Aber weit gefehlt: Das funktioniert überhaupt nicht (zumindest nicht bei mir). Sturz folgt auf Sturz. Ich bin ziemlich weit hinten.

Dennoch: Das schönste und traumhafteste Panorama tut sich vor mir auf. Und mit jedem Meter abwärts geht es mir besser. Ich spüre förmlich, wie meine Kräfte zurückströmen. Ich genieße die Aussicht, das Bergpanorama, diese riesigen unberührten Schneefelder und bin überglücklich, trotz aller Stürze!

Ich stürze wieder einmal ziemlich heftig und mein Schlitten überschlägt sich mehrfach und plötzlich stellt sich zufällig eine andere Stangensituation dar: Beide Stangen sind durch vielfache Verdrehungen zu einer geworden. Ich nehme und halte sie wie ein Gondoliere an meinem rechten Oberschenkel, und es geht wie geschmiert! Ich falle selbst bei steilen Stücken nicht und kann mit dem rechts neben mir befindlichen Schlitten fahren. Das potenziert meine Freude!

Jetzt hält Alberto an und schaut sich um, er scheint mich nicht zu sehen. Ich winke, aber er reagiert nicht. Vielleicht ist er doch zu weit weg.

Kurz hinter Karl und Alberto, der auch fix und fertig ist, laufe ich im »Ziel« ein. Karl ist erstaunt und Alberto sagt, er dachte, dass es Gerhard sei.

Ich fahre bis zum tiefsten Punkt, kurz vor dem Heartbreak Hill. Vor mir sind Herbert und Gerhard, ganz vorne Alberto und Karl. Ich ziehe die Felle auf, ziehe meine Jacke aus und habe plötzlich Kraft ohne Ende! Ich überhole wie im Flug Herbert und Gerhard. Ich fliege förmlich den Heartbreak Hill hoch und komme den beiden Führenden sehr nahe. Ich bin super zufrieden und nach einer halben Stunde sind alle wieder gesund und glücklich im Basecamp.

6. Juni 2008: Alles musste wieder nach unten. Mit gepacktem Schlitten und vollem Rucksack zurück ins Basislager.

Die ganze Gruppe ist wieder gesund und glücklich im Basislager angekommen. Von links: Sepp, Carola, Herbert, Gerhard, Klaus, Richard, Alberto, Gregor und Karl.

Wir fliegen noch am selben Abend nach Talkeetna. Alberto und ich gehen an die Hotelbar und bekommen sofort zwei Fragen gestellt:
»Did you make the summit?« und »Do you still have all fingers and toes?«
»Yes«, antworten wir beide Male und stoßen miteinander an.

Vor dem Heimflug nach Deutschland gönnten wir uns noch einen ausgelassenen Abend in Anchorage. Wir zogen durch die Bars und feierten unseren Erfolg. Zu erzählen gab es genug – besonders für Alberto und mich. Der Denali hatte uns alles abverlangt. Erfreulicherweise hatten wir beide gelernt, wie wir uns auch in extremen Situationen gut miteinander arrangieren konnten. Für den Fall, dass einer von uns beiden seine Ruhe haben wollte, hatten wir einen Deal: Wenn jemand, weil sehr gestresst, »Dolor« sagt (zu deutsch: »Schmerz«), dann muss der andere seine Klappe halten, bis das Zauberwort von demjenigen wieder aufgehoben wird, der es gesagt hat, meistens mit dem Beginn eines neuen Gespräches. Eine kleine Therapie, die sicherlich nicht nur für Bergsteiger im Zweimannzelt auf großer Höhe erfolgreich ist.

An unserem Abschiedsabend blickten wir stolz auf das, was wir geleistet hatten, zurück. Und auch die erfahrenen Bergsteiger, die während der Tour unsere Kameraden gewesen waren, zollten uns Respekt: »Wir hätten nicht gedacht, dass ihr das schafft!«

Ein Blick von oben auf unberührte Natur, beim Rückflug vom Basislager nach Talkeetna, 6. Juni 2008.

Zu späterer Stunde, als schon reichlich Whisky geflossen war, wandte ich mich an die Österreicher – die ich, wenn sie sich untereinander unterhielten, immer nur schwer verstanden hatte: »Sagt mal, ihr Ösis, beherrscht ihr eigentlich eure eigene Sprache?«
»Wie meinst du das denn jetzt?«, fragten sie zurück.
»Könnt ihr jodeln? Das ist doch eure ureigenste Ausdrucksweise!«
»Jodeln? Naaa!«, schallte es von allen Seiten zurück.

Noch vor dem Jodeln: Alberto und ich feiern unseren Gipfelerfolg in Anchorage, 7. Juni 2008.

»Aber ich«, sagte ich und demonstrierte es ihnen, jodelte aus voller Kehle. Es schallte durch die ganze Bar, und ich erntete tiefste Bewunderung. Alberto und ich wurden in diesem Augenblick von Greenhorns zu echten Bergsteigern befördert – und dann flogen wir wegen Ruhestörung aus dem Lokal.

Am nächsten Morgen, am 8. Juni 2008, entdeckte ich bei einem kleinen Spaziergang die offene Tür dieser Bar, aus der wir am Vortag rausgeschmissen worden sind. Ich ging hinein, bestellte mir ein Bier, setzte mich auf den Barhocker und konnte durch die offene Tür direkt auf die im Sonnenlicht glitzernden Berge sehen. Mit einem unglaublich schönen Gefühl im Bauch sagte ich innerlich »Danke« und trank aus.

Ein langer Anlauf

Die Zeit ist zu kostbar, um sie sich stehlen zu lassen

Der Denali war eine erste große Zäsur gewesen. Bei den Vorträgen, die ich über die Besteigung hielt, wurde mir jedes Mal aufs Neue bewusst, was für einen Brocken ich hinter mich gebracht hatte.

Doch Monate verstrichen, in denen mir keine Zeit blieb, mir Gedanken um die nächste Expedition zu machen – wenngleich ich sicher war, dass es eine geben würde. Die Praxis stand im Mittelpunkt. Noch war ich innerlich nicht bereit, mir mehr Freiheit zu gönnen und weniger zu arbeiten. Ja, ich setzte sogar noch einen drauf: Um den Kontakt zu den niedergelassenen Zahnärzten zu intensivieren, gründete ich gemeinsam mit meinem zahnärztlichen Kollegen und rotarischen Freund Matthias eine Fortbildungsakademie. In Anlehnung an den *Halleschen Fußballclub* HFC tauften wir sie »Anhaltischer Fortbildungsclub« oder kurz: AFC. Ziel war es, gute Referenten nach Dessau bringen, um es den Kollegen der Region zu ermöglichen, die von der Weiterbildungsordnung geforderten Fortbildungspunkte ohne Reiseaufwand zu erwerben. Der AFC etablierte sich mit regelmäßigen Veranstaltungen, einmal im Quartal.

Schon seit Jahren war ich selbst überregional als Referent unterwegs gewesen. In den Anfangsjahren war es mir nicht leicht gefallen, als »Ossi« im Westen wahrgenommen zu werden – Dessau kannten höchstens die Kunst- und Architekturinteressierten, denen das Bauhaus, der Wörlitzer Park oder Hugo Junkers ein Begriff war. Daher musste ich durch besonders interessante und exotische Vorträge punkten.

Ich erinnere mich an einen meiner allerersten Vorträge: Über die Verpflanzung von Schädeldach-Knochen auf bleistiftdünne Kieferareale, in Warburg zur Vorweihnachtszeit. Noch arbeitete ich mit der soliden Diatechnik und brauchte jemanden zum Dia-Schieben. Ein Techniker aus dem Hotel war gerne bereit, diese Aufgabe zu übernehmen. Während des Vortrages signalisierte ich ihm durch Handzeichen, wann das nächste Dia an der Reihe war. Doch jedes Mal, wenn ich zu ihm hinüber sah, um ihm das Zeichen zu geben, wurde er blass und blasser. Er schaute schon längst nicht mehr auf die Leinwand und hatte Schweißperlen auf der Stirn. Ich maß dem keine Bedeutung bei und sprach weiter, bis die Ruhe im Saal durch ein lautes Krachen gestört wurde: Der Helfer wurde ohnmächtig, flog in die Stuhlreihen und riss die gesamte Technik mit sich zu Boden. Die Bilder waren wohl doch zu blutig gewesen.

Dieser Vortrag zu Beginn meiner implantologischen Laufbahn war zugleich der Anfang einer langen und bis heute andauernden Zusammenarbeit mit meiner Implantatfirma. Die damaligen Gebietsleiter Dr. Werner Groll und Oliver Betsch wurden später zu Chefs des Unternehmens *Dentsply* in Deutschland, verloren aber nie den Kontakt zu mir als Kunden. Im Gegenteil: Es entwickelten sich Freundschaften, die weit über das geschäftliche Maß hinausgingen. Ich freue mich jedes Mal, wenn Oliver – zurzeit Weltchef für den Außendienst – nach einer kurzen SMS vom anderen Ende der Welt einen Zwischenstopp bei einer unserer traditionellen Nikolaus-Fortbildungsveranstaltungen einlegt, um anderntags direkt weiterzufliegen. Die Geschicke des Unternehmens wurden inzwischen an Dr. Karsten Wagner übergeben, und auch mit ihm verbindet mich ein freundschaftliches Verhältnis.

Bei meinen Vorträgen griff ich auch auf die besonderen Leistungen meines MKG-Partners Thomas zurück. Die Erlanger Universität, an der er ausgebildet worden war, galt seinerzeit als eines der renommiertesten knochenchirurgischen Zentren Europas. Als Schüler von Prof. Steinhäuser etablierte Thomas dieses Teilgebiet der MKG-Chirurgie in Dessau. Daher konnte ich bei meinen Vorträgen über so exotische Eingriffe wie die komplette Verlagerung von Ober- und Unterkiefer mit gleichzeitiger Einlagerung von Knochen aus dem Becken berichten. Unsere Arbeitsgebiete ergänzten sich perfekt: Thomas kümmerte sich um den Knochentransfer und ich organisierte die Wiederherstellung der Kaufunktion durch Zahnimplantate. Gewinner waren unsere Patienten, die in Dessau eine hoch spezialisierte Therapie erhielten.

Die Vortragssäle wurden größer, die Zahl meiner Zuhörer nahm zu. Im November 2003 wurden wir zu einem großen Kongress nach St. Petersburg eingeladen. Ich hatte die Ehre, einen Vortrag in der Duma halten zu dürfen. Nach meiner russischen Begrüßung war das Eis gebrochen. Anschließend übersetzte eine zu dieser Zeit bei uns arbeitende russische Zahnärztin den Vortrag simultan – ein Knochenjob. Britta hielt Seminare über Prothetik, während ich OPs durchführte, die live in den Hörsaal übertragen wurden. Es war ein voller Erfolg. Das Schönste der Reise war –

nach getaner Arbeit – eine Sonderfahrt zur Eremitage an der Newa. In einem Krankenwagen mit Blaulicht! Eigentlich hatte die Eremitage schon geschlossen, aber für uns öffneten sich die Tore. Wir erhielten eine private Führung bei Nacht, unvergesslich und typisch Russland!

So wie ich mich an meinen ersten Vortrag erinnere, erinnere ich mich auch an einen meiner letzten größeren Fachvorträge, auf einem Symposium für Oral- und Kieferchirurgen: München-Zentrum, Vorweihnachtszeit, das volle Programm, ein volles Auditorium.

Die Vorgaben des Veranstalters waren konkret und unmissverständlich: zwölf Minuten Vortrag, drei Minuten Diskussion. Die intensive Vorbereitung darauf hatte mich viel Zeit gekostet. Tagelang hatte ich am Schreibtisch gesessen und musste mir vorhalten lassen, die Familienzeit wegen der Arbeit zu vernachlässigen. Wohl zu Recht – schließlich war es keineswegs das erste derartige Wochenende gewesen.

Das Werk war fertig geworden, mit dem sekundengenauen Timing, das ich mir vorgenommen hatte, und jetzt begann der Vortrag ebenso perfekt: Ich tauchte ein in meinen Tunnel – bis ich plötzlich vom Zwischenruf eines Kollegen herausgerissen wurde, der anscheinend unbedingt zu Wort kommen wollte. Es wäre die Pflicht des Vortragsvorsitzenden gewesen, die Störung zu unterbinden und das Protokoll durchzusetzen, doch er ließ die Zwischenfrage zu, die sich als unqualifiziert und fast beleidigend erwies: »Muss ich mir das anhören, wenn ich so viel Kongressgebühr gezahlt habe?«

Es kam, wie es kommen musste: Der Vorsitzende war einfach nicht Herr der Lage, schritt noch immer nicht ein, und ich konnte nicht anders, als mich in einen verbalen Schlagabtausch einzulassen, in dessen Verlauf ich dem Zwischenrufer klarmachte, was ich von Kollegen hielt, die fachlich in ihrem eigenen Saft schmorten, selbst keine Vorträge hielten, aber solche Veranstaltungen nutzten, um ihren Frust an anderen auszulassen. Wutentbrannt verlor ich den Faden des Vortrags und überschritt die Zeitvorgabe, so dass ich auf den wohlüberlegten krönenden Abschluss verzichten musste. Dreißig Sekunden eines kleingeistigen Kollegen ohne Kinderstube hatten meine Arbeit von mehreren Wochen und Wochenenden zerstört!

Nach diesem Erlebnis stand für mich fest, dass ich mir nie wieder kostbare Lebenszeit von wildfremden, negativen Menschen stehlen lassen wollte. Ich reduzierte deutlich die Anzahl derart aufwändige Fachvorträge und konzentrierte mich – neben meiner Arbeit für den AFC – auf Veranstaltungen, die mir viel mehr am Herzen lagen: Vorträge über meine Berge, vor einem sehr dankbaren Publikum, natürlich immer offen für ehrlich gemeinte Zwischenfragen.

»Gregor, du solltest weniger arbeiten«

Der AFC etablierte sich. Viele nationale und internationale Referenten gaben sich in Dessau die Klinke in die Hand. Zugleich lastete die Verantwortung für unsere Praxis beinahe allein auf meinen Schultern. In vielerlei Hinsicht: Benötigten wir einen neuen Kredit, verhandelte ich mit den Banken. Suchten wir nach weiteren Arzthelferinnen, landeten die Bewerbungen auf meinem Schreibtisch. Mein Partner Thomas verließ sich auf mich und vertraute mir – ganz so, wie wir es zu Beginn unserer Zusammenarbeit vereinbart hatten. Auch ich konnte auf ihn zählen. Zuverlässig erledigte er seine Aufgaben. Doch rieb ich mich hin und wieder an seiner, wie mir schien, etwas zu ausgeprägten Haltung, die Sonnenseite des Lebens genießen zu wollen. Und im Laufe der Zeit verfestigte sich in mir ein Bild, das für ein gedeihliches Miteinander ungünstig war. Er machte seinen Job – ohne Zweifel. Aber war er sich bewusst, welchen Aufwand *ich* nebenbei betreiben musste, um unsere Praxis nach vorne zu bringen? Erkannte er nicht, dass auch er gefordert war, mehr zu leisten? Wir waren gleichberechtigte Partner, doch ich empfand es als ungerecht, dass ich bei nahezu gleicher Vergütung wesentlich mehr Zeit, Energie und Nerven investierte, besonders außerhalb des allgemeinen OP-Betriebs.

Eines Tages sagte ich meinem Partner wahrscheinlich etwas direkter als sonst: »Thomas, du musst mehr arbeiten!«

»Im Gegenteil«, erwiderte er prompt. »*Du* solltest *weniger* arbeiten!«

Diese Aussage war wie ein Schock für mich. Ich konnte überhaupt nicht verstehen, wie man so etwas als niedergelassener MKG-Chirurg überhaupt sagen konnte. Ich fuhr natürlich aus der Haut, als waschechter Choleriker, und redete von »Rackern«, »Schaffen« und »Umsatz«.

In dieser Zeit reagierte ich meinen Ärger auch oft zu Hause ab. Im Gegensatz zu Britta konnte ich die Praxis-Gedanken nicht vor der Wohnungstür lassen. Für mich waren die Probleme immer präsent, ich konnte nichts dagegen tun und hätte gerne auch nach Feierabend darüber geredet – irgendwann gab ich es aber auf. Unsere Praxis-Diskrepanz erreichte ihren traurigen Höhepunkt während eines Praxisessens in einem Restaurant. Die Atmosphäre erhitzte sich, ich stand voll auf Konfrontation, die Diskussion eskalierte, ein Wort gab das andere – und aus der Konfrontation wurde bei meinem Partner Resignation.

»Es ist wohl besser, wenn ich die Praxis verlasse«, sagte er.
Der Abend war zu Ende. »Das war's«, dachte ich mir.
»War's das wirklich?«, fragte ich mich in dieser Nacht immer wieder. Ich wusste doch genau, was ich an meinem Partner hatte: absolute Loyalität und fachlich höchste Kompetenz bei gedämpftem wirtschaftlichem Interesse.

»Es wird schwer sein, wieder einen solchen Partner zu finden«, bestätigte mir auch Britta. Sie konnte natürlich auch keinen anderen Menschen aus Thomas machen. Doch in ihrer ruhigen Art versuchte sie zu schlichten und neue Wege zu finden.

Musste es nicht Wege geben, um eine gerechte Lösung herbeizuführen?
Wie im Gebirge stand ich auf einem schmalen Grat – und plötzlich, wie in allen kritischen Situationen, wurden meine Gedanken glasklar, und ich erkannte: Eigentlich war es gut so, wie es war. War es nicht mein Plan gewesen, ihn dauerhaft hier zu behalten? Dieser Plan ist doch aufgegangen. Thomas hatte sich ein »kleines« Paradies mit Wassermühle geschaffen und relativ schnell in Dessau eine neue Heimat gefunden.

»Niemals wieder«, sagte ich mir, »würdest du einen Partner finden, der dich schalten und walten lässt, wie du willst.«

Als Thomas und ich uns am nächsten Morgen erneut gegenübersaßen, entschuldigte ich mich darum für manches harte Wort und sagte: »Lass uns weitermachen wie bisher. Alles ist gut – oder wenigstens das meiste. Wenn jeder von uns ein wenig an sich arbeitet, schaffen wir es schon. Oder was meinst du?«

»Du sprichst mir aus der Seele. Du weißt, dass ich sehr gern mit dir weiter zusammenarbeite«, hörte ich ihn mit Erleichterung sagen. Und auch ich war erleichtert. Es war die richtige Entscheidung.

Als Thomas und ich uns einige Jahre später noch einmal ausführlich über alte Zeiten unterhielten, konnten wir auch noch letzte Missverständnisse klären. Heute sind wir schon 20 Jahre lang ein altes und am Ende ein relativ harmonisches »Praxis-Ehepaar«. Ich habe einiges von meinem beruflichen „Ehepartner" gelernt, das meiste davon auf der Zielgeraden unserer gemeinsamen Praxis.

Thomas Bauer und ich beim 20jährigen Jubiläum der MKG-Dessau am 6. Dezember 2013. Die Golfschläger waren ein Jubiläums-Geschenk der Firma Dentsply.

Etwas aber von unserem Streitgespräch hatte sich dauerhaft in mir festgesetzt. Ein Satz klang in mir nach: »Gregor, du solltest weniger arbeiten!«

Auch wenn niemand wusste, welche Ambitionen ich hegte: Meine Begeisterung für die großen Berge der Welt blieb in der Praxis nicht verborgen. Als meine Patienten davon hörten, wollten einige mehr über meine Reisen erfahren.

In freier Abwandlung des Mottos »Tu Gutes und rede darüber« verfasste ich Artikel für die Lokalpresse und hielt immer wieder Vorträge vor bergbegeistertem Publikum.

Die Resonanz beeindruckte mich. Ich erfuhr eine ungeheure Unterstützung. Viele meiner Patienten, besonders solche, die in meinem Alter oder älter waren, schrieben mir Briefe, Postkarten und E-Mails, in denen sie von eigenen Erlebnissen, zum Beispiel am Elbrus, erzählten – und in denen sie mir für meine kommenden Abenteuer die Daumen drückten. Sie fieberten förmlich mit.

»Ich habe alle Ihre Zeitungsartikel gesammelt«, berichtete mir eine Patientin. »Wenn Sie einmal einen brauchen, fragen Sie mich bitte.«

Dieses überaus herzliche Interesse, das mir entgegenschlug, war ein weiterer Ansporn für mich, meinen Weg fortzusetzen. Doch zuvor stellte sich mir ein gewaltiges Hindernis in den Weg.

Mein Sprung über die Gletscherspalte

Es begann ganz harmlos: mit einem Stich in die Kniekehle, im Frühsommer 2009 auf dem Tennisplatz. Ich war gerade mitten im Training für meinen ersten Triathlon über die Halbdistanz. Tilman hatte mich auf den Gedanken gebracht, es mit Triathlon zu probieren, nachdem er selbst vom reinen Laufen zur Dreifachdisziplin gewechselt war und schon den einen oder anderen *Ironman* absolviert hatte.

»Wenn ich für die Berge in bestmöglicher körperlicher Verfassung sein möchte«, überlegte ich, »könnte ich mich auch mit dem Triathlon befassen. Ein besseres Fitness-Programm gibt es nicht.«

Um mehr zu erfahren, erkundigte ich mich auch bei Jörg, einem HNO-Kollegen, der den Triathlon lebt und es schon mehrfach bis zum Original-Ironman nach Hawaii geschafft hatte. Letztlich lag auf der Hand, was zu tun war: Das Schwimmen bereitete mir keine Schwierigkeiten, nur das Radfahrtraining sollte sich als lästig, weil äußerst zeitraubend erweisen.

Und nun, gerade als ich den Triathlon zum ersten Mal unter Wettkampfbedingungen ausprobieren wollte, schwoll mein Knie an. Was auch immer das ist, es soll mich nicht ausbremsen, dachte ich mir. Und da ich keine Schmerzen im Gelenk verspürte, ließ ich mir von meinem damaligen Narkosearzt ein schwellungslinderndes Medikament verabreichen und fuhr zum Ferropolis-Triathlon. »Ferropolis« heißt ein Industriemuseum bei Gräfenhainichen, unweit von Dessau. Dort bewältigte ich einen »Half Ironman«: 1,9 Kilometer Schwimmen, 90 Kilometer Radfahren und 21 Kilometer Laufen. Dafür brauchte ich 5 Stunden und 42 Minuten – und war stolz, die 6-Stunden-Marke unterboten zu haben. Die Schwellung am Knie war vergessen, sie ging ohnehin schon deutlich zurück.

Im Sommer danach verbrachten wir unseren Familienurlaub auf den sogenannten ABC-Inseln (Aruba – Bonaire – Curaçao). Bei meinen obligatorischen kleinen Urlaubs-Läufen dort fühlte ich mich schlapp und schwach, obwohl ich eigentlich gut trainiert war. Ich schob es auf die Hitze. Auch ein beklemmendes Gefühl beim Tauchen mit Sauerstoffflasche brachte mich nicht aus der Fassung.

Wieder zu Hause angekommen, startete ich sogleich einen kleinen Trainingslauf auf einer Runde, die ich bereits tausendmal gelaufen war. Doch gleich am Anfang, wo eine Brücke zu überwinden ist, ging mir auf halber Höhe die Puste aus – ich war zu schwach, um joggend hochzukommen! Das gab mir nun wirklich zu denken.

Die befreundete Ärztin, die ich anrief, sobald ich gehend wieder zu Hause eintraf, bestand darauf, mich unverzüglich zu untersuchen. Ich sehe heute noch Birgits Gesicht vor mir, als sie mein EKG sah. Das versprach nichts Gutes: »Du hast einen kompletten AV-Block. Deine Herzfrequenz beträgt kaum mehr als 30 Schläge pro Minute. Du musst sofort zum Spezialisten!« Einen Tag später lag ich auf der Intensivstation des Herzzentrums Coswig, Tilmans altem Arbeitsplatz, komplett verkabelt.

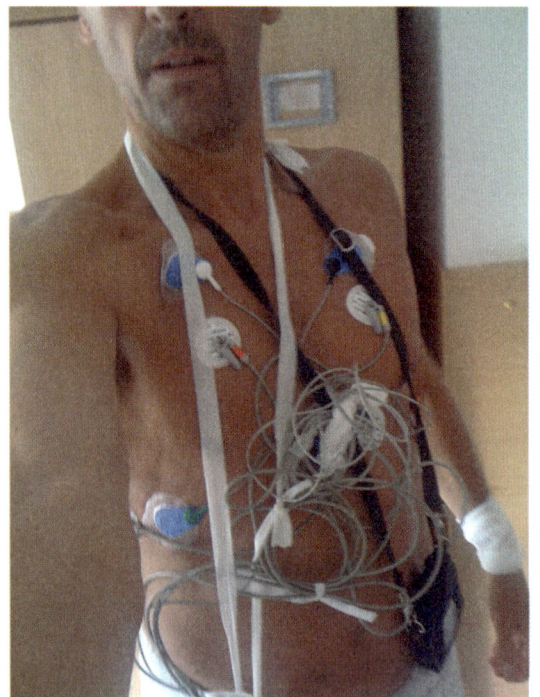

Im Herzzentrum Coswig, 6. August 2010, Diagnose: Akute Borreliose mit kardialer Beteiligung, Myokarditis und konsekutivem AV Block III°.

Die stationäre Aufnahme in Coswig wird mir ewig in Erinnerung bleiben: Da ich der Eile wegen nicht mehr die Gelegenheit hatte, eigene Sachen mitzunehmen, bekam ich das allgemein bekannte, hinten offene OP-Kleidchen. Ich, der ich schon so oft auf Intensivstationen gewesen war, aber immer auf der anderen Seite gestanden hatte, lag nun selbst im geschlitzten Kleidchen hilflos auf der Patienten-Seite. Aber es sollte noch besser kommen:

»Na, Doktor, wir kennen uns«, begrüßte mich die Schwester, »Ich habe doch bei Ihnen gelernt und später noch einmal auf Krankenschwester umgeschwenkt. Willkommen auf der ITS!«

Die Situation war schon sehr speziell. Auf einer Intensivstation muss man so ziemlich alles ablegen, was einem die Persönlichkeit erhält. Und nun wurde der »Big Boss« auch noch von seinem ehemaligen »Lehrling« verarztet! Doch sie machte ihre Sache ruhig und behutsam und gab mir ein Gefühl der Geborgenheit statt des Ausgeliefertseins. Außerdem durfte ich in der Nacht die Personaltoilette anstelle des Schiebers benutzen. Glück gehabt! Und wie gut, wenn man beim sprichwörtlichen zweiten Zusammentreffen im Leben kein schlechtes Gewissen haben muss!

So vergingen die ersten Tage ziemlich angenehm, denn die Einweisung geschah kurz vor dem Wochenende und ich konnte entspannt auf die Chefarzt-Visite warten. Die kam dann auch: »Ach ja, Herr Kollege Hundeshagen«, begann der Chefarzt.

Wie oft hatte ich das schon gehört. Das waren die Geister, die ich in knapp 20 Jahren Powerpraxis gerufen hatte, die mir auch viele Vorteile brachten, die ich aber leider nie wieder loswurde. Man kannte mich und steckte mich in vorbereitete Schubladen – jeder hatte so seine eigene. Wer kennt mich aber wirklich? Das sind ganz, ganz wenige!

Die Chefarzt-Schublade war einfach: Hundeshagen, Herz, zu viel Sport und Stress, musste ja mal kommen, klarer Fall, Geld spielt keine Rolle.

»Ach ja, Herr Kollege Hundeshagen«, hieß es dann noch einmal zum Schluss der Visite: »Zur diagnostischen Absicherung würde ich Ihnen dringend noch einen Herzkatheter empfehlen. Es spräche auch nichts gegen einen Herzschrittmacher bei Ihrer derzeitigen Herzfrequenz.«

Sicherlich sind Herzkatheter und Schrittmacher wichtige medizinische Errungenschaften, dachte ich, aber sind sie in diesem Fall wirklich nötig? Es sind schon Patienten bei diesem Eingriff gestorben. Katheter und Schrittmacher gehören schließlich zur invasiven Diagnostik und Therapie. Das möchte man nicht nur als Chirurg lieber vermeiden.

Ich erwiderte, dass ich es mir überlegen wolle, und schrieb eine Nachricht an Tilman, der eine eigene internistische Praxis in seiner Heimat im Schwarzwald eröffnet hatte.
»Brauche ich in diesem Fall einen Herzkatheter oder Schrittmacher?«, fragte ich ihn.
Seine Antwort war wie immer kurz, knackig und kompetent: »Wenn die Annahme stimmt, dass es sich um eine sogenannte Lyme-Borreliose handelt, wovon auszugehen ist, nein! Überwachung, Antibiose, Null körperliche Belastung. Ruhig abwarten, bis der Motor wieder anspringt.«
Und beten, dachte ich, übermittelte es dem Chefarzt so charmant wie möglich – und es sollte richtig sein.

Was ich also hatte, war eine verschleppte Borreliose, die in seltenen Fällen auch von Pferdebremsen übertragen wird: der Stich beim Tennis, an den ich mich jetzt wieder lebhaft erinnern konnte! Die Bakterien legten das Reizleitungssystem am Herzen lahm. In solchen Notfällen hat die Natur vorgesorgt: Eine Art »Notstromaggregat« springt an, und das Herz schaltet auf einen sehr langsamen »Kammerrhythmus« um. Die damit häufig einhergehende Herzmuskelentzündung kann schon bei kleinsten Belastungen zum Tod führen. Ich stand auf einem sehr schmalen Grat, mit Blick in eine tiefe dunkle Gletscherspalte. Es grenzte an ein Wunder, dass ich bei den Belastungen, die ich mir zuvor noch zugemutet hatte, überhaupt noch lebte.
Verdammt zu vollständiger Ruhe nutzte ich die Zeit in der Herzklinik, um nachzudenken. Wieder kamen mir die Worte meines Partners Thomas in den Sinn: »Gregor, du arbeitest zu viel!«
Jetzt wusste ich, dass ich es ändern würde.

Es ist ein unglaubliches Gefühl, wenn nach Tagen und Nächten des In-sich-hinein-Hörens plötzlich wieder der Motor anspringt. Ich merkte sofort, dass mein Herz wieder schneller schlug. Der Sinusrhythmus war zurück. Die Massen von Antibiotika, die man mir gegeben hatte, hatten die Borreliose-Bakterien gekillt. Ich bin drübergesprungen, über diese dunkle Gletscherspalte, und weich gelandet, Gott sei Dank!

Wege und Kreuzwege

Ein Gottesberg

Am 11. Oktober 2009, zwei Monate nachdem ich aus dem Herzzentrum Coswig entlassen worden war, begann ich mein Training mit dem Burgenlauf in Bad Belzig über acht Kilometer. Welch eine Erlösung, wieder laufen zu können! Ich fühlte mich wie neu geboren. Jetzt sollte mich nichts mehr halten, auch nicht bei den *Seven Summits*!

Doch welcher von den verbleibenden Bergen käme in Frage? Den Mount Everest schloss ich kategorisch aus. Diese Herausforderung wollte ich mir für später aufsparen. Zu groß war mein Respekt. Damit standen drei Berge zur Auswahl: die Carstensz-Pyramide für Australien, der Aconcagua für Südamerika und der Mount Vinson für die Antarktis.

»Ich werde den Aconcagua angehen«, entschloss ich mich. »Und vielleicht lässt sich die Antarktis gleich damit verbinden.«

Die räumliche Entfernung zwischen der Antarktis und dem argentinisch-chilenischen Hochland, über dem sich der Aconcagua erhebt, ist vergleichsweise gering – um ein Vielfaches geringer als die Entfernung zwischen Deutschland und den beiden Kontinenten in der südlichen Hemisphäre. Verknüpfte ich die beiden Expeditionen, konnte ich mir unnötige Langstreckenflüge ersparen. Doch nicht nur räumlich, auch zeitlich lockte mich die Möglichkeit eines doppelten Gipfelsturms: Ich müsste die Praxis nur einmal für einen längeren Zeitraum verlassen, anstatt Vertretungen, Terminverlegungen und den übrigen organisatorischen Aufwand zwei Mal betreiben zu müssen.

Um für eine solche Doppel-Expedition körperlich fit zu sein, verordnete ich mir ein straffes Programm. Am 28. Februar 2010 absolvierte ich den Kristallmarathon im Kalibergwerk Merkers im Wartburgkreis – 500 Meter unter der Erde! Bei Außentemperaturen von Null Grad läuft man in dieser Tiefe kurzärmlig, dafür aber mit Helm und Stirnlampe. Die Steigungen auf den vielen Runden sind nicht zu unterschätzen, doch auch unter diesen Bedingungen war ich schneller als vier Stunden. Nachdem ich mit dem Laufen wieder angefangen hatte, steigerte ich mich sehr schnell. Nach all den Trainingsjahren hatte mir die Pause von einem halben Jahr wenig ausgemacht, und bald war ich so fit wie nie zuvor.

Weitere Etappen bildeten der Kyffhäuser-Bergmarathon am 10. April 2010 und der Supermarathon beim Rennsteiglauf am 8. Mai 2010, der »Lange Kanten« – nunmehr 72,7 Kilometer durch den Thüringer Wald. Erstaunlich, wie etwas, das man einige Jahre zuvor als großes Ziel angesehen hatte, nun zu einer bloßen Zwischenetappe werden konnte.

Mein intensives Sportprogramm hatte noch einen weiteren Grund, der vermutlich ebenso entscheidend war wie das Ziel, das ich vor Augen hatte: Im April 2010 zog Britta aus unserer gemeinsamen Wohnung aus, genauer gesagt am 24. April.

Mit Lauflegende Waldemar Cierpinski vor dem Start zum Kyffhäuser-Bergmarathon am 10. April 2010. Cierpinski gewann 1976 und 1980 den Marathon bei den Olympischen Spielen. Ich kaufte mir bei ihm ein Paar neue Laufschuhe, die er mir für den Marathon eigenhändig schnürte!

Diesen 24. April 2010 werde ich so schnell nicht vergessen. Am Vortag war unser Familienhund Arko gestorben. Nach 13 treuen Jahren musste ich ihn begraben. Arko war Blitzableiter für die Kinder gewesen, Kuscheltier und Weggefährte für meine Frau und Joggingpartner für mich. Und er hörte aufs Wort. Nach weit mehr als 10.000 gemeinsam gelaufenen Kilometern verstanden wir uns blind. Man sagt ja manchen Hunden nach, dass sie Situationen fühlen können. Das, glaube ich, war auch bei Arko der Fall. Und so war er genau einen Tag früher in die ewigen Jagdgründe gegangen, bevor Britta auszog. Und am Ende dieses Tages, nach Arkos Beerdigung im kleinen Familienkreis, »zu Hause« angekommen, ging auch noch der Geschirrspüler kaputt! Ein Tag, an dem die Frau auszieht, der Hund beerdigt wird und die Spülmaschine kaputt geht, bleibt einem in ewiger, trauriger Erinnerung.

Britta zog also aus. Vorläufig, wie sie sagte. Sie brauche Abstand, um für sich herausfinden zu können, wohin ihr Weg sie führen solle. Im Laufe der vielen arbeitsamen Jahre hatte sich unsere Ehe gewandelt, ohne dass es einen Disput zwischen uns gegeben hätte. Wir hatten uns, zunächst unmerklich, in verschiedene Richtungen entwickelt. Gabriel und Simon waren groß geworden, unsere Zeit als Familie war vorüber. Britta wollte in Ruhe über ihre Zukunft nachdenken. Und ich nutzte den Sport, um mich von den möglichen Konsequenzen abzulenken: Im Frühling und Sommer 2010 verbrachte ich viele Sonntage mit dem Rennrad auf Landstraßen. Insgesamt legte ich fast 6.000 Trainings-Kilometer zurück – ein Zeitaufwand, der in einer anderen Situation kaum möglich gewesen wäre. Jetzt war es mir gerade recht, ich schlug die freie Zeit tot und entwickelte zugleich den altgewohnten Ehrgeiz: »Einmal im Leben machst du den Ironman! Die volle Distanz unter dreizehn Stunden!«

Zieleinlauf bei meinem 1. Ironman nach: 3,8 km Schwimmen, 180 km Rad und 42 km Laufen in 11:50 h.

So setzte ich mir ein Ziel und hielt mich selbst bei Laune. Ich suchte mir den Wettbewerb in Barcelona aus, den ich am 3. Oktober 2010 auch bewältigte. Am Ende wurden für mich 11:50:31 Stunden notiert – ein fantastisches Ergebnis. Was die Fitness anbetraf, durfte ich mich für den Mount Vinson und den Aconcagua gerüstet fühlen.

Für den Mount Vinson hatte ich mich an einen amerikanischen Reiseveranstalter gewandt, *Alpine Ascents International* mit Sitz in Seattle. Auf der Suche nach einem professionellen Partner für die Besteigung des Aconcagua hatte ich Mitte des Jahres bei Karl Huber angerufen. Er war Experte: Zweimal hatte er den höchsten Berg Südamerikas bereits erfolgreich in Angriff genommen, das zweite Mal nicht lange nach dem Denali, und zwar gemeinsam mit meinem Freund Alberto.

»Karl, kommst du noch mal mit?«, fragte ich ihn gerade heraus.

»Aconcagua – nein, bei aller Liebe nicht. Zweimal genügt mir.«

Nun gut, es würde noch andere Möglichkeiten geben. Kurze Zeit später traf ich mich mit Alberto und erzählte ihm von Karl Hubers Absage.

»Ich komme mit!«, überraschte er mich. »Lass uns den Aconcagua gemeinsam machen.«

»Das wäre grandios. Ich hätte nie damit gerechnet, dass du nochmal da rauf möchtest.«

»Wenn du einen Bergführer brauchst, mache ich das gern«, sagte er ohne Wenn und Aber.

Es war beschlossene Sache – und schon bald wurde unser Plan konkreter. Da für eine Besteigung nur die Sommermonate in Frage kamen, diese aber auf der Südhalbkugel in die Zeit des Jahreswechsels fallen, entschieden wir uns für den Januar 2011.

Dem Mount Vinson wollte ich zuvor meinen Besuch abstatten. Mein Ansprechpartner bei *Alpine Ascents International* war Michael Horst, ein renommierter Bergsteiger, der seit 2007 für das Unternehmen tätig war. Die Expedition sollte vom 13. bis zum 30. Dezember 2010 stattfinden.

»Wer wird denn sonst noch an der Tour teilnehmen und Weihnachten auch nicht zu Hause sein wollen?«, erkundigte ich mich während eines unserer Telefonate.

»Ihr seid nur zu zweit. Außer dir fährt noch eine gewisse Megan mit.«

»Eine Frau?«

»Eine Frau. Sie lebt in San Francisco und arbeitet dort als Steuerberaterin.«

Ich gönnte mir den Spaß, nach meiner Reisegefährtin zu googeln – und zeigte Gabriel das Porträt, das ich gefunden hatte.
»Hier, schau mal. Das ist die Frau, mit der ich in die Antarktis fahre.«
»Naja.«
»Was heißt: Naja?«, fragte ich nach.
»Sieht auf den ersten Blick ein bisschen wie eine ›Ego-Mizie‹ aus.«
Finde ich nicht, dachte ich, und freute mich schon auf das, was da kommen würde.

Bei der Planung der Doppelexpedition hatte ich echte Probleme, den Überblick zu behalten. Gabriel, durch sein Medizin-Studium gewohnt, in kurzer Zeit viel aufzunehmen, gab mir einen heißen Tipp: »Du musst deinen Expeditionsplan visualisieren. Das ist genau dasselbe, wie den Citratcyclus für Biochemie zu lernen. Wenn du die Diagramme und Schemata einmal abgespeichert hast, kannst du ihn auswendig!«

Da ich wie er ein visueller Lerntyp bin, versuchte ich, beide Expeditionen auf einer DIN-A4-Seite unterzubringen. Das half.

Am 12. Dezember, einem Sonntag, traf ich mich mit Alberto auf dem Weg nach München zu letzten Absprachen in der Raststätte »Fränkische Schweiz«. Nach meiner Antarktis-Expedition wollten wir uns in Ecuador treffen, um uns gründlich zu akklimatisieren. Abends besuchte ich mit Simon und seiner Kommilitonin Franziska ein Restaurant auf dem Münchner Stachus, und am nächsten Morgen flog ich von München aus über Madrid in die chilenische Hauptstadt Santiago und weiter nach Punta Arenas, einer Stadt im äußersten Süden des Kontinents – unmittelbar gegenüber den Feuerland-Inseln. Dort begann die nächste große Etappe auf meinem *Seven-Summits*-Weg.

Ich traf mich mit Michael Horst und Megan. Ob Gabriel mit seiner Einschätzung richtig liegen würde? Gemeinsam hörten Megan und ich uns einige Vorträge an, die uns auf das, was uns erwartete, einstimmen sollten. Stichworte und Merksätze wie »große Gletscherbewegungen«, »Whiteout«, »Erfrierungen«, »immer mit dem Rücken zum Wind«, »Füße und Hände trocken halten«, »auf Idiot-Loops achten« flößten mir großen Respekt ein. Was um alles in der Welt waren Idiot-Loops? Idioten-Schlaufen? Ich fragte lieber nicht nach.

Nebenher fanden Megan und ich Gelegenheit zu persönlichen Gesprächen. Auch Megan hatte sich zum Ziel gesetzt, die *Seven Summits* zu besteigen.

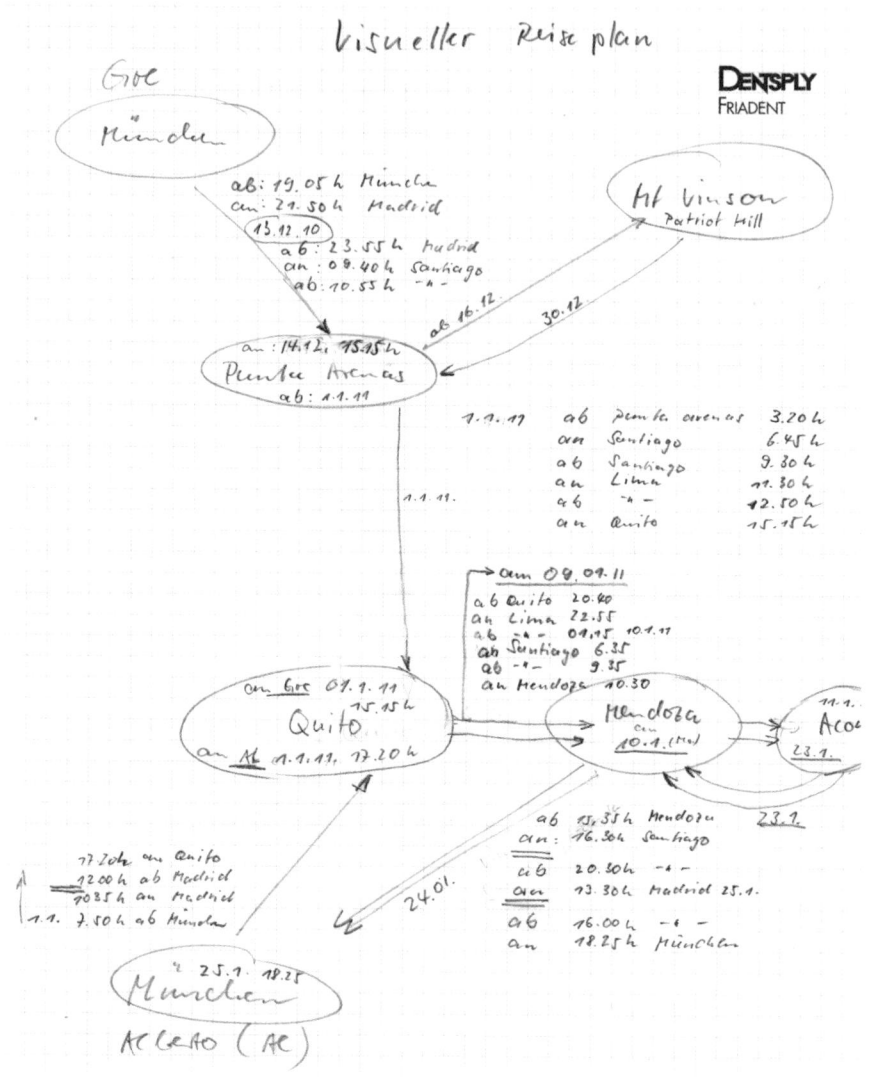

Das Diagramm der Doppelexpedition Mount Vinson/Aconcagua, einmal memoriert, gab mir ein Gefühl der Sicherheit und half mir, immer den Überblick zu behalten.

»Mir fehlen nur noch der Mount Vinson und die Carstensz-Pyramide«, sprudelte es aus ihr heraus. »Den Mount Everest habe ich schon geschafft. Atemberaubend, wirklich.«

»Den Everest werde ich vermutlich erst als Abschluss machen«, erklärte ich ihr.
»Absolut enorm. Du bist auf siebentausend Metern und hast immer noch fast zweitausend Höhenmeter vor dir. Unglaublich, ich kann dir Geschichten erzählen …«
Das tat sie dann auch. An »Ego« fehlte es ihr nicht, so viel stand fest.

Mit Megan in Punta Arenas, dem Startpunkt der Mount Vinson-Expedition, 14. Dezember 2010.

Am Mittag des 16. Dezember fanden wir uns auf dem Flughafen von Punta Arenas ein. Unsere Maschine war eine »Iljuschin 76 D« – ein faszinierendes Beispiel russischer Ingenieurskunst. Bereits in den 1960er Jahren für Schwertransporte entwickelt und seit 1973 serienmäßig produziert, ist die IL 76 wie kein anderes Flugzeug für den Einsatz in den Polargebieten prädestiniert. Das liegt unter anderem daran, dass sie über zwanzig Niederdruckreifen verfügt, deren Luftdruck während des Fluges verändert werden kann – je nachdem, wie es bei der Landung erforderlich ist. Da in der Antarktis als Start- und Landebahn eine Eispiste fungiert, der *Blue Ice Runway*, deren Beschaffenheit sich mit der Witterung fortlaufend ändert, ist dies von unschätzbarem Vorteil.

Die faszinierende russische Iljuschin 76 D auf dem Blue Ice Runway in der Antarktis, 16. Dezember 2010.

Der Komfort, den das Flugzeug zu bieten hat, hält sich dagegen in überschaubaren Grenzen. Es handelt sich um eine Cargomaschine ohne Fenster. Das Cockpit der Maschine besitzt am Boden eine Glaskanzel, daher ähnelt sie von weitem einer Art Raumschiff.

Neben der Technik war auch die Crew russischer Herkunft. Außer dem Piloten und dem Ersten Offizier gehörten noch ein Flugingenieur, ein Navigator, ein Funker und zwei Lademeister dazu. Wir flogen vier Stunden gen Süden und landeten mitten im ewigen Eis – übrigens so weich, dass ich erst durch den irrsinnig starken Bremsvortrieb merkte, dass wir schon am Boden waren.

Der *Blue Ice Runway* lag inmitten der Patriot Hills zwischen zwei Hügelketten, die Schutz vor eisigen Winden und Schneeverwehungen boten. Mit einem Raupenfahrzeug ging es neun Kilometer ins *Union Glacier Camp*, wo wir auf eine buntgemischte Truppe trafen: Forscher, Dokumentarfilmer, Fotografen, Reporter, Extremsportler – und natürlich auch auf Menschen wie Megan und mich. Ich lernte Richard Parks kennen, einen Bergsteiger, der die *Seven Summits* innerhalb eines Jahres bezwingen wollte – nebst Nord- und Südpolüberquerung … ein echter Freak!

Beim Rundgang durch die Antarktisstation sah ich ein aufgespanntes Banner mit der Aufschrift: »Antarctic Ice Marathon and 100 km Challenge«

Ich fragte nach und erfuhr, das genau heute zum 6. Mal der Antarctic Marathon gestartet wurde. Schade, hätte ich das gewusst, und wäre ich früher da gewesen, hätte ich teilgenommen, trainiert wäre ich dafür und es wäre eine wahre Rarität gewesen! Die Siegerzeit lag bei 4:20 h.

Ich hätte noch am 100 km-Lauf teilnehmen können, der am Abend gestartet ist. Aber das wäre »too much« gewesen ... »anyway«: Da habe ich noch was für später und einen Grund mal wieder herzukommen! (Ich werde es Tilman, meinem Laufkumpel, berichten, der ist immer für Extreme zu haben ...)

Ich las ein Schild mit der Aufschrift: »Berlin 9815 Miles«, schaute bei strahlendem Sonnenschein und minus 20 Grad Celsius zum Horizont und glaubte, die Erdkrümmung zu sehen.

Noch am Tag unserer Anreise, abends gegen halb elf – wegen des polaren Sommers ging die Sonne nicht unter – flogen wir mit einer Basler zum Nemec-Gletscher und von dort in nur fünf Minuten mit einer Twinotter zum Basislager des Mount Vinson in 2200 Meter Höhe. Unter strahlend

blauem Himmel errichteten wir unserer Zelte. Es waren nur zwei. Erstaunt fragte ich Michael: »Wer geht in welches?«
»Ihr seid die Gäste, ich habe mein eigenes Zelt«, ließ er mich wissen.
Für einen Augenblick hatte ich geglaubt, dass ich mir mit dem Bergführer ein Zelt teile, aber so war es auch ganz spannend. Wir nahmen noch ein kurzes Dinner zu uns und verkrochen uns in unsere Schlafsäcke. Um trotz der Helligkeit gut schlafen zu können, setzten wir Augenklappen auf. Erholung war wichtig: Am nächsten Tag wartete auf uns die erste schwere Etappe, der Aufstieg zum Lowcamp.

Erst 1957 durch die US-amerikanische Luftwaffe entdeckt, liegt der Mount Vinson nur etwa 1200 Kilometer vom Südpol entfernt. Mit 4892 Metern ist er die höchste Erhebung der Sentinel Range, dem nördlichen Teil des Ellsworth-Gebirges in der Westantarktis. Die Erstbesteigung fand am 18. Dezember 1966 durch ein amerikanisches Expeditionskorps statt, das logistisch von der US-Marine und finanziell von der *National Geographic Society* unterstützt wurde. Bergprofil und Höhe weisen den Mount Vinson nicht als schwierig aus. Der Aufstieg erfolgt über eine gesicherte Route, die mit keinerlei Kletterpartien oder anderen Hindernissen aufwartet. Die abgeschiedene Lage und die extremen Witterungsverhältnisse machen die Besteigung trotzdem zu einem unvorhersehbaren – und auch kostspieligen – Abenteuer.

Organisation und Versorgung während der Tour waren perfekt. Wie schon am Abend zuvor wurden wir auch zum Frühstück am 17. Dezember 2010 bekocht. Ein Luxus, den ich mir nach dem Stress am Denali gönnte. Bei Pancakes mit Schinkenstreifen und Ahornsirup genossen wir die faszinierende, unwirklich anmutende Landschaft um uns herum. Dann hieß es, unsere Sachen zu packen und auf den Schlitten zu verladen.

Um halb drei am Nachmittag starteten wir in das 500 Meter höher gelegene Lowcamp. Da es in der Antarktis nicht dunkel wird, konnten wir lange ausschlafen und spät starten. Ähnlich wie im Denali-National-Park gelten auch auf der Route zum Mount Vinson strenge Regeln. Nur an vorbestimmten Stellen ist es erlaubt, auszutreten. Für größere Geschäfte bekam jeder von uns im Basislager eine eigene Box. Wir waren angehalten worden, auf unserem Weg keinerlei Müll zu hinterlassen. Eine Selbstverständlichkeit, wie ich fand.

Wir erreichten das Lowcamp abends gegen halb neun und bauten die Zelte auf. Sie mussten von einer Schutzwand aus Eisquadern umgeben sein, um bei Schneestürmen nicht verweht zu werden – auch das kannte ich vom Denali. Auch wir mussten eine solche Schutzwand für unser Zelt bauen. Quader aus dem Eis sägen, aufschichten – es war anstrengend. Michael bereitete uns unterdessen das Dinner zu. Zur Küche, die in das Eis gehauen war, gehörte hier wie an anderen Stellen ein Depot an Lebensmitteln, das von Michael und seinen Kollegen regelmäßig aufgefüllt wurde. Wir stärkten uns mit gebratenem Thunfisch, Bohnen und Pasta mit Käse. Meine Kopfschmerzen hielten sich in Grenzen.

Nach einem Ruhetag folgte am 19. Dezember die nächste, ungleich schwerere Etappe: Der Aufstieg zum Highcamp in 3600 Meter Höhe. Der Weg war steil. Streckenweise betrug die Steigung 45 Grad. Mühsam arbeiteten wir uns Schritt für Schritt über ein Fixseil vorwärts. Nach sieben Stunden hatten wir es geschafft – und erlebten ein beeindruckendes Naturschauspiel: Ein gewaltiger Sturm setzte ein. Wieder erlebte ich ein Whiteout, dieses Mal gepaart mit grausiger Kälte von weit unter 20 Grad minus.

Wir bauten unsere Zelte auf und versuchten sie, so gut es ging, zu schützen. Eine wahre Sisyphus-Arbeit. Nach nur wenigen Stunden waren unsere Sachen, die wir im Vorzelt aufbewahrten, von einer Schneeschicht überzogen. Um nicht vollständig zugeweht zu werden, mussten wir unser Zelt regelmäßig freischaufeln – bei klirrender Kälte.

Zeitgleich mit uns befand sich eine russische Expedition im Highcamp. Dort wurde dieselbe Frage wie bei uns diskutiert: »Absteigen oder nicht?«

Michael entschied: »Wir bleiben hier oben.«

Also harrten wir aus. Zwei, drei Tage und Nächte vergingen, ohne dass der Sturm abflaute. Besserung war nicht in Sicht. Das Thermometer zeigte 25 Grad minus an. Bei Windgeschwindigkeiten von über sechzig Kilometern pro Stunde lag die gefühlte Temperatur damit bei unter 40 Grad minus. Doch waren es nicht nur die eisigen Winde, die meine Lage zunächst etwas ungemütlich machten, ich hatte auch andere Erwartungen und Vorstellungen für meinen »Weihnachtsurlaub« mit einer nicht unattraktiven Amerikanerin, die sich im Leben sicherlich auskannte, mit ähnlichen Ambitionen unterwegs war und mit der ich letztendlich schicksalhaft für Tage und Nächte auf engstem Raum zusammenlebte. Das soll nicht heißen, dass es mir um das Abenteuer beim Abenteuer gegangen wäre, nein, was ich mir gewünscht hätte, bei so viel Zeit, die wir miteinander verbrachten, wäre eine intensive, tiefgreifende Kommunikation über die Probleme, aber auch schönen Seiten des Lebens, die uns bewegten. Ich hätte genügend Gesprächsstoff gehabt. Aber es kam nicht dazu. Ich denke, es lag nicht an der fremden Sprache oder den unterschiedlichen Welten, aus denen wir kamen. Nordamerikaner und Deutsche haben durchaus ähnliche Mentalitäten. Nein, es war etwas anderes. Vielleicht das Nichtpreisgebenwollen von ganz persönlichen Dingen? Vielleicht sogar von Schwächen, in der rauen Welt der *Seven-Summits*-Möchtegernbergsteiger? Vielleicht war es aber auch nur der erste intensive Schritt, der fehlte.

Egal, ich nutzte die Zeit, um meinen eigenen Gedanken nachzugehen – und das gelang mir von Tag zu Tag (oder von Nacht zu Nacht) immer besser. Ich hatte so viel Zeit! Wenn man gezwungen ist, Tage und Nächte in einem Zelt zu verbringen, und wenn der Schlafsack der einzige angenehme Ort in einer ansonsten zwar wunderschön anzusehenden, aber ganz und gar unwirtlichen, extrem kalten und von Naturgewalten geschüttelten Umgebung ist, wenn man diesen Ort als Wohltat empfindet, weil keinerlei Reizüberflutung herrscht und statt Beschleunigung eher Entschleunigung stattfindet, gerät man wie von selbst auch als Ungeübter in eine Meditation. »Sich still in der Gegenwart Gottes aufhalten, heißt schon beten«, schrieb Frère Roger Schutz, der Gründer der geistlichen Gemeinschaft in Taizé.

Man bekommt ein Gespür für den Sinn des Daseins und dadurch für den Wert der Schöpfung. Die Konzentration führt einen »zur Besinnung, zur Selbstfindung und über das eigene Innere zur Wendung auf das je Größere hin« – so formuliert es die Theologin Carolin Neuber in dem Aufsatz, den ich bereits im Vorwort zitierte, und weiter: »In der Ruhe der Umgebung und der Sammlung des Gehens kann ein Bergsteiger, ohne dass er es selbst recht merkt, zum *contemplativus in actione* werden, dem in Aktivität verinnerlichten Menschen, wie ihn die Spiritualität des Ignatius von Loyola postuliert.«[3]

Ja, genau das habe ich wirklich gefühlt. Der Geist wird freier, je ursprünglicher die Natur ist, die uns umgibt, und je näher wir an ihr dran sind. Dies zu erfahren, tat gut.

Vier Tage. Fünf Tage. Immer noch Sturm.

»Wir sollten das Zelt mal wieder freischaufeln«, erinnerte ich Megan.

---

[3] Carolin Neuber: »Gottesberge und Bergsteiger. Berge als Orte spiritueller Erfahrung«, in: *Geist und Leben* 81/5 (2008) Seite 321–335.

»Geh schon mal vor«, gab sie zurück. »Ich löse dich ab.«
Ich kroch aus Schlafsack und Zelt, schaufelte Schnee und fror so hundserbärmlich wie noch nie in meinem Leben.
Dann war es Heiligabend und ich schrieb in mein Notizbuch:

24.12.2010, Freitag: Highcamp Mt. Vinson, 3600 m
Ich wollte Abenteuer und ich habe es satt bekommen!!
Es ist 5.30 Uhr. Ich erwache und fühle mich wie in der engen Röhre eines MRT (bei einer Kopfaufnahme, also bis zum Anschlag drin!). Das gesamte Zelt auf meiner Seite ist eingeschneit, es herrscht ein riesiger Druck auf der seitlichen Zeltwand. Ungeheure Schneemassen mit einem dünnen Häutchen Zelt dazwischen liegen direkt auf meinem Kopf. Ich muss tierisch pinkeln, aber die Pee-Bottle ist voll, sch...
Also raus, irrer Sturm (circa 60 Kilometer pro Stunde, bei minus 20 Grad, mit Windchill-Berechnung: eine gefühlte Temperatur von minus 50,2 Grad!)
Das Pinkeln bereitet schon Stress, dann jedoch gleich Schnee schaufeln. Durch die Anstrengung beschlägt sofort meine Skibrille, vereist dann und ich sehe nichts mehr – Scheiß-Equipment. Vorher hab ich versucht, eine Schneeschaufel aus dem Küchenzelt zu holen, weiß aber nicht, wo es lang geht, da komplettes Whiteout herrscht! Habe mich auf allen Vieren zum Küchenzelt getastet, Schaufel geschnappt, bin zurückgekrochen und habe blind geschaufelt, bin dann aber zu dicht an das Außenzelt gekommen und habe das Überzelt eingeschlitzt. Bekomme einen Anschiss vom Bergführer: »No go! Don't do that again!«
Inzwischen hilft aber Micha mit und Megan tut, was sie kann. Es ist ein absoluter Stress, blind zu schaufeln, noch dazu bei der eisigen Kälte und den Windgeschwindigkeiten! Alles wird nass. Endlich ist Pause!
Alle Klamotten sind feucht. Der Bergführer entscheidet: Umzug mit allen Sachen in ein anderes Zelt (eines der russischen Expedition, die vor dem Sturm abgestiegen sind). Vorher muss jedoch das kaputte Zelt komplett freigeschaufelt und abgebaut werden.
Jetzt Umzug mit allen Klamotten (Schlafsack, Rucksack, Isomatte, das ganze Equipment), möglichst in Sekundenschnelle. Ich haue alles zusammen und laufe fast blind zum nächsten Zelt. Megan hat schon alles drin. (Na super: Erst nicht richtig mitmachen, dann aber schnell rüber ins neue Zelt.) Ich klatsche alles rein, kann den Reißverschluss kaum öffnen, verliere einen Handschuh und glaube, meine Zehen sind abgestorben!

Ich fühle meine Zehen nicht mehr. Null Gefühl! Da hilft nur noch: Beten! Ich gehe jetzt mit durchnässten Klamotten ins Zelt, Isomatte aufblasen, Schlafsack ausrollen und Zehen wärmen. Megan nimmt meine Fußspitzen unter ihre Achseln, feiner Zug, Danke! Aber immer noch kein Gefühl, sie fassen sich an wie ein Stück Holz, Eisen oder Eis? Der eigene Körper wird zum Fremdkörper, grausam. Doch langsam tauen sie auf, bis auf die Spitzen, die bleiben taub.

ICH GLAUB, ICH BRAUCH DAS NICHT AUF DAUER! Und es ist Heiligabend, der 24.12.2010, 16.00 Uhr Ortszeit, Bescherungszeit zu Hause. Langsam wird mir warm. Ich denke: Jetzt ist ein super Zeitpunkt für meine kleine persönliche Bescherung. Habe nur Brittas Geschenk mit ins Highcamp genommen und freu mich doll, es auszupacken! Es sind kleine handgeschriebene Zettel: Ich lese erst zwei, hebe mir die anderen für später auf – und bin glücklich! Dann liege ich im Schlafsack und höre eine halbe Stunde Weihnachtslieder, mit dem letzten »Saft« meines iPods – herrlich!

Ich denke an zu Hause, hoffe, Ihr habt einen entspannten, guten Heiligen Abend und wünsche mir, dass dieser Sturm bald ein Ende hat und am 26.12. endlich der »Summit Day« ist. Merry Christmas!

Tagelang stürmte es im Highcamp des Mount Vinson, bei Außentemperaturen von etwa minus 30° Celsius, Heiligabend 2010.

Am 26. Dezember 2010 standen wir auf dem Gipfel des Mount Vinson (4892 Meter): Megan, Gregor und Michael.

Wie in Amerika üblich, feierten wir erst am 25. Dezember Weihnachten, am sechsten Sturm-Tag. Michael überreichte uns Präsente: Toilettenpapier für Megan, ein zweites Paar Handschuhe für mich.

Das größte Geschenk aber kam von anderer Seite: Am Morgen des 26. Dezember, nach sieben Nächten und sechs Tagen, legte sich der Sturm, wie ich es mir gewünscht hatte. Der Aufstieg auf den Gipfel konnte endlich beginnen. Nach sechs Stunden über Eis, Schnee und einen schmalen Grat erreichten wir die Spitze des Mount Vinson um drei Uhr nachmittags. Beim Blick über die eisig-karge, unwirtliche Landschaft kam mir ein Ausspruch des Extrembergsteigers Hans Kammerlander in den Sinn: »Der Gipfel gehört erst dir, wenn du wieder unten bist. So lange gehörst du ihm.« Besonders als Amateur sollte man diese Weisheit selbst beim schönsten Gipfelglück nicht vergessen.

In zwei Etappen kehrten wir ins Basislager zurück, wo wir von Anatoli aus Russland mit freiem Oberkörper begrüßt wurden.

Anatoli aus Russland (Mitte) begrüßte uns am 27. Dezember mit freiem Oberkörper im Basislager. Was er konnte, konnten Michael und ich auch.

Er erzählte uns, dass er Weltmeister im Gewichtestemmen auf Gipfeln sei. Auf die Frage, ob er denn die Gewichte auch auf alle Berggipfel selbst hochtrage, lächelte er nur und zeigte seine Muckis. Ich sagte mir, was der kann, können wir auch – und zog meine Sachen aus. Auch Michael machte mit, nur Megan wollte nicht …

Erst nach diesem Spaß zückte ich das Geschenk, das mir Simon mit auf den Weg gegeben hatte: eine Zigarre.

»Lass uns auf unseren gemeinsamen Erfolg eine Zigarre rauchen«, lud ich Megan ein.

»I don't smoke«, sagte sie, setzte sich aber neben mich und nahm einen kräftigen Zug fürs Abschlussfoto.

Zurück in Punta Arenas, verbrachte ich den Silvesterabend in einem Hotel am Meer. Eigentlich wollte ich mich mit Megan zur »Big Party« am Abend treffen, aber irgendwie sind wir wiedermal aneinander vorbei gelaufen. Das laute Dröhnen der Signalhörner der Schiffe, die im rauen Pazifik direkt vor dem Hotel vor Anker lagen, wird mir ewig im Ohr bleiben.

Nach durchzechter Nacht fuhr ich am Neujahrsmorgen zum Flughafen, zum Treffen mit meinem Freund Alberto und zur Vorbereitung der nächsten Herausforderung auf meinem Pilgerweg zu den *Seven Summits*.

Die Abschiedszigarre mit Megan

Andenluft

Trotz aller intensiven Vorbereitung und obwohl ich eine erfolgreiche Expedition »im Gepäck« hatte: Für den Aconcagua musste ich mich erst noch akklimatisieren. Als Zweithöchster der *Seven Summits* mit knapp 7000 Meter Höhe überragt er den Mount Vinson um über zweitausend Meter. Um gerüstet zu sein, musste ich mich behutsam an die Höhe herantasten – bei unseren Planungen hatten Alberto und ich das berücksichtigt.

Von Punta Arenas aus flog ich über Santiago de Chile nach Quito. Die Hauptstadt Ecuadors liegt in 2850 Meter Höhe in einem Andenbecken und bietet optimale Voraussetzungen dafür, sich an die Höhenluft zu gewöhnen. Darauf hatte uns Tilman gebracht, der schon zu Studentenzeiten durch die Welt gezogen war. Am Neujahrstag des Jahres 2011 traf ich mich mit Alberto. Den 2. Januar nutzten wir, um die historische Altstadt von Quito zu erkunden, ehe wir uns am Folgetag daran machten, den Hua Gua Pichincha zu besteigen, den 4790 Meter hohen westlichen Gipfel eines Vulkans, der als Hausberg Quitos gilt. Statt durch Eis und Schnee stapfte ich nun durch subtropischen Regen und über aufgeweichte Pfade.

Zwei Tage später stand der Cotopaxi auf dem Programm, den Tilman schon als Student bestiegen hatte, fünfzig Kilometer südöstlich von Quito. Mit 5897 Metern annähernd so hoch wie der Mount Kibo im Kilimandscharo-Massiv, zählt er zu den höchsten noch aktiven Vulkanen der Erde – und übt eine große Anziehungskraft auf Bergsteiger aus allen Kontinenten der Welt aus.

Wir hatten einen Führer engagiert, Marcial. Im Jeep steuerten wir den Cotopaxi-Nationalpark an. Über eine Zwischenstation, von der aus wir den wolkenverhangenen Gipfel nur erahnen konnten, gelangten wir zu einem Parkplatz in 4000 Meter Höhe. Mit Gepäck für eine Nacht stiegen wir bei Hagel, Schnee und Regen zum *Refugio Josef Ribas* auf. Dort ruhten wir uns für einige Stunden aus, ehe wir um Mitternacht eine kleine Stärkung vom Hüttenwirt bekamen. Tagsüber den Cotopaxi zu erklimmen, wäre zu beschwerlich, weil der Schnee dann von der Sonne aufweicht und man bei jedem Schritt darin zu versinken droht. Darum machten wir uns um ein Uhr nachts auf den Weg und marschierten im Dunkeln mit Stirnlampen durch die imposante Gletscherlandschaft – ohne unseren gut gelaunten Führer Marcial wären wir auf verlorenem Posten gewesen. Um 7.35 Uhr kamen wir ziemlich ausgepowert auf dem Gipfel an – ein leuchtender Sommermorgen begrüßte uns. Als Lohn für unsere Mühen berauschten wir uns an der Landschaft ringsum. Besonders spektakulär war der Blick in den direkt unter unseren Füßen liegenden trichterförmigen Krater des Cotopaxi.

Nach dem Abstieg fuhren wir noch am selben Morgen Richtung Süden, nach Baños de Agua Santa, und lagen am Nachmittag bereits in einer der dort entspringenden schwefelhaltigen Quellen. In der Nacht auf knapp 6000 Metern, nachmittags Erholung im Thermalbad auf 1820 Metern: Das ist die perfekte Akklimatisation!

Dann noch eine Stippvisite in den ecuadorianischen Urwald, ein Ruhetag, bevor wir am 8. Januar zu unserer letzten Akklimatisations-Tour aufbrachen – dem Chimborazo. Auf dem Weg dorthin statteten wir Marcials

Mutter einen kurzen Besuch ab. Während sie uns vergnügt ihre Meerschweinchen-Zucht präsentierte, machte Alberto einen zunehmend gequälten Eindruck: Eine Grippe machte ihm zu schaffen. Er versuchte, dagegen anzukämpfen, und trat tapfer den beschwerlichen Aufstieg vom 5000 Meter hoch gelegenen *Refugio Edward Whymper* bis auf den 6310 Meter hohen Gipfel an. Bei 5500 Metern aber signalisierte er: »Ich kann nicht mehr. Ich muss umkehren. Ich brauche meine Kraft noch als Bergführer am Aconcagua.«

Er konnte unmöglich alleine gehen, daher war es selbstverständlich, dass Marcial ihn begleiten würde. Alberto sah wirklich elend aus. Einem Österreicher in einer Seilschaft unmittelbar hinter uns erging es nicht viel besser: Auch er musste abbrechen. Sein Malheur war mein Glück: Ich durfte mich an seiner Stelle in die österreichische Seilschaft einklinken und die Tour an der Seite zweier Österreicher namens Peter und Hans erfolgreich zu Ende bringen.

Für den Aconcagua hatten wir also erst gar nicht nach einem Bergführer gesucht. Wir vertrauten auf Albertos Erfahrungen und die Kenntnisse, die er auf seiner ersten Expedition mit Karl Huber gesammelt hatte. Glücklicherweise besserte sich sein Zustand bald wieder, sodass wir an unserem Plan festhalten konnten und nach einer Anreise über Mendoza und Penitentes am 12. Januar 2011 mit dem Aufstieg auf den Aconcagua begannen.

Mit Alberto und Marcial in 5897 Höhe auf dem Gipfel des Cotopaxi, 5. Januar 2011, 7.35 Uhr.

Blick vom Gipfel in den Krater eines der höchsten aktiven Vulkane der Erde

Im benachbarten Chile über Jahrhunderte als »El Vulcano« bezeichnet, ist der Aconcagua überhaupt kein Vulkan – auch wenn er wegen der seinen Gipfel umwehenden Wolkenfahnen in früheren Zeiten dafür gehalten wurde. Die Bedeutung des Namens »Aconcagua« ist nicht gesichert, doch wird vermutet, dass er auf eine Bezeichnung aus dem Mapudungun, einer indigenen Sprache, zurückgeht, nämlich »Aconca-Hue«, übersetzt: »steinerner Wächter«. Nach ersten Erkundungen zu Beginn des 19. Jahrhunderts erreichte der Schweizer Matthias Zurbriggen am 14. Januar 1897 als Erster den Gipfel.

Genau 114 Jahre später, am 14. Januar 2011, sollten Alberto und ich erstmals ins Hochlager *Nido de Condores* gelangen, zu Deutsch: Nest des Kondors. Zwei Tage zuvor waren wir vom Horcones-Tal zum Zwischenlager im Confluenca-Tal aufgebrochen – und hatten uns durch endloses Geröll vorwärts gekämpft, mit freundlicher Unterstützung einiger Mulis und deren Treibern, die alle zwei Tage Gepäck vom Horcones-Tal zum Basislager und wieder zurück transportierten. Am 13. Januar waren wir zum Basislager *Placa de Mulas* (4300 Meter) vorgestoßen und hatten dort einen Gesundheitscheck bestanden. Puls, Blutdruck – alles okay, keine Probleme.

Einen eigentlich für den 14. Januar geplanten Ruhetag hatten wir ausfallen lassen. Über eine österreichische Gruppe von Bergsteigern, die mit dem »Wetterguru« Karl Gabl in Verbindung stand, hatten wir erfahren, dass die Wetterprognose für den 14. Januar ausgesprochen günstig war. Da wir unbedingt unsere Ausrüstungsgegenstände, die wir für den Aufstieg auf den Gipfel benötigen würden, schon ins Hochlager schaffen wollten, nutzten wir das gute Wetter. Zelt, Isomatte, Kocher, Gaskartuschen und Proviant für drei bis vier Tage schleppten wir auf 5657 Meter Höhe (laut meiner GPS-Uhr) und kehrten anschließend ins *Placa de Mulas* zurück. Nicht zu schnell nach oben zu gehen – diese Lektion hatte ich inzwischen gründlich gelernt. Was aber ebenso wichtig ist: Man sollte sich nicht länger als nötig in Höhen von über 5300 Metern aufhalten.

Nun ruhten wir uns aus und warteten auf den günstigsten Moment. Albertos Blutdruck stieg, darum musste er an allen drei Ruhetagen zum Medizincheck. Am dritten Tag gab der Doktor grünes Licht: »Be careful and try it!«

Auf dem Weg zum Basislager Placa de Mulas (4300 Meter) tragen die Mulis unser Gepäck, 13. Januar 2011.

Blick über das Hochlager Nido de Condores in der Abendsonne (etwa 5500 Meter), 18. Januar 2011.

Auch für den Gipfelsturm bauten wir auf die Wetterprognosen von Karl Gabl, vermittelt über die österreichische Gruppe von Bergsteigern, die mit uns im Basislager weilte. Von Profession Meteorologe und zugleich passionierter Bergsteiger, versorgte Gabl als Leiter der Innsbrucker Zentralanstalt für Meteorologie und Geodynamik seit 1978 Höhen-Expeditionen in aller Welt mit Vorhersagen, deren Zuverlässigkeit ihn unter Alpinisten zu einer Berühmtheit werden ließ. Zudem war er für die Wetterberichte des ORF-Landesstudios in Tirol verantwortlich. Ende 2011 sollte er in dieser Funktion in den Ruhestand gehen. Bergsteiger konnten glücklicherweise auch noch danach auf seine Dienste zurückgreifen.

Für den Zeitraum vom 18. bis zum 20. Januar sagte Karl Gabl günstige Witterungsbedingungen für den Aufstieg auf den Aconcagua voraus – und sollte damit einmal mehr goldrichtig liegen.

Als wir am 18. Januar zum zweiten Mal *Nido de Condores* erreichten, gruben wir die vier Tage zuvor vergrabene Ausrüstung wieder aus und richteten unser Zelt für eine Übernachtung her. Wieder war ich als Koch gefragt, in über 5000 Metern Höhe, dieses Mal aber sehr gut vorbereitet. Das einzige Problem war die Schneeknappheit. Wir mussten bei eisiger Kälte lange Wege gehen, um etwas sauberen Schnee zum Schmelzen zu finden. Wir blieben am 19. Januar im *Nido*, um am 20. Januar um 4.40 Uhr ausgeruht das letzte, anstrengende Teilstück anzugehen. Trotz der guten Akklimatisation machte uns die Höhe schwer zu schaffen – die Luft war dünn. Doch für die Strapazen, die wir auf uns nahmen, wurden wir mit einem spektakulären Panorama belohnt. Die aufgehende Sonne projizierte den Schatten des Aconcagua weit, weit nach Westen, bis an den Horizont. Das monumentale Dreieck, das sich über die Landschaft legte, führte uns in aller Deutlichkeit vor Augen, welch mächtiger Berg der Aconcagua ist: Er ist der höchste Berg außerhalb Asiens. Der nächstgelegene *höhere* Gipfel liegt 16.536 Kilometer entfernt – der Tirich Mir im Hindukusch. Wir strebten einer wahrhaft einsamen Erhebung zu.

Wir erreichten die berüchtigte Traverse, an der die meisten Bergsteiger umkehren: Ein schmaler vereister Steig in einem windgepeitschten Kanal, auf dem man nicht ins Stolpern oder Rutschen kommen sollte – hier geht es mehr als 2000 Meter ungebremst abwärts. Die Traverse schien kein Ende zu nehmen. Wir legten ein paar kürzere Pausen ein. Gesprochen wurde kaum, das kostete zu viel Luft. Endlich sahen wir den Einstieg in die sogenannte »Canaletta«, eine Schuttrinne mit 35 Grad Neigung – durch sie führt die Normalroute. Die Durchsteigung der Canaletta raubte uns fast die letzten Kräfte. Ein heftiger, kalter Wind tat das Übrige. Doch nun wussten wir, dass der Gipfel nicht mehr weit sein konnte. Am Grat zwischen Nord- und Südgipfel ergab sich ein großartiger Tiefblick in die Südwand des Aconcagua. Am Ende der Canaletta schließlich mussten noch einige wenige Felsstufen überwunden werden: Wir mobilisierten unsere letzten Körner, dann gingen die Freunde zusammen die letzten Meter auf den höchsten Berg Amerikas: Geschafft! Fünf von sieben, dachte ich, und wir fielen uns in die Arme. Es war früher Nachmittag, 14.19 Uhr.

Fast zehn Stunden beschwerlicher Aufstieg lagen hinter uns. Eine halbe Stunde lang genossen wir es, oben zu sein. Beim Abstieg aber bewahrheitete sich um ein Haar Hans Kammerlanders Satz: »Der Gipfel gehört erst dir, wenn du unten bist.«

Ich ging voraus und lief irgendwann wie in Trance, in gleichmäßigem Rhythmus, in Gedanken noch immer auf dem Gipfel. Ich folgte den Spuren im Schnee und passierte das Hochlager »Berlin«, wo sich die Spuren vervielfältigten. Unbewusst folgte ich der ausgetretensten Spur. Wie weit Alberto hinter mir war, merkte ich nicht. Ich verließ das Hochlager wieder und achtete auch nicht weiter auf meinen Weg, als die Spuren aufhörten.

Ich dachte wohl – ohne mir dessen bewusst zu sein – dass das Camp schon als Wegmarke genügte. Es musste einfach der richtige Weg sein. Jedoch weit gefehlt: Ich hätte im Camp nach links gehen müssen.

Am 20. Januar 2011 um 14.19 Uhr standen Alberto und ich auf dem Gipfel des Cerro Aconcagua, 6962 Meter über dem südamerikanischen Kontinent. Damit hatte ich fünf der Seven Summits geschafft.

Plötzlich ging es steil bergab. Mit jedem Meter verlor ich stark an Höhe. Meine Kopfschmerzen ließen nach, ich kam wieder zu Kräften – doch das Gefälle nahm weiter zu, es wurde immer steiler!

Ich rutschte aus und stürzte in die Tiefe. Auf dem abschüssigen Hang aus Geröll verlor ich den Halt. Gerade konnte ich mich noch auf den Bauch drehen und verhindern, dass ich mehr Geschwindigkeit aufnahm. Krampfhaft klammerte ich mich an einige wenige lockere Steine – und blickte in einen tiefen Abgrund.

Mir wurde klar, dass es richtig gefährlich, ja lebensgefährlich wurde. Ich bekam – wie zuverlässig in solchen Situationen – eine unglaubliche Fokussierung. Zuerst brauchte ich einen sicheren Stand! Zu meinem Pech hatte ich noch die Steigeisen an, die auf Geröll noch schlechter als Bergstiefel halten.

20.01.11, 7.00 Uhr – Seltenes Foto: nur bei gutem Wetter möglich: die aufgehende Sonne wirft den Schatten des Gipfels des Aconcagua auf den Horizont der Pazifikseite

Sollte ich sie abschnallen? Nein, unmöglich. Jede kleine Manipulation oder Bewegung konnte mich in die Tiefe reißen. Ich schaute mich um, weiterhin so fest es ging an den lockeren Fels geklammert, und sah: einzelne Schneefelder. Das nächste lag etwa 50 Meter entfernt. Wenn ich die erreiche, dachte ich, haben meine Steigeisen wieder Halt. Und jetzt nicht länger warten, handeln!

Wie beim Freeclimbing löste ich langsam und vorsichtig meinen Griff am Fels und ging erst auf die Knie, dann mit dem ganzen Körper auf den Boden, um so viel Haftung wie möglich zu erreichen. Ab diesem Zeitpunkt schaute ich auch nicht mehr nach unten. In gefährlichen Situationen, das hatte ich mir angewöhnt, schaue ich immer nur nach oben, um Panikgefühle zu vermeiden. Nun also robbte ich auf allen Vieren über das Geröll in Richtung Schneefeld, Zentimeter für Zentimeter. Ich ließ mir Zeit, legte bewusst kurze Pausen ein, prüfte den Untergrund immer so gut es ging, bevor ich meine Position am Steilhang änderte. Ich kämpfte mit dem lockeren Fels.

Nach einer gefühlten Ewigkeit war das Schneefeld zum Greifen nahe. Zuerst griff ich mit den Händen in den Schnee, dann setzte ich ein Knie darauf, bis ich schließlich den Fuß im Schnee hatte. Die Steigeisen krallten sich sofort hinein, ich hatte wieder Halt, nun auch mit dem zweiten Fuß: Geschafft! Das Gefühl, das mich durchströmte, war noch stärker als auf dem Gipfel.

Nun erst war die allerschlimmste Gefahr gebannt, ich konnte mich in Ruhe umsehen und den nächsten Schritt planen und bemerkte erst jetzt, dass ich am Handgelenk blutete und meine GPS-Uhr fehlte. Was passierte beim Sturz? Ich erinnerte mich allmählich: Als ich auf den steilen Geröllmassen ausrutschte und stürzte, hatte ich versucht, mich irgendwie abzufangen. Dabei schleifte mein Arm über die Steine, das Armband riss und in einer Schrecksekunde griff ich ganz unbewusst nach der heruntergefallenen Uhr. Hatte ich sie nicht eingesteckt?

Auf dem Schneefeld durchsuchte ich jetzt alle Taschen und fand die Uhr tatsächlich: mit halbem Armband in einer Außentasche meiner Jacke: Gott sei Dank! Ich sprach ein Stoßgebet zum Himmel, den Psalm, den mir Britta mitgegeben hatte. Ich konnte ihn auswendig: »Ich hebe meine Augen auf zu den Bergen. Woher kommt mir Hilfe? Meine Hilfe kommt vom Herrn, der Himmel und Erde gemacht hat.«

Nach einer Weile schaute ich mich um und blickte in ein völlig fremdes Tal. Am gegenüberliegenden Steilhang entdeckte ich ein Gebäude, an das ich mich beim besten Willen nicht erinnern konnte. Mindestens drei Mal drehte ich mich um meine eigene Achse, konnte mich aber partout nicht entscheiden, in welche Richtung es gehen sollte.

Ich war schon recht weit in die Tiefe gerutscht. Zurückzusteigen wäre viel zu gefährlich gewesen, deshalb schloss ich es aus. Wohin sollte ich mich wenden? Ich schickte ein weiteres Stoßgebet zum Himmel – die Uhr möge noch intakt sein, die Batterie noch voll genug für das GPS – und drückte den ON-Knopf. Die Uhr loggte sich ein. Aufatmen. Und ein Glück, dass ich mich beim Joggen schon des Öfteren verlaufen hatte und die Funktion »Zurück zum Ziel« kannte! Ich rief sie auf und bekam eine Himmelsrichtung angezeigt. In dieser groben Richtung musste ich mir also einen sicheren Weg suchen. Ich hangelte mich von Schneefeld zu Schneefeld, robbte flach am Hang entlang, immer weiter in die angezeigte Richtung. Einige endlose Stunden später erkannte ich die ersten markanten Punkte wieder. Und weit in der Ferne, tief unten: das Hochlager.

Als ich im *Nido de Condores* ankam, wartete Alberto verzweifelt: »Ich habe dich gerufen, aber du warst zu weit vorne und hast mich nicht gehört. Und plötzlich warst du weg.«

Wieder eine Erfahrung mehr: Auch wenn die größte Anstrengung schon hinter einem liegt, sollte man sich nicht zu weit voneinander entfernen. Der kleinste Fehler und jede Nachlässigkeit kann im Hochgebirge tödlich sein. Ich hatte noch einmal Glück und ein ganzes Bataillon Schutzengel!

So rasch es ging, packten Alberto und ich unsere Sachen, die wir am Morgen zurückgelassen hatten, und brachen zum Basislager auf. Als wir dort abends um halb zehn, bereits im Dunkeln, eintrafen, atmete ich auf. Erneut dachte ich an Kammerlanders Worte: Jetzt erst, dachte ich, konnte ich behaupten, den Aconcagua bezwungen zu haben. Fünf von sieben waren geschafft!

Neue Einsichten

Den Inka galt der Aconcagua als ein heiliger Berg. Das bezeugen Kult- und Opferstätten, die 1985 in 5167 Meter Höhe entdeckt wurden. Ähnlich verhält es sich mit dem Kilimandscharo: Die Chagga, ein rund um das Massiv beheimatetes Bantu-Volk, verehren ihn noch heute als »Haus Gottes«. Um den Elbrus schließlich ranken sich etliche Legenden und Mythen. An einem seiner Felsen legten die Götter Prometheus in Ketten, nachdem er das Feuer geraubt und den Menschen gebracht hatte. Noah, so heißt es, sei mit seiner Arche zunächst auf dem Gipfel des Elbrus gestrandet, ehe er mit all seinem Getier am Ararat endgültig festen Boden unter die Füße bekam. Auch Perser, Araber und andere Völker maßen dem Elbrus religiöse Bedeutung zu.

Einsam und erhaben, schroff aufragend bis hinauf in die Wolken – besonders die hohen und höchsten Berge flößten vorzeiten den Völkern, die in ihrem Bannkreis lebten, ein Gefühl der Demut ein. Ihre Gipfel schienen unerreichbar. Sie besteigen zu wollen, war oftmals sogar tabu. Als sich seit Ende des 18. Jahrhunderts mehr und mehr Bergsteiger anschickten, in schwindelerregende Höhen vorzustoßen, spiegelte sich darin ein grundlegender Wandel im Verhältnis zwischen Mensch und Natur. Dennoch behielten viele Berge ihren »magischen Zauber«, wenn auch unter anderen Vorzeichen. Wer auf einem Höhengrat läuft oder auf einem Gipfel steht, ist, wenigstens für ein paar Stunden, herausgehoben aus dem Alltag – und dem Himmel ein Stück näher.

Auf meiner langen Reise entdeckte ich für mich neue Dimensionen der Religiosität. Nicht immer war das greifbar. Manchmal, wenn der Brenner streikte oder ein Reißverschluss klemmte, haderte ich mit der verflixten Technik – ohne die andererseits nichts geht. Stürme, grimmiger Frost und schwierige, gefährliche Passagen verlangten mir oft alles ab. Ganz zu schweigen von plötzlicher Übelkeit oder meinen notorischen Kopfschmerzen. Doch dann gab es die anderen Momente, in denen alle Mühsal von mir abzufallen schien und ich mich, wie sonst kaum in meinem Leben, frei fühlte – frei, um über mich und alles, was mir wichtig war, nachzudenken: Ich hatte Zeit. Nicht ein paar Minuten oder eine Stunde wie beim Joggen, ja, vielleicht war das Erleben und Empfinden der Zeit hier oben überhaupt nicht in Stunden messbar: Es gab die Zeit des Wartens am Morgen, in der ich oft, ehe wir uns zum Aufbruch rüsteten, vor dem Zelt saß und, vielleicht bei einer Tasse Kaffee, die karge Hochgebirgslandschaft um mich herum betrachtete. Es gab die Nachtzeit, die meist schon am frühen Abend begann und in der ich oft, weil der Schlaf nicht kommen wollte, den Bildern des Tages nachhing – und bald doch schon in Träumen versunken war. Es gab die Ruhetage, »erfüllt« von einigen wenigen Verrichtungen wie Kochen, Essen – und ausgedehntem »Nichtstun«. Und schließlich gab es die Zeit auf dem Weg, in der wir langsam auf unserer Bahn vorwärts zogen, Schritt für Schritt.

Frei sein, Zeit haben. Still dasitzen, vielleicht ein paar Seiten lesen, den »Kindle« (Bücher sind viel zu schwer) wieder zur Seite legen und vor sich hin schauen. Gehen, vielleicht ein paar Worte wechseln und wieder verstummen. Mit sich allein sein, die eigenen Gedanken ordnen, zur Klarheit finden. Beten. Es waren auch und besonders diese Augenblicke, die ich am Berg suchte. Und es waren diese Erfahrungen, die mich meinen Weg zu den *Seven Summits* mehr und mehr als einen Pilgerweg erleben ließen. Dem Himmel näherkommen und damit zugleich mir selber: Was sonst wäre eine Pilgerreise?

Doch ist mit diesem dreizehnjährigen Pilgerweg noch etwas anderes verbunden, das mir verzweifelte Momente bereitete und mich traurig machte: Britta war ausgezogen, und wir entfernten uns mehr und mehr voneinander. Während ich die Berge für mich entdeckte, wandte sie sich mehr und mehr der esoterischen Welt des Yoga zu. Erst spät erkannte ich, in welche Richtung sie sich bewegte – und wie wenig ich ihr folgen konnte.

Um ihr Wissen zu vertiefen, hielt sich Britta eine Zeit lang in Indien auf und widmete sich intensiv dem Yoga. Ich versuchte zu verstehen, was sie bewegte, kam aber nicht dahinter. Zu den Büchern, die sie las, fand ich keinen Zugang. Vieles blieb mir fremd.

Nicht nur als Eheleute, auch in unserem Beruf lebten wir mehr und mehr in verschiedenen Welten. Die gemeinsame Basis, auf der unsere Ehe begründet war, bröckelte an vielen Ecken und Enden. Ich nahm die Sorge um uns mit in die Berge, um dort darüber nachzudenken. Für eineinhalb Jahre lebten wir an verschiedenen Orten, ohne uns endgültig getrennt zu haben. Konnte es noch ein Miteinander geben?

Es gab eigentlich nur uns. Doch wir drifteten auseinander, ohne es zu merken oder merken zu wollen.

Die Fragen blieben.

Glücklicherweise waren unsere Söhne Gabriel und Simon bereits auf einem guten Weg, als unsere Ehe ins Wanken geriet. Nach einem sehr guten Abitur hatte Gabriel sich für ein Medizinstudium entschieden.

»Komm mir bitte nicht mit Zahnklempnerei«, hatte er mir unmissverständlich zu verstehen gegeben, als wir uns über seine berufliche Zukunft unterhielten. »Ich mache richtige Medizin!«

Er erledigte sein Pensum souverän und wandte sich der Plastischen Chirurgie zu. Wir brauchten uns um ihn ebenso wenig Sorgen zu machen wie um Simon, der überaus ehrgeizig war. Zu meiner Freude fand er es nicht ganz so abwegig, in meine Fußstapfen zu treten, auch wenn er sich damit selbst einen Doppelstudiengang – Medizin und Zahnmedizin – aufbrummte.

Ich hatte zwischenzeitlich erwogen, meine Anteile an der Praxis zu verkaufen und mich, zu gegebener Zeit, zurückzuziehen. Den Rat, den mein Partner Thomas mir gegeben hatte, beherzigte ich mittlerweile – und fand Gefallen daran, weniger zu arbeiten. Warum nicht noch einen Schritt weiter gehen und gar nicht mehr arbeiten? An Beschäftigung würde es mir ebenso wenig fehlen wie an der wirtschaftlichen Basis. Doch Simons Entscheidung gab meinen Überlegungen eine andere Richtung: Wenn ich die Möglichkeit haben sollte, mein Lebenswerk zu vererben, würde ich sie auch nutzen. Ich würde in jedem Fall und egal, an wen, den »Laden« ordentlich übergeben.

Durch den Urwald

Begegnung mit den Dani

Der Weg über die höchsten Gipfel der sieben Kontinente setzt Bergsteiger ungeheuren Anforderungen aus. In der Antarktis und in Alaska, aber auch in den Hochlagen der Anden und des Himalaya muss der menschliche Körper Eis, Schneestürmen und grimmiger Kälte trotzen. Die »grüne Hölle« tropischer Regenwälder mit Feuchtigkeit und schwüler Hitze macht beim Anstieg auf den Kilimandscharo und die Carstensz-Pyramide zu schaffen. Vom Tal zum Basislager, vom Basislager zu den Höhenlagern und schließlich zum Gipfel wechseln Witterung und klimatische Bedingungen oftmals dramatisch. Ist der bloße Marsch hinauf durch steiles, unwegsames Gelände schon anstrengend genug, gilt es zudem, sich binnen weniger Stunden an komplett andere Verhältnisse anzupassen: Temperatur, Luftfeuchtigkeit, Sonneneinstrahlung – es ist eine Wanderung durch Extreme. Über allem: die Höhenluft, an der schon viele Bergsteiger scheiterten.

Nachdem ich vieles schon am eigenen Leib erfahren hatte, war auch meine professionelle Neugierde geweckt worden. Ich wollte mehr über die medizinischen Aspekte des hochalpinen Bergsteigens wissen. Die Gelegenheit dazu bot sich mir bei der Vorbereitung auf die beiden letzten Expeditionen: Carstensz-Pyramide und Mount Everest.

Im Oktober 2010, noch vor meiner Reise nach Südamerika und in die Antarktis, hatte ich mich erkundigt, an welchen Veranstalter ich mich für die Besteigung des Mount Everest wenden sollte. Meine Wahl fiel auf den Schweizer Kari Kobler, der seit zwanzig Jahren Touren in den Himalaya und den Karakorum anbot und allergrößte Reputation genoss. Mich überzeugte der hohe Standard, den das Unternehmen *Kobler & Partner* bot – und die Erfolgsquote. Trotz der vielen Unwägbarkeiten und der Abhängigkeit von äußeren Faktoren wie dem Wetter, erreichten die meisten der von Kari Kobler und seinem Team vorbereiteten und durchgeführten Expeditionen auf die Achttausender Zentralasiens ihr Ziel. Einer der Gründe für diesen Erfolg liegt darin, dass Kari Kobler diejenigen, die sich für eine Expedition anmelden möchten, genau unter die Lupe nimmt. Sind sie wirklich der Herausforderung gewachsen? *Kobler & Partner* hatte außer dem Everest auch eine Expedition zur Carstensz-Pyramide im Programm. Es bot sich also an, zunächst einmal in dieser Hinsicht bei den Bergexperten anzuklopfen.

Ende August 2011 fuhr ich nach Bern zum Vorbereitungstreffen für die Carstensz-Expedition. Der Zufall wollte es, dass Kari höchstpersönlich die Leitung übernahm. Zum einen wollte er von Teilnehmern der Vorjahre aufgelaufene Kritikpunkte überprüfen und abstellen, zum anderen hätte Kari mit der Besteigung der Carstensz-Pyramide auch seine *Seven Summits* vollendet. Grund genug also, sich die Lage vor Ort selbst anzuschauen.

Als sich die Gruppe traf, sollte jeder der Teilnehmer zuerst die eigene Motivation für diese »Reise« und dann seine Bergerfahrungen schildern. Bei der Aufzählung meiner bisherigen Aktivitäten lag Karis Frage nahe: »Dann willst du doch sicherlich auch den letzten Schritt gehen?« Ohne meine Antwort abzuwarten, setzte er hinzu: »Wir werden genug Zeit haben, um zu sehen, ob du für den Everest der Richtige bist.«

Mir war dieses »freundliche Angebot« recht. Das ersehnte Ziel rückte also näher – und ich konnte mir meinerseits auch ein Bild von Kari Kobler und seinem Unternehmen machen, ehe ich ihm endgültig mein Vertrauen schenkte und mich mit ihm auf das »Dach der Welt« begab.

Zum Vorbereitungsprogramm der beiden Touren gehörte nun auch ein Kurs in Höhenmedizin. Ich erhoffte mir nähere Auskünfte – und vielleicht sogar den einen oder anderen praktischen Tipp, wie ich Beschwerden vorbeugen oder lindern konnte. Die Veranstaltung, die in der Nähe von Adelboden in der Schweiz stattfand, wurde von namhaften Kollegen geleitet, die regelmäßig als Expeditionsärzte in den Hochgebirgen dieser Welt unterwegs waren. Ich lernte den Unterschied zwischen der Acute Mountain Sickness (AMS), mit der man ab 3000 Metern über Normalnull rechnen muss, dem Höhenlungenödem (HAPE) und dem Höhenhirnödem (HACE) kennen, erfuhr mehr über deren Prophylaxe und Therapie.

Ich hörte auch Vieles, das ich eigentlich schon wusste: Dass jeder höhenkrank werden kann, aber niemand daran sterben muss; dass jede Gesundheitsstörung, die in den Bergen auftritt, im Zweifelsfall höhenbedingt ist; dass jede ernste Krankheit als AMS angesehen wird, solange nicht eindeutig etwas anderes vorliegt; dass man nur symptomfrei höher steigen und bei Verschlimmerung der Symptome sofort 500 bis 1000 Meter absteigen soll; dass man nicht in Fallen laufen darf – zum Beispiel in Hochtäler, aus denen man nur über noch höhere Pässe wieder herauskommt – und dass man Höhenkranke nie allein lassen darf.

Besondere Aufmerksamkeit galt den Kopfschmerzen, die selbst bei guter Akklimatisation in extremen Höhen zum »Alltag« gehören. Sie werden durch den in der Höhe ansteigenden Hirndruck ausgelöst und sind erste Anzeichen eines Hirnödems.

Da diese Weiterbildung als Mischung von Theorie und Praxis angelegt war, wurden mit uns als Teilnehmern auch Ausdauer- und Belastungstests durchgeführt. Dass ich bei den physischen Leistungstests sehr gut abschnitt, stimmte mich froh. Aus der Gruppe war ich allerdings auch der Einzige, der in wenigen Monaten auf den Everest steigen wollte.

Mit dem leitenden Höhenmediziner kam ich ins kollegiale Gespräch, wodurch ich auch von den neuesten Entwicklungen in der Höhenmedizin erfuhr, zum Beispiel von Forschungen mit dem Wirkstoff *Sildenafil*, besser bekannt unter dem Handelsnamen *Viagra*. Die potenzsteigernde Wirkung dieses Präparats war zufällig im Rahmen der Entwicklung von Sildenafil als Mittel zur Behandlung von Bluthochdruck und Angina Pectoris entdeckt worden. Nun hatte man Versuche im Basislager des Mount Everest durchgeführt, bei gut akklimatisierten Probanden, die, in zwei Gruppen aufgeteilt, Belastungstests unterzogen wurden, jeweils mit und ohne Sildenafil. Ergebnis: 50 Milligramm *Viagra* pro Tag führten zu einer Drucksenkung im Lungenkreislauf und einer Leistungssteigerung um zehn Prozent, so die Schilderung des Kollegen. Er überreichte mir auch ein von ihm herausgegebenes Buch mit dem Titel »ABC für Höhenbergsteiger«, das mir ein wichtiger Reisebegleiter werden sollte, mein ärztliches Wissen über die Höhenmedizin vertiefte und die Reiseapotheke erweiterte.

In den vielen Jahren, in denen ich mich am Berg oder auf der Strecke großen Strapazen ausgesetzt hatte, hatte ich auch gelernt, auf meinen Körper zu hören. Ich hatte ein Gefühl dafür entwickelt, wann es an der Zeit war, einen Gang zurückzuschalten, wieder abzusteigen oder etwas zu mir zu nehmen, um den »Mann mit dem Hammer« fernzuhalten. Der Vorteil eines Arztes bei klarem Verstand (Achtung: Höhe!) besteht zusätzlich darin, sich in Notfallsituationen selbst therapieren oder Anweisungen zur Therapie geben zu können.

Der Kurs in Höhenmedizin war jedenfalls spannend und lehrreich. Dass ich jedoch bei meinen beiden letzten Expeditionen als Arzt gefordert war, hatte mit Höhenmedizin nichts zu tun.

Der Reihe nach: Am 10. Oktober 2011 waren wir von Berlin über Zürich zunächst nach Bali geflogen und von dort nach Timika in Westpapua, dem indonesisch besetzten Westteil von Neuguinea. Dort wurde die Expeditionsausrüstung gewogen, bevor es mit einer *Twin Otter* nach Su-gapa ging, einer Siedlung nordwestlich des Sudirman-Gebirges, zu dem auch die Carstensz-Pyramide gehört. Wir, das waren Kari Kobler, die beiden Bergführer Christian und Helmut aus Südtirol und elf Amateur-Bergsteiger: die Schweizer Fritz, Philipp, Hans und Kurt; Andreas (ein weiterer Südtiroler) und der Flame Johann; schließlich aus Deutschland: Philipp, Gert, Stefan, Robert und ich.

Erste Begegnungen mit den Dani, einem indigenen Volk auf Papua, und die tropische Landschaft, durch die wir uns bewegten, ließen mich schon bald ahnen, wie anders diese Expedition verlaufen würde.

Bereits am Tag unserer Ankunft, am 13. Oktober, als wir mit Motorrädern zu unserem ersten Camp fuhren, erlebten wir eine Überraschung. Nach wenigen Kilometern stießen wir auf eine Straßensperre. Uns erwartete die vielköpfige Delegation eines Dani-Stammes. Von gedrungener, urwüchsiger Gestalt beeindruckten mich die Physiognomie und das Mienenspiel besonders der erwachsenen Stammesmitglieder: Sie wirkten streng, bisweilen zornig. Nur selten huschte ein Lächeln über ihr Gesicht. Doch war dies rein äußerlich. Das Gesicht ist bei den Dani, wie ich lernte, kein Spiegel der Seele.

Als wir anhielten, redeten die Dani wild gestikulierend auf uns ein. Fragend sahen wir auf Raymond, unseren Vor-Ort-Begleiter und »Dolmetscher«, den Kari Kobler angeheuert hatte. Raymond war, wie er mir später erzählte, ein gläubiger Christ und studierte Theologie. Mit seiner Arbeit als Reiseführer – sein Büro lag in Sugapa – verdiente er sich sein Studium.

»Worum geht es?«, erkundigten wir uns bei ihm, als die erste Aufregung verklungen war.

»Die Dani verlangen Wegzoll von euch«, gab er uns zu verstehen.

Nach reichlich Palaver einigten wir uns schließlich auf eine angemessene »Gebühr«. Die freie Passage währte indessen nur ein kurzes Stück. Eine weitere Straßensperre, ein anderer Stamm – wieder wortreiche Verhandlungen. Dann noch einmal und noch einmal.

Schließlich erreichten wir das Ende der Straße und begaben uns zu Fuß zu einem Dorf namens Sukambara.

Mit einer kleinen Propellermaschine erreichen wir am 13. Oktober 2011 Su-gapa in Westpapua.

Kari Kobler beim „Treffen der Häuptlinge" im Dorf Sukambara, 13. Oktober 2011.

Während die meisten Dani, die uns auf dem ersten Teilstück begegnet waren, nahezu vollständig »westlich« gekleidet waren, zeigten sich in den Dörfern, die wir auf unserem Fußmarsch durchquerten, mehr und mehr Frauen und Männer in den traditionellen äußerst luftigen Gewändern: Kopftücher, über die Schulter geworfene, beutelartige Umhänge, dazu Ketten und anderer Kopfschmuck. Einige der Männer trugen Penisfutterale. Bestehend aus einem langen, oft sehr auffälligen, ja »imposanten« Rohr, mit dem der Penis verhüllt – und gleichzeitig zur Schau gestellt? – wird, vermittels einer um die Hüfte geschlungenen Schnur befestigt, waren Penisfutterale noch vor wenigen Jahrzehnten im alltäglichen Gebrauch. Heutzutage werden sie fast nur noch bei rituellen Anlässen getragen. Etwas anderes führten die männlichen Dani zu jeder Zeit und überall mit sich: Waffen.

Der Weg war beschwerlich. Ständig ging es rauf und runter. Morsche, halb zerstörte Brücken oder verfaulte Baumstämme trugen uns über gewaltige Flüsse und Schluchten. Höhenangst war hier fehl am Platz! Kaum hatten wir ein Hindernis überwunden, standen wir schon vor dem nächsten: Die Dörfer waren mit Holzzäunen umgrenzt, über die wir mit Sack und Pack klettern mussten – einmal rein, einmal raus.

Ein traditionell „gekleideter" Danikrieger schenkt dem Besucher Gregor ein freundliches Lächeln.

Dani-Junge mit dem typisch grimmigen Gesichtsausdruck seines Volkes.

Schließlich gelangten wir in besagtes Dorf, das auf einem Hochplateau lag. Der Dorfhäuptling erbot sich, mit unserem »Häuptling« zu reden. Unterstützt von Raymond und inmitten der vollständig versammelten Dorfgemeinschaft tauschte Kari Kobler mit dem Häuptling Freundlichkeiten aus und überreichte ihm einige Geschenke.

»Wir bitten um einen Lagerplatz für eine Nacht«, erklärte Kari Kobler. Raymond übersetzte, lauschte der Antwort des Häuptlings und teilte uns dessen Entschluss mit: Für eine Nacht waren wir geduldet.

Nachdem Kari Kobler sich bedankt hatte, äußerte er einen weiteren Wunsch: »Zudem möchten wir einige Männer des Dorfes als Träger auf unsere Expedition mitnehmen.«

Wieder dauerte es eine Weile, ehe uns auch dies zugebilligt wurde. Nachdem wir einige Männer als Träger ausgewählt hatten, machten wir uns daran, unser Nachtlager herzurichten.

Umringt von Dorfbewohnern kamen wir uns ein wenig wie die Tiere im Zoo vor. Jeder Schritt, jede Aktion von uns wurde genauestens beobachtet und kommentiert. Robert gab den Ureinwohnern ein Wirtschaftsmagazin, das er aus dem Flieger mitgenommen hatte. Es prägte sich mir ein ziemlich abstruses Bild ein: Ein Stammesmitglied mit einem Wirtschaftsmagazin in der Hand fragte uns, ob die abgebildeten Personen zu unserer Familie gehörten.

Dani mit westlicher Hochglanz-Zeitschrift.

Wie wird es diesem Volk in zehn oder zwanzig Jahren ergehen, wenn die Zivilisation sie mehr und mehr eingeholt hat? Und wer ist schuld? Der Hobbybergsteiger mit seinem Wunsch, die *Seven Summits* zu schaffen? Diese Frage muss ich mir gefallen lassen.

Vor uns lagen schwere Tage: Um zur Carstensz-Pyramide zu gelangen, mussten wir zunächst einen langen Marsch durch den Urwald und über eine Hochebene bewältigen. 70 Kilometer zu Fuß. Stetes Auf und Ab, ein großer Teil über verschlammte Pfade und durch dichten Urwald.
Bevor es losging, kam es noch einmal zu lebhaften Verhandlungen mit den Dani. Die Träger zeterten und waren nicht bereit aufzubrechen.
»Was ist denn jetzt wieder los?«, fragten wir Raymond.

»Bei einer Expedition im vergangenen Jahr ist ein Träger aus diesem Stamm gestorben«, erklärte er.

»Aber an dieser Expedition hat doch niemand von uns teilgenommen«, erwiderten wir.

»Das wissen die Dani nicht und es ist wahrscheinlich auch gar nicht von Bedeutung. Der Träger war sogar schon vor der Expedition krank gewesen. Es geht nur darum: Für den verstorbenen Dani hat die Expedition aus dem vergangenen Jahr nicht gezahlt. Ehe diese Schulden nicht beglichen sind, ziehen sie nicht los.«

Um zu unterstreichen, wie ernst es ihnen war, hatte der Anführer der Träger einen Speer vor sich auf den Boden gelegt, rauchte und bedeutete mit vielsagenden Gesten: »Stopp! Wir bleiben hier, bis die Sache geklärt ist.« – Also klärten wir sie …

Unsere Route führte oberhalb reißender Flüsse an von Bäumen, Büschen und Schlingpflanzen bewachsenen Hängen entlang über schmale, kaum befestigte, glitschige Wege. Die Luftfeuchtigkeit betrug 90 Prozent. Dazu regnete es immer wieder. Um uns gegen die Nässe zu schützen, trugen wir Regenschirme, Ponchos und Gummistiefel. Auf dem ersten Teilstück beging ich den Fehler, die Enden meiner Funktions-Hose in die Gummi-

stiefel zu stecken. Als ich in einem Schlammloch bis über die Knie versank, floss der ganze Schlamm in meine Stiefelschäfte und breitete sich bis zu den Zehenspitzen aus. Ich war bis auf die Socken nass.
»Was für ein Blödsinn«, ärgerte ich mich. »Natürlich muss die Hose über die Gummistiefel gezogen werden.«

Die selber gebastelten Brücken über reißenden Flüssen waren für uns nicht sehr vertrauenserweckend.

Für die exotische Flora und Fauna hatte ich – in der Kindheit von meiner Mutter mit einer Affinität zu allen Pflanzen ausgestattet – ein offenes Auge. Deshalb genoss ich es, neben Philipp zu laufen, einem Ornithologen aus Deutschland, und seinen präzisen Erläuterungen zuzuhören.
Seine Motivation für diese Reise lag darin, die exotische und zum Teil endemische Vogelwelt Westpapuas zu erleben und falls möglich mit der Kamera einzufangen. Wenn dann der Gipfel der Carstensz-Pyramide hinzukäme, würde das noch der i-Punkt seiner Reise sein.
Aufmerksam betrachtete er Moose, Flechten und seltene Pflanzen. Er zeigte mir wunderschöne Orchideen, die mir alleine sicherlich entgangen wären, und hatte für alles auch noch den lateinischen und deutschen Namen parat. In erster Linie aber hielt er Ausschau nach exotischen Vögeln. Durch seine zahlreichen Forschungsprojekte in den Naturreservaten dieser

Erde besaß er geradezu einen sechsten Sinn dafür, die scheuen Tiere aufzuspüren, sie zu fotografieren oder ihr Gezwitscher aufzunehmen.

In Gummistiefeln durch den Urwald und auf glitschigen Baumstämmen über reißende Flüsse, 14. Oktober 2011.

Auf dem Weg zum zweiten Urwaldcamp widerfuhr mir ein Missgeschick: Wir durchwateten einmal mehr einen kleinen Fluss. Diesmal gab es keine waghalsige Holzkonstruktion, keinen halb verfaulten Baumstamm, der uns an das andere Ufer führte. Es war auch kein reißendes, sondern ein schlammiges, von Bambus überwachsenes Gewässer. Doch obwohl ich nur gebückt vorwärtskam, zückte ich meinen Fotoapparat, um einen Schnappschuss zu machen. Dabei fiel der Ersatz-Akku in den Fluss.

»So ein Mist«, fluchte ich und tastete in der undurchsichtigen Brühe danach – vergebens.

Etwa eine halbe Stunde später kam einer unserer Träger zu mir und präsentierte mir stolz das verlorene Stück. Er hatte so lange im Trüben gefischt, bis er dieses kleine Teilchen wiedergefunden hatte. Glücklich darüber, dass mein Fotoapparat nun doch länger einsatzbereit war, überreichte ich ihm einen Finderlohn von 50.000 Rupien – nicht ganz fünf Euro; für den glücklichen Finder jedoch weit mehr als ein Trinkgeld.

Über den Neuseeland-Pass

Am vierten Tag erreichten wir das Kemabu-Plateau, eine etwa 3300 Meter über dem Meeresspiegel gelegene Hochebene. Der Regenwald wich einer weniger dichten, von Baumfarnen und Gräsern geprägten Vegetation. Am Horizont erblickten wir die Nordseite des Sudirman-Gebirges. Unser Ziel, die Carstensz-Pyramide, war hinter den vorgelagerten Gipfeln verborgen.

1623 leitete der niederländische Seefahrer Jan Carstenszoon eine Expedition an die Küsten Neuguineas. Vom indonesischen Seehafen Ambon legte er in südwestlicher Richtung mit Kurs auf die Torres-Straße ab, eine Meerenge zwischen dem australischen Cape York und Neuguinea. Sein Ziel, die Meerenge zu durchstoßen, verfehlte Carstenszoon, machte aber eine Reihe von Entdeckungen, die er in seinem Expeditionsbericht beschrieb. Die Kunde davon erreichte schon bald Europa. Carstenszoons Angaben fanden sich bereits ab 1628 auf neuen Land- und Seekarten wieder. Eine Nachricht aber erregte nur Kopfschütteln und sogar Gelächter: Carstenszoon wollte etwa auf Höhe des vierten südlichen Breitengrades einen von Schnee und Eis bedeckten Berg gesehen haben – undenkbar. Doch sollte sich Carstenszoons Bericht bestätigen: Im Hochland von Neuguinea, in unmittelbarer Nähe des Äquators, gab es einen riesigen Gletscher. Zu Ehren seines »Entdeckers« erhielt der Berg den Namen Carstensz-Pyramide. In Indonesien wird er Puncak Jaya genannt, der Siegesgipfel.

Obwohl »nur« 4884 Meter hoch, stellt die Carstensz-Pyramide an Bergsteiger enorme Anforderungen. Ihre Lage inmitten des tropischen Regenwaldes und die damit verbundenen Strapazen sind dabei nur ein Aspekt. Steil aufragend und zerklüftet, gilt sie technisch als einer der schwierigsten Berge der *Seven Summits* – mit überaus anspruchsvollen Kletterpassagen. Die Erstbesteigung erfolgte nicht zuletzt deswegen erst am 13. Februar 1962 durch Heinrich Harrer. Gemeinsam mit Philip Temple, Russel Kippax und Albert Huizinga und der Unterstützung von über einhundert Dani erreichte er den Gipfel über die Nordwand. Seine Erlebnisse bei dieser Expedition schilderte Harrer in dem Buch »Ich komme aus der Steinzeit«.

Wir näherten uns der Carstensz-Pyramide über das Kemabu-Plateau, benannt nach dem Fluss, den wir überquerten. Ich ging in der Nähe unseres Ornithologen Philipp und hielt mit ihm Ausschau nach Vögeln. Plötzlich entdeckten wir ein etwa krähengroßes, schwarz-gelb gefiedertes Prachtexemplar. Es war ein MacGregor-Honigfresser – einziger Vertreter der Gattung Macgregoria und *der* Vogel Westpapuas. Philipp war überglücklich! Dass er auch noch meinen Namen trug! Was ist das denn für ein Zufall?, dachte ich mir.

Am sechsten Tag steuerten wir das Basislager in 4250 Meter Höhe an. Der Weg führte über den Neuseeland-Pass, eine steile Passage, die von Heinrich Harrer entdeckt worden war. Zunächst standen wir aber vor dem Problem, den Zugang zu diesem Pass überhaupt zu finden. Nach einem sonnigen Morgen hatte sich das Wetter zusehends verschlechtert. Bei geringer Sicht und unter Hagelschauern mühten wir uns in Gummistiefeln entlang einer wenig einladenden Felsformation. Hinter ihr lag, wie wir wussten, die Pyramide. Doch wo war der Neuseeland-Pass?

Endlich fanden wir ihn. Auf glitschigem Felsen stiegen wir auf. Bei jedem Schritt mussten wir achtgeben, nicht auszurutschen. Erschöpft, aber ohne Zwischenfall erreichten wir das an einem See gelegene Basislager.

Inzwischen hatten wir einen Patienten: Mein Zeltgenosse Robert hatte sich vorzeiten mit Malaria infiziert. Jetzt meldete sie sich zur Unzeit zurück. Von einem Anfall wurde er buchstäblich durchgeschüttelt. Wir mussten ihn mit hohem Fieber aus dem Rennen nehmen. Er blieb im Lager.

Der Neuseelandpass, Zugang zur Carstensz- Pyramide, von Heinrich Harrer 1962 entdeckt

Die Besteigung des Gipfels erfolgte in zwei Gruppen an zwei aufeinanderfolgenden Tagen. Gemeinsam mit Fritz und Kari gehörte ich zur zweiten Gruppe. Wir nutzten den Ruhetag, um uns zu erholen, und erwarteten gespannt, was uns die erste Gruppe zu erzählen hatte. Für einen war dies ein ganz besonderer Tag: Philipp Schlatter aus der Schweiz vollendete am 19. Oktober mit der Carstensz-Pyramide die *Seven Summits*!

Am 20. Oktober um zwei Uhr morgens brachen wir auf. Über einen Bergrücken gelangten wir in ein weiteres Tal. Von dort aus nahmen wir die 600 Meter hohe Felswand der Pyramide in Angriff. Das Wetter war, wie schon am Vortag, gut und trocken. Wir schafften den Aufstieg in fünf Stunden. Die gewaltige Schlucht, die sich auf dem Gipfelgrat auftat, wurde mittels einer »Tyrolean Traverse« überbrückt, einer ursprünglich in Tirol entwickelten Methode: Wie an einer riesigen Spielplatzseilbahn, nur besser gesichert, rutschte ich über den Abgrund – und stand um sieben Uhr Ortszeit zusammen mit den anderen unserer Gruppe glücklich auf dem höchsten Punkt Ozeaniens!

Das Massiv der Carstensz-Pyramide – steiler, schroffer Fels

Das Panorama war grandios. Gleich unterhalb der Carstensz-Pyramide erblickten wir die *Freeport Mine*, die größte Gold- und Kupfermine der Welt. Solange wir Zeit hatten, knipsten wir Fotos, alleine und mit einem Expeditions-Plakat, auf dem alle unsere Namen standen.

Wie die Gruppe am Vortag hatten auch wir einen Mann in den Reihen, der den Moment auf dem Gipfel vielleicht noch etwas intensiver genoss als die anderen: Niemand Geringeres als Kari Kobler persönlich hatte mit der Carstensz-Pyramide seinen *Seven-Summits*-Weg abgeschlossen!

Die Wege zum Gipfel sind zum Teil sehr schmal, Schwindelfreiheit ist Pflicht

Eine tiefe Schlucht auf dem Gipfelgrat wird mit einer „Tyrolean Traverse" überwunden.

Am 20. Oktober 2011 um 7.00 Uhr stand ich auf dem Gipfel der Carstensz-Pyramide (4884 Meter).

Operationen mit einem Schweizer Präzisionswerkzeug

Bevor wir uns auf den beschwerlichen Marsch zurück durch den Dschungel begaben, nahmen wir Kontakt zu den Mitgliedern einer amerikanischen Expedition auf, die mit einem Helikopter direkt zum Basislager geflogen war. Wir baten sie, den erkrankten Robert auf ihrem Rückflug mitzunehmen. Sie erklärten sich dazu bereit. Als wir uns beim Piloten erkundigten, ob nicht auch wir den Helikopter buchen könnten, erwiderte er lapidar: »Das kostet 80.000 US-Dollar.«

Wir winkten ab. Über einen Zwischenstopp in Sugapa flog Robert zurück nach Bali, wo wir ihn wenige Tage später erholt wieder trafen.

Uns dagegen standen noch einige Abenteuer bevor.

Den Auftakt machte das Zelt von Fritz und Stefan, das am Morgen des 21. Oktober, als wir vom Basislager aufbrechen wollten, von einer Bö erfasst wurde und im See landete. Wassertemperatur: fünf Grad Celsius. Tatenlos starrte Stefan auf den See. Anders Fritz, ein Oberst a. D. der Schweizer Armee, der auf ein überaus erfolgreiches Berufsleben zurückblickte: Er war Präsident eines großen Schweizer Konzerns und Professor für Technologiemanagement gewesen. Trotz seiner 70 Lebensjahre hatte er nichts von seinem »Schneid« verloren. Schon lange dem Bergsport verbunden, hatte er noch einmal einen *Seven-Summits*-Gipfel erreichen wollen und sich der Expedition zur Carstensz-Pyramide angeschlossen.

Kurz entschlossen legte Fritz seine Sachen ab, band sich einen Strick um den Bauch und schwamm durch den eiskalten See bis zum Zelt. Dann ließ er sich, das Zelt am Arm, mit dem Strick wieder zurückziehen.

Ein zweiter Zwischenfall ereignete sich während des Abstiegs: Mein Träger Wom verletzte sich an der Ferse. Wie fast alle Träger ging er barfuß. Ich versorgte seine Wunde und legte ihm einen Verband an. Er folgte mir danach mehr hüpfend als gehend. Erstaunlicherweise war sein Verband am Ende der Etappe kaum verschmutzt. Meine Gummistiefel dagegen waren von oben bis unten mit einer Schlammkruste überzogen.

Am Morgen des 23. Oktober, einem Sonntag, wollten wir von Camp 2 nach Sukambara zurückkehren – ein Marsch von zwölf Kilometern. Als ich gerade dabei war, mein Zelt abzubauen, kam Kari zu mir.

»Darf ich das für dich machen?«, bot er mir völlig überraschend an.

»Da stimmt doch was nicht«, argwöhnte ich, und fragte ihn: »Wieso? Was ist denn los?«

»Geh mal zum Fritz. Der hat einen dicken Ellbogen.«

»Lass mich bitte mal sehen«, forderte ich Fritz auf, mir seinen Ellbogen zu zeigen. Er war stark angeschwollen.

Die Ellenbogenspitze war zu einer riesigen Beule geworden, die sich über den Ober- und Unterarm ausbreitete. Ich tastete eine große Flüssigkeitsansammlung unter der Haut, die stark druckschmerzhaft war. Auch als »fachfremder« Kieferchirurg war mir klar, dass Rötung, Schwellung und Schmerz, gepaart mit einer eingeschränkten Funktion (er konnte seinen Arm kaum beugen) klassische Zeichen für eine Entzündung sind. Ich schloss auf eine eitrige Schleimbeutelentzündung, verursacht von einer verunreinigten Wunde nach einem Sturz auf den Ellenbogen. Oh Gott, dachte ich, das muss schnell behandelt werden!

Mitten im Regenwald (der seinem Namen alle Ehre machte), die nächsten menschlichen Siedlungen ein paar schlichte Dörfer, deren Einwohner Gerätschaften und Werkzeuge benutzten, die aus der Steinzeit stammen konnten, und keine Verbindung zu irgendeiner »Außenwelt« – Was konnten wir da für Fritz und gegen seine eitrige Entzündung tun? Was konnte *ich* tun? Und mit welchen Mitteln? Eins stand außer Zweifel: Ich musste handeln, da sich die Entzündung sonst rasch weiter ausbreiten würde.

»Ich muss dich operieren und eine Abszess-Drainage anlegen, damit der Eiter ablaufen kann und die Entzündung wenigstens eingedämmt wird«, erklärte ich Fritz.

»Womit willst du mich denn operieren?«, fragte er.

»Mit dem, was ich bei mir habe: einem Schweizer Taschenmesser. Mach dir keine Sorgen. Dass Wichtigste ist, dass wir die Wunde ordentlich desinfizieren können. Desinfektionsmittel haben wir dabei. Was wir nicht haben, ist ein lokales Betäubungsmittel. Hältst du das aus?«

»Keine Frage«, gab er zurück und biss die Zähne aufeinander.

Ohne noch lange zu zögern, begann ich meine Arbeit: Ich schnitt den Ellenbogen an der prallsten Stelle auf – am sogenannten »Punktum maximum«, der Eiter quoll mir förmlich entgegen – und führte als Lasche ein Stück von einem Handschuh ein, das ich zuvor zurechtgeschnitten und sorgfältig desinfiziert hatte. Schließlich »zauberte« ich einen Verband, der den Strapazen unserer Urwald-Wanderung auch standhalten würde – keine ganz leichte Aufgabe.

Nach erfolgtem Eingriff erläuterte ich Fritz: »Wir werden die Wunde in den nächsten Tagen regelmäßig spülen und den Verband wechseln. Ich sage dir Bescheid, wenn Visite ist! Wir kriegen das hin. Ich habe ein gutes Gefühl.«

Als wir fertig waren, hatte sich die erste Gruppe um Kari bereits auf den Weg gemacht.

»Na toll«, ärgerte ich mich. Eigentlich hätte ich dazugehört.

Während Fritz sich mit Helmut und einigen anderen ohne große Hektik in Bewegung setzte, beeilte ich mich, um meine Gruppe wieder zu erreichen. Als ich es geschafft hatte, stapfte Kari alleine an der Spitze, gefolgt von Philipp, Kurt, Andreas und Christian. Nach einer Weile fielen Andreas und ich etwas zurück. Ein paar Minuten später kamen wir an unserem ersten Rastplatz an – und trafen unsere Gruppe wieder nicht mehr an. Erneut war sie vor uns aufgebrochen.

»Ich warte hier auf die Gruppe um Helmut«, beschloss Andreas.

»Dann gehe ich alleine weiter«, teilte ich ihm nach kurzem Bedenken mit. »Ich möchte nicht hier bleiben. Ich halte mich einfach an die Spuren, die die anderen hinterlassen haben.«

Wieso ich auf die verrückte Idee kam, alleine durch den Urwald zu stapfen, kann ich nicht sagen. Vielleicht hatte mir irgendein Mosquito-Stich kurzzeitig das Gehirn vernebelt. Egal: Ich marschierte jedenfalls allein los. Zunächst gelang es mir, die Spuren auf dem Pfad zu erkennen. Und während ich auf meiner Bahn weiterlief, bemerkte ich, dass mir jemand folgte. Ich hörte ihn nicht, ich sah ihn nicht. Aber ich spürte die Nähe und fühlte mich irgendwie sicher begleitet. Kurz bevor wir eine Stelle erreichten, an der Kari und die anderen offenkundig eine Pause eingelegt hatten, zeigte er sich: Es war einer unserer Träger – und eine stattliche Erscheinung. Seinen Namen kannte ich nicht, wir kommunizierten nur mit Zeichensprache und es funktionierte!

Eine Weile liefen wir zusammen. Es war ein wohltuendes Gefühl von Sicherheit, nicht alleine im Urwald zu sein. Doch ich war ihm zu langsam. Am Rastplatz zeigte er mir, in welche Richtung ich gehen sollte, und verabschiedete sich dann von mir. Jetzt war ich endgültig allein.

»Hoffentlich verlaufe ich mich nicht«, wünschte ich inständig.

Ich hielt meine Rast, aß zwei Scheiben Feldkieker (eine Spezialität aus dem Eichsfeld) und setzte meinen Marsch fort. Bald gelangte ich an einen Fluss. Hier verlor sich die Spur.

»Wo geht es weiter?«, fragte ich mich und suchte den schlammigen Boden nach irgendeinem Stiefelabdruck ab, der mir einen Hinweis geben würde. Nichts. Ich fand den Weg nicht mehr.

»Ob sie auf die andere Seite des Flusses gewechselt sind?«, überlegte ich und versuchte, ans andere Ufer zu kommen. Doch die Strömung war zu stark.

Angst stieg in mir auf. Inzwischen war die Zeit vorangeschritten, Dämmerung setzte, wenn auch noch zögerlich, ein. Um mich zu sammeln, betete ich einen Psalm. Dann platzierte ich meinen Rucksack etwas oberhalb auf dem Weg – dort, wo ich die Spur verloren hatte. Falls jemand dorthin käme, konnte er so erkennen, dass sich ein menschliches Wesen in der Nähe befand.

Krampfhaft suchte ich noch einmal das Flussufer ab. Endlich, nachdem ich auf dieser Seite des Flusses ein Stück durch das Wasser gewatet war, glaubte ich, mehrere Abdrücke von Stiefeln zu erkennen. Ich folgte ihnen – bis auch sie plötzlich wieder verschwanden.

Einer der Dani begleitete mich beinahe lautlos durch den Urwald.

Schließlich gab ich auf und ging dorthin zurück, wo ich meinen Rucksack abgestellt hatte. Wenn die Gruppe um Fritz und Helmut noch hinter mir war, mussten sie dort vorbeikommen – oder doch nicht? Mit der Dunkelheit nahm auch meine Ungewissheit zu. Minuten vergingen. Niemand kam. Noch einmal gingen meine Gedanken gen Himmel und verloren sich in einem Vaterunser.

»Du wartest noch eine halbe Stunde hier«, entschied ich mich. »Dann gehst du auf eigene Faust los.«

Die halbe Stunde verstrich. Nichts geschah. Der Verzweiflung nah, ging ich los. Plötzlich – was war das? Ein Geräusch hinter mir? Ich drehte mich um – und sah Andreas.

»Wo kommst du denn her?«, fragte ich ihn, während ich zugleich dem lieben Gott dankte.

»Ich habe hier in der Nähe gewartet, über eine halbe Stunde«, antwortete er.

»Genau wie ich. Ich habe die Spuren der anderen verloren. Wir müssen uns einen Weg suchen.«

Wir schlugen ein rasches Tempo an. Nach all den Strapazen war das äußerst kraftraubend. Ich stürzte und fiel mit voller Wucht ungebremst auf den linken Oberschenkel. Schon bald entwickelte sich dort ein riesiges Hämatom. Ein klassischer Pferdekuss. Das sah ich erst später. Höllische Schmerzen plagten mich.

Zum Glück verfügte Andreas über einen weitaus besseren Orientierungssinn als ich. Er erinnerte sich daran, dass der Weg zeitweilig über eine langgezogene Insel *inmitten* des Flusses führte – etwas, das ich völlig vergessen hatte. Und noch eins hatte Andreas mir voraus: Er war ein noch besserer Marathonläufer. Seine Bestzeit lag unter drei Stunden! Ich hatte große Mühe, mit ihm mitzuhalten.

Doch gemeinsam mit ihm schaffte ich es: Endlich trafen wir Kari mit dem Dolmetscher und einigen Trägern, darunter auch mein Träger Wom und Andreas' Träger. Er hatte auf halber Strecke haltgemacht, um für die zweite Gruppe ein Lager aufzubauen.

»Sie werden bis zum Einbruch der Nacht unmöglich das Dorf erreichen«, erklärte er.

»Wie weit ist es denn noch von hier?«, fragten wir.

»Etwa zwei Stunden.«

»Können wir das denn noch schaffen?«

»Ja.«

Andreas und ich verständigten uns darauf, unverzüglich weiterzugehen – sofern uns, darauf legte ich allergrößten Wert, unsere Träger begleiten würden. Kari stimmte zu. Während ich mich noch mit ihm über den genauen Weg unterhielt, ging Andreas mit seinem Träger bereits los.

Es war gegen halb fünf, als Wom und ich Kari verließen. Nicht nur Andreas, auch unsere Träger, obwohl schwer beladen, legten ein höllisches Tempo vor. Hätten sie es versucht, sie würden sicherlich auch eine gute Marathon-Zeit erreicht haben. Ich keuchte hinterher.

»Geht es nicht etwas langsamer?«, rief ich ihnen nach einer Weile zu. Doch sie hörten mich nicht. Ich pfiff, so laut ich konnte, gab wilde Handzeichen. Endlich drosselten sie ihren Schritt etwas. Das Gelände war unwegsam, der Pfad führte auf und ab.

Andreas war nicht zu halten. Er rannte vorneweg und war bald vom Dunkel des Regenwaldes verschluckt – und nun verschwand auch noch der letzte Schimmer des Tageslichtes. Es wurde richtig unheimlich.

»Was hat er vor?«, ging es durch meinen Kopf. »Glaubt er, noch im Hellen ankommen zu können? Wohl kaum. Typischer Ego-Bergsteiger!«

Als wieder Regen einsetzte, sank meine Laune vollends in den Keller. Wir gingen auf einem schmalen, steil abwärts führenden Pfad am Steilufer eines Flusses. Ein ums andere Mal, wenn ich mich abzustützen versuchte, griff ich ins Leere oder in glitschige Schlingpflanzen. Bei jedem Schritt war mir bewusst: Wenn ich nur einmal danebentrete, stürze ich in die Tiefe. Es war die Hölle!

Das Tosen des Flusses und die Geräusche des allmählich zu seinem Nachtleben erwachenden Urwalds wurden plötzlich von einem Ruf übertönt: »Hey!«

Es war Andreas' Stimme. Im ersten Augenblick dachte ich, er sei gestürzt. Doch es war anders: Vor ihm gabelte sich der Weg – wo mussten wir lang? Die Träger wiesen uns die Richtung.

Im Laufschritt ging es weiter. Als Langsamster der Gruppe bildete ich die Spitze, bemerkte aber, dass ich für Andreas nicht schnell genug vorankam. Als das Gefühl, gehetzt zu werden, überhandnahm, wandte ich mich zu ihm zurück: »Lauf bitte vor. Ich habe vor allem nur einen Wunsch: lebend ans Ziel zu kommen. Dafür brauche ich mehr Zeit.«

»Ist schon gut. Ich bleib hinter dir. Nimm dir die Zeit, die du brauchst.«

Ich musste mein Urteil revidieren: Er war kein Egobergsteiger, er war einfach Sportler, durch und durch.

Mehrfach kam ich ins Straucheln, fluchte über meine Ungeschicklichkeit. War ich bereits zu sehr geschwächt?

Da – endlich erreichten wir einen Holzzaun – ein Dorf. Wir kletterten darüber, durchquerten das Dorf. Das Rauschen des Flusses wurde schwächer, verklang. Ich atmete auf. Eine Gefahr weniger! Doch wusste ich: Vor uns lag ein letzter, überaus steiler Anstieg.

Plötzlich waren die Träger verschwunden. Ohne uns darum zu kümmern, schleppten wir uns weiter aufwärts. Höher, immer höher. Wann endlich kamen wir an unser Ziel, das Hochplateau? Wir zogen vorbei an gemütlichen kleinen Hütten, in denen sich Mensch und Tier dicht um ein Feuer zusammendrängten, fragten mehrmals mit Händen und Füßen nach dem Dorf – aber wie hieß es nur? Wir hatten den Namen vergessen! Unsere Handzeichen, die ungefähr »Dorf – weiße Männer – zelten« bedeuten sollten, blieben unverstanden. Der Name, der Name – wenn wir doch nur den Namen noch gewusst hätten!

Schließlich zeigte uns irgendjemand einen Weg. Wir folgten ihm – in die Irre. Im dritten Dorf baten wir erneut um Hilfe, wir probierten es mit »Sugapa«. Ein Dani zeigte in die Richtung, aus der wir gekommen waren. Zurück? Ja, zurück!

Nach einer Weile, endlich, sahen wir den Schein von Stirnlampen. Es waren unsere Träger, die schon angekommen waren, sich aber, weil wir so lange auf uns warten ließen, wieder auf die Suche nach uns begeben hatten. Was für ein Glück!

Völlig nass und durchgefroren kamen wir spätabends im Dorf an. Es hieß »Sukambara«! Diesen Namen werde ich jetzt nie mehr vergessen!

Im alten Schulgebäude von Sukambara trafen wir Kurt, Philipp, Johann und Christian. Jetzt war Wom verschwunden, mein Träger, mit-samt meinem Seesack!

Die anderen erwiesen sich aber als wahre Kameraden und gaben mir, was ich brauchte: Schlafzeug, eine lange Unterhose, ein Schweizer Militär-Biwak. Andreas lieh mir Jacke und Hose, Philipp ein Kopfkissen. Als ich schließlich in alle möglichen und unmöglichen Utensilien eingewickelt dalag – etwas hart, aber trocken – erschien Wom. Doch ich wollte nur noch schlafen. Das war der schlimmste Sonntagsspaziergang meines Lebens gewesen!

Unsere Expeditionsgruppe nach erfolgreicher Besteigung der Carstensz-Pyramide im Basislager. Von links: Stefan, Kurt, Philipp (CH), Christian, Philipp (DE), Gert, Kari, Hans, Johann, Fritz, Andreas, und hockend: Gregor und Helmut.

Abschied von einem liebenswürdigen Volk auf dem Weg aus der Vergangenheit in welche Zukunft?

Abschied von Sukambara. Die dampfenden Hütten in der Morgendämmerung

Am nächsten Tag verabschiedeten wir uns von Sukambara und seinen »stolzen Kriegern«. In Sugapa trank ich meinen ersten Kaffee seit langem – im Reisebüro von Raymond und seinem Bruder Dennis, das zugleich unsere Unterkunft war.

Später kümmerte ich mich um Fritz.

»Wir müssen einen Arzt finden«, sagte ich ihm. »Die Wunde muss ordentlich versorgt werden. Außerdem brauchst du ein Antibiotikum.«

Wir erkundigten uns bei Raymond. Einen Arzt gab es weit und breit nicht. Stattdessen führte er uns zu einer Ordensschwester, die uns mit einem strahlenden Lächeln in ihrer Missionsstation empfing. Dort lebte sie mit zwei Mädchen, einem Jungen, einer behinderten Frau und einem kleinen Schwein, das als Haustier im Garten mit einem Halsband festgebunden war.

Als wir ihr schilderten, was wir benötigten, erwiderte sie freundlich: »Kein Problem.«

Gemeinsam legten wir Fritz einen neuen Verband an und reinigten die Wunde. Da wir erst am nächsten Tag von Sugapa zurückfliegen sollten, fragte ich sie: »Könnte unser Patient diese Nacht nicht hier in Ihrem Haus übernachten? Unsere Unterkunft ist ziemlich eng und schmutzig. Nicht gut für jemanden, der eine solche Infektion hat.«

»Kein Problem«, gab sie lächelnd zurück.

Auch Fritz war damit einverstanden, bat aber: »Alleine möchte ich nicht hier schlafen. Ich hätte gerne, dass jemand von euch bei mir ist.«

Ich versprach ihm, als Nachtschwester zu bleiben, und kehrte – im strömenden Regen – zum Reisebüro zurück. Dort nahm ich am Abendessen teil, das Kari zu einer kurzen Ansprache nutzte.

»Mein besonderer Dank gilt dir, Gregor«, wandte er sich dabei an mich. »Ich werfe dir irgendwann einmal ein gutes Buch über den Gartenzaun!«

Das tat er später tatsächlich. In das Buch schrieb er eine ganz persönliche Widmung.

»Kann ich sonst noch was Gutes für dich tun?«, fragte er mich kurz darauf unter vier Augen.

»Nein«, sagte ich, »Wenn ich unterwegs bin und als Arzt oder Zahnarzt gebraucht werde, ist es für mich selbstverständlich, zu helfen. Dazu haben wir irgendwann mal einen Eid abgelegt. Aber eine Sache gäbe es vielleicht doch«, fügte ich an.

»Und was?«

»Nimm mich mit zum Everest. Und wenn's geht, ganz nach oben!«
»Okay, Gregor. Wir sehen uns wieder. Nächstes Jahr am Everest.«

Noch ehe ich in die Station zurückging, waren meine Fähigkeiten als Operateur ein weiteres Mal gefragt. Diesmal musste ich als Zahnarzt tätig werden: Hans hatte den Aufbaupfosten seines Zahnimplantats verloren. Ich schraubte ihn wieder fest, natürlich wieder mit meinem Schweizer Taschenmesser, das sich auf dieser Reise als medizinische Allzweckwaffe erwies. Improvisieren lag mir schon immer – nicht nur beim Klavierspielen.
   Hans sagte kurz entschlossen: »Ich komme auch mit in die Mission.«
   Mir war es recht. Da sie für so viele Gäste keinen Platz hatte, räumte die Ordensschwester kurzerhand ihr eigenes Zimmer: »Kein Problem.«

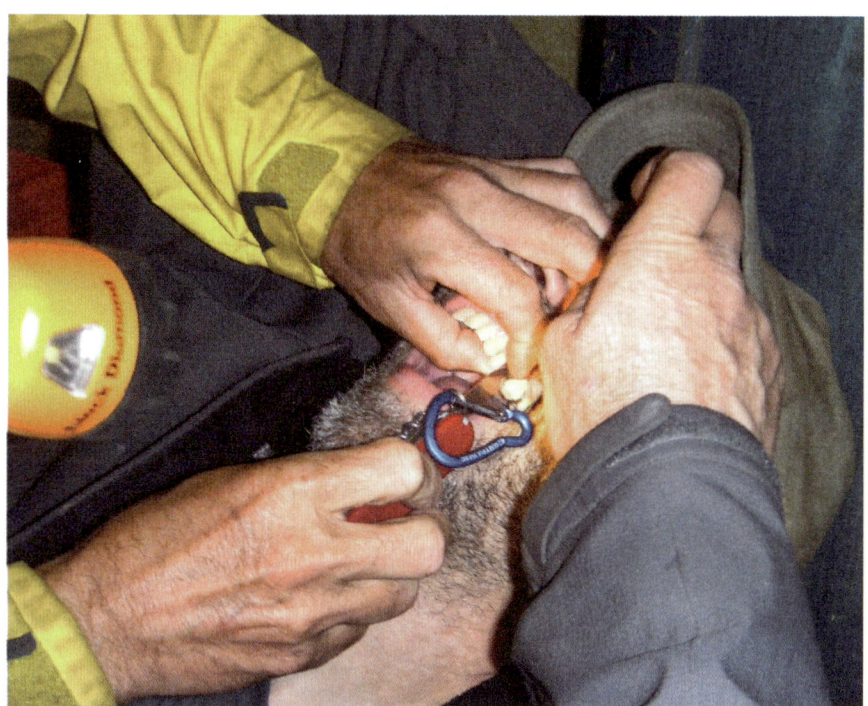

Operation mit Schweizer Taschenmesser, 24. Oktober 2011: Ich schraube den verlorengegangenen Aufbaupfosten von Hans' Zahnimplantat wieder fest.

Es erwartete uns ein wunderschöner Morgen. Das erste Sonnenlicht durchflutete das Krankenzimmer. Wir hatten lange nicht so sauber und gut geschlafen. Raymonds Bruder brachte uns ein schönes kleines Frühstück. Die Schwester kochte Tee. Auf der Terrasse spielten wir uns gegenseitig Musik aus dem Handy vor. Die Zufriedenheit unserer Gastgeberin, die Güte, die uns an diesem Ort entgegengebracht wurde, von Fremden am anderen und ärmsten Ende der Welt, die uns von Mensch zu Mensch zugleich auch so viel Nähe spüren ließen – das war eine der tiefsten Erfahrungen auf meinem *Seven-Summits*-Weg.

Mit einer Patientin und der Schwester (rechts) vor der Missionsstation, 25. Oktober 2011.

Wegen Volksunruhen konnten wir Timika nicht anfliegen. Auch das gehört zu einer Expedition in derart »exotische Gefilde«. Wir wichen nach Nabire aus, einer Stadt an der Nordwestküste, wo wir zwei entspannte und vergnügte Tage verbrachten.

In einer kleinen Fischerkneipe direkt am Meer aßen wir vorzüglichen, frisch gefangenen Fisch, während sich Kari mit dem Leiter einer amerikanischen Expedition unterhielt. Es ging um die eine oder andere Unwegsamkeit auf dem Weg zur Carstensz-Pyramide, den die anderen erst vor sich hatten. Ich schaute, mit mir und der Welt zufrieden, aus dem Fenster auf das tiefblaue Meer.

Plötzlich hörte ich eine bekannte Stimme. Ich dachte: Die Frequenz kennst du doch, den Westküstenakzent auch. Aber wen sollte ich denn hier am anderen Ende der Welt kennen?

Ich drehte mich langsam um, schaute in die Richtung, aus der die Stimme kam, und sah: Megan aus San Franzisko, meine Bekanntschaft aus der Antarktis! Ich dachte: Das gibt's doch gar nicht. Treffe ich sie doch noch mal wieder in meinem Leben. Ich schlich mich hinter sie, hielt ihr die Augen zu, und ließ sie raten, wer ich bin:

»Sounds like Gregory from Germany!«

Ich erzählte ihr ausführlich von unserer Expedition. Da sie alles noch vor sich hatte, hörte sie mir sogar mal zu. Ich schilderte meine Erlebnisse etwas dramatischer als sie waren, hatte etwas Schadenfreude dabei, sagte aber zu ihr: »Du schaffst das schon!«

Sie sollte es auch schaffen, aber mit vielen Unwägbarkeiten, wie sie mir später schrieb. Megan vollendete in jenem Jahr ihre *Seven Summits*.

Fritz erhielt das wichtige Antibiotikum erst auf Bali. Als er mir erzählte, dass er noch seine Tochter in Bangladesch besuchen wolle, ehe er zurück in die Schweiz fliegen würde, stoppte ich sofort seine Pläne: »Das kannst du vergessen! Du fliegst sofort zurück in die Schweiz und lässt dich dort operieren!«

»Ach, ich kriege doch keinen Flug zurück nach Europa«, brachte er vor.

»Natürlich gibt es noch Flüge.«

»Nein. Alles ausgebucht.«

»Frag mal bei der ›First Class‹ nach.«

»Das kostet doch fünftausend Dollar.«

»Ja, kann sein. Und die zahlst du auch. Weil du nämlich auf direktem Weg nach Hause zum Arzt und zu deiner Frau fliegst.«

Er beherzigte meinen Rat. Am Abend seiner Ankunft wurde er mit dem Krankenwagen ins Spital gebracht und noch in derselben Nacht operiert. Seine Frau schrieb mir wenig später einen überaus herzlichen Brief, in dem sie sich für meine Hilfe bedankte.

Muttergöttin der Erde

Freie Entscheidungen

Nur ein Gipfel fehlte mir noch – aber was für ein Gipfel! Mount Everest. Seit er 1852 von der britischen *Survey of India* (Indische Landvermessung) als höchster Berg der Welt entdeckt und unter der Leitung von George Everest vermessen wurde, fasziniert der Everest die Menschheit – weit über den exklusiven Kreis der Extrembergsteiger hinaus. Es dauerte bis 1921, ehe sich eine erste britische Expedition daran machte, das an der Grenze zwischen Nepal und Tibet gelegene Everest-Massiv zu erkunden. Erst bei dieser Gelegenheit erfuhren die Mitglieder der *Royal Geographical Society* den Namen, unter dem der Everest in Tibet schon seit vielen Jahrhunderten bekannt ist: »Qomolangma« (oder »Chomolungma« in der englischen Umschrift), was sich mit »Muttergöttin der Erde« oder auch »Mutter des Universums« übersetzen lässt. Auf Nepali heißt er »Sagarmatha«, zu Deutsch: »Stirn des Himmels«.

Diesem Ehrfurcht gebietenden Koloss wollte ich mich nun nähern? Mit seinen 8848 Metern überragte er meinen bisher höchsten Gipfel, den Aconcagua, um beinahe zweitausend Meter. War ich gerüstet? Hatte ich das Zeug dazu, um diese Prüfung zu bestehen?

Als ich gelegentlich mit Kari Kobler darüber sprach, beruhigte er mich: »Wenn du mit mir auf der Carstensz-Pyramide warst, dann kommst du auch auf den Everest hoch.«

Er war nicht der Einzige, der mir Mut zusprach. Am Nikolaustag 2012 hatte ich zum 20-jährigen Jubiläum der MKG-Dessau zu einer besonderen Veranstaltung geladen. Sie fand im Umweltbundesamt statt, der zentralen Umweltbehörde der Bundesrepublik Deutschland, die seit 2005 in einem nach neuesten ökologischen und energiewissenschaftlichen Erkenntnissen errichteten Gebäude in Dessau residiert. Als »Special Guest« hatte ich einen der bekanntesten Bergsteiger unserer Tage gewinnen können, Hans Kammerlander.

In seinem Vortrag mit dem Titel »Bergsüchtig ... nach Wänden, Graten und Gipfeln« erzählte uns der Südtiroler Alpinist von seinem Werdegang, wie er als sechstes Kind einer Bergbauernfamilie schon ganz früh von den drei großen Nordwänden der Alpen geträumt hatte, vom Matterhorn, vom

Eiger und den Grandes Jorasses, und wie später – als er alle drei geschafft hatte und sein Name in der Szene bekannt geworden war – die ganz hohen Berge im Himalaya und im Karakorum lockten.

Zum 20-jährigen Jubiläum der MKG-Dessau im Umweltbundesamt hielt Extrembergsteiger Hans Kammerlander einen Festvortrag.
Von links: Hardy (ein ehemaliger Kommilitone und Elferratsmitglied), Alberto, Hans Kammerlander, Gregor, 6. Dezember 2012.

Kammerlander gelang die bis dato schnellste Solo-Besteigung des Mount Everest – und eine Skiabfahrt direkt von den ersten Schneefeldern unterhalb des Gipfels: In weniger als 24 Stunden hatte er beides hinter sich gebracht. Mit tollen Bildern und kurzen Filmen im Gepäck schilderte er uns auch die Besteigung des Kangchendzönga, des dritthöchsten Bergs der Erde, die er mit schweren Erfrierungen gerade so überlebt hatte.

Am Rande der Veranstaltung sprach ich mit Hans Kammerlander über meinen *Seven-Summits*-Weg – insbesondere über den letzten großen Schritt, der noch vor mir lag.

»Vor dem Everest habe ich allergrößten Respekt«, offenbarte ich ihm. »Nichts und niemand zwingt mich ja da hinauf. Soll ich ihn machen? Oder soll ich mich mit dem, was ich schon geleistet habe, begnügen?«

»Du hast sechs von sieben geschafft«, erwiderte er. »Dann musst du den siebten Gipfel auch noch machen. Und bei Kari Kobler bist du in den besten Händen.«

Mein Zögern, auch wenn es *letztlich* nichts änderte, war durch das Ereignis ausgelöst worden, das sich seit Längerem angedeutet hatte, mich aber doch, als es Wirklichkeit wurde, mit aller Wucht traf: Am Ende einer eineinhalbjährigen räumlichen Trennung und einer für mich unbeschreiblichen emotionalen Berg-und-Tal-Fahrt trennte sich Britta nach kurzem Schwanken vor Weihnachten 2011 von mir. Sie hatte die Zeit des Separatwohnens genutzt, gestärkt durch ihre Fähigkeit, sich auf das Wesentliche zu konzentrieren, um diese Entscheidung zu finden, während ich – wie öfter in meinem Leben – entschieden wurde.

Im Nachhinein: gut so! Denn mehr und mehr wichen unsere Lebensinhalte voneinander ab, hatte sich jeder von uns eigenen Zielen zugewandt. In unseren letzten gemeinsamen Jahren erschlossen sich uns gänzlich unterschiedliche Horizonte, die dem Partner verborgen blieben.

Nach meinem ursprünglichen Plan hatte ich bereits im Frühjahr 2012 an der Everest-Expedition von Kari Kobler teilnehmen wollen. Ein Plan, an dem ich zunächst festhielt. Als ich meiner Schwester Carola davon erzählte, bekam ich eine knallharte Ansage: »In deinem Zustand willst du auf den Everest? Du spinnst! Das machst du auf keinen Fall. Das kannst du vergessen.«

Ich nahm mir ihre Worte zu Herzen und überlegte hin und her, was das Richtige sei. Meine Vorbereitung trieb ich gewissenhaft und gründlich voran. Doch nach einem Besuch bei meinem Freund Alberto und dessen Frau Marina und einem längeren Gespräch über dieses Thema, beinahe in letzter Sekunde, rief ich bei Kari an: »Ich kann leider nicht mitkommen. Aus persönlichen Gründen. Ich bin psychisch in keiner guten Verfassung.«

»Kein Problem«, signalisierte er. »Dann kommst du nächstes Jahr mit.«

Ich legte mir also ein neues Vorbereitungsprogramm zurecht, zu dem diesmal neben dem Marathon des Rennsteiglaufs und dem Wernigeröder Silvesterlauf drei weitere Marathonläufe gehörten: der Kyffhäuser-Bergmarathon, der Berlinmarathon und – als besonderes Highlight – der Jungfrau-Marathon bei Interlaken, der wohl schönste, aber auch härteste Marathon der Welt.

In diesem Jahr lernte ich auch eine ganz besondere Frau kennen: Soudabeh, als Perserin in Paris aufgewachsen und irgendwann in Berlin gelandet, brachte sie mich ins Leben zurück, gab mir eine Menge positive Energie und den Blick für einen viel weiteren Horizont.

Wiedersehen mit Kathmandu

Am Morgen des 7. April 2013 fuhr mich mein Freund und neuer Haustechniker von Dessau zum Flughafen nach Leipzig. Andreas, mit dem ich leidenschaftlich gern Tennis spiele und der für Heim und Hof sorgt, wenn ich auf großen Reisen bin, hatte einige Jahre zuvor Olli abgelöst, der einen Cheftechnikerposten in einem größeren Klinikverbund annahm.

Von Leipzig aus flog ich dann über München und Doha nach Kathmandu. Ich freute mich, die Stadt wiederzusehen, und vor allem Govinda Dhital, zu dem der Kontakt in all den Jahren seit der Hilfsaktion 2002 und der Trekkingtour 2003 nie abgerissen war. In seinem Kampf darum, seinem verarmten Heimatland, dessen einziger nennenswerter Wirtschaftszweig der Hochgebirgstourismus ist, eine bessere Zukunft zu ermöglichen, setzte er neben vielen anderen Maßnahmen auch auf eine ausgedehnte und intensive Netzwerkarbeit. Ab und an bat er mich um Unterstützung, auch dann noch, als seine Tochter Jyoti an seiner Stelle die Leitung von CCODER übernahm. Doch zum erhofften Wiedersehen sollte es erst später kommen.

Die Stadt Kathmandu hatte sich in den vergangenen zehn Jahren deutlich vergrößert. Die zunehmende Armut auf dem Land ließ die Menschen in die Ballungsgebiete ziehen. Insider gingen davon aus, dass sich die Einwohnerzahl Kathmandus in den zehn Jahren seit meiner letzten Reise verdoppelt hatte. Schon beim Anflug auf den Flughafen von Kathmandu sah ich die riesige Dunstglocke, die beständig über der Metropole lag.

Nach meiner nachmittäglichen Landung am 8. April 2013 wurde ich durch einen Mitarbeiter von Kari Kobler abgeholt und ins Hotel Shangri-La gebracht. Dort traf ich neben Kari eine junge Frau aus Ecuador, Paulina. Sie hatte ein klares Ziel vor Augen: als erste Frau ihres Landes auf dem Gipfel des Everest zu stehen.

Am Abend besuchten wir gemeinsam mit Oliver aus Deutschland, der mit einer anderen Gruppe den Shishapangma (8027 m) besteigen wollte, ein Restaurant im Zentrum der Stadt. Auf dem Weg dorthin machten wir an einer der ältesten buddhistischen Tempelanlagen Halt, Swayambhunath. Mehr noch als die Architektur beeindruckten mich die Menschen, die den Einklang von Natur und Religion buchstäblich zu verkörpern schienen. Etwas, dem auch ich in den vergangenen 13 Jahren auf der Spur gewesen war.

Bis zum 10. April versammelte sich die vollständige Truppe, von denen einige nicht auf den Everest, sondern »nur« auf den Lhakpa Ri steigen wollten, einen in dessen Nähe gelegenen Siebentausender. Eine dritte Gruppe wollte lediglich einige Tage im Basislager verbringen. Kari führte alle Gruppen.

Zur Everest-Fraktion gehörten außer Paulina und mir noch fünf weitere Personen: Aus der Schweiz kamen die Psychologin Karin sowie Micha, ein Optometrist, und Urs, ein überaus erfolgreicher Firmencoach, der für internationale Unternehmen arbeitete. Ebenfalls in der großen Welt zu Hause war Aldo, der in seinem Heimatland Italien als Notar für Staatsverträge eingesetzt war. Nach mehreren gescheiterten Versuchen den Everest zu bezwingen, wollte er diesmal auf Nummer sichergehen und hatte zusätzlich einen eigenen Bergführer angeheuert: Silvio Mondinelli. In Italien ungefähr so berühmt wie Reinhold Messner im deutschsprachigen Raum, hatte Mondinelli als sechster Mensch überhaupt das Kunststück vollbracht, alle Achttausender ohne zusätzlichen Sauerstoff zu besteigen. Dafür benötigte er 13 Jahre und neun Monate.

»Ich habe sieben Jahre im Zelt geschlafen«, erzählte er mir irgendwann bei einem unserer langen gemeinsamen Wege.

»Das war sicherlich auch nicht dienlich fürs Familienleben«, erwiderte ich.

»Ja, da ist was dran«, sagte er, »aber immerhin hat es gehalten und außerdem war das Bergsteigen zu dieser Zeit mein Beruf.«

Nicht allein Aldo, auch wir anderen wurden hervorragend unterstützt: durch eine Crew erfahrener Sherpas, Angehörige dieses besonderen Volkes im Osten Nepals, die ihren Lebensunterhalt häufig als Führer und Träger im Hochgebirge verdienen. Als mein persönlicher Sherpa, wenn auch nur für die beiden letzten (dramatischen) Etappen, war Ganza auserkoren, der wie alle anderen, darunter Chefsherpa Dendy, in Nepal zu Hause war. Für die Küche zeichnete Poncho verantwortlich. Ihm gingen einige »Kitchenboys« zur Hand, von denen Kasan, ein Tibeti, mir besonders ans Herz wuchs: Er half mir beim Zeltbau und vielen anderen Unwägbarkeiten – und brachte mir gelegentlich meinen heiß geliebten Kaffee.

Nahezu eineinhalb Monate sollten wir miteinander verbringen. Wir harmonierten von Beginn an gut miteinander, auch wenn die Verständigung nicht immer einfach war. Aldo und Silvio unterhielten sich auf Italienisch und wechselten, wenn Paulina bei ihnen war, ins Spanische, das sie gut beherrschten. Mit ihren Englischkenntnissen war es dagegen nicht weit her. Die drei Schweizer wiederum pflegten untereinander auf Schwyzerdütsch zu reden. Damit stand ich in aller Regel ein wenig außen vor. Mir war das recht – so hatte ich häufig Gelegenheit, meinen eigenen Gedanken nachzugehen.

Noch in Kathmandu stimmte uns Kari auf das große Abenteuer ein, das vor uns lag. Ehe er uns erläuterte, auf welchem Weg wir uns dem großen Ziel nähern wollten, machte er uns mit zwei Regeln vertraut, an die sich jeder von uns halten sollte.

»Keiner redet schlecht über den anderen«, schärfte er uns ein. »Wer das macht, fliegt aus der Truppe und nach Hause. Das ist das eine. Das andere Motto lautet: Das Ziel ist immer nur die nächste Etappe. Wie eine Schwarzwälder Kirschtorte Stück für Stück gegessen wird, gehen wir unsere Expedition Stück für Stück an. Wir essen ja auch nicht gleich die ganze Torte, also denken wir auch nicht gleich am Anfang an den Gipfel! Schritt für Schritt, Etappe für Etappe. Ich werde euch sagen, wann es an der Zeit ist, an den Gipfel zu denken.«

Diesen Torten-Vergleich sollten wir später noch oft hören.

Eingriff vor Publikum

Für Amateure, die den höchsten Berg der Welt besteigen wollen, gibt es zwei sogenannte Normalrouten: die Nordroute und die Südroute. Um beide ranken sich Geschichten, die unmittelbar zum Mythos Everest gehören.

Im Juni 1924 machte sich eine britische Expedition auf den Weg, das Dach der Welt zu erklimmen. Zwei vorangegangene Versuche, 1921 und 1922, waren gescheitert. Der zweite Anlauf endete dramatisch. Eine Lawine, ausgelöst vom einsetzenden Monsun, riss sieben Sherpas in den Tod. Die dritte Expedition folgte den Spuren ihrer Vorläufer und wählte einen Weg über die Nordseite, also von Tibet aus. Wegen des gewaltigen Khumbu-Eisbruchs mit vielen gefährlichen Seracs (Türmen aus Gletschereis) hielt George Mallory die Südroute für unpassierbar. Ausgangspunkt der Nordroute ist der Rongpu-Gletscher. Dort richteten die Briten in etwa 6400 Meter Höhe das Basislager ein. Nachdem zuvor Howard Somervell und Edward Norton bis auf eine Höhe von 8573 Metern vorgestoßen waren, brachen George Mallory und Andrew Irvine am 6. Juni 1924 auf, um über Nordsattel, Nordostgrat und weiter über den Nordgrat den Gipfel zu erreichen. Am 8. Juni erklomm ein weiteres Expeditionsmitglied, Noel Odell, einen namenlosen Felszacken, um nach Mallory und Irvine Ausschau zu halten. Nebel behinderte die Sicht. Als für einen kurzen Augenblick die Wolkendecke aufriss, glaubte er die beiden am Fuß der Gipfelpyramide zu erkennen: Es war das letzte Mal, dass Mallory und Irvine lebend gesehen wurden.

Seither kursieren unzählige Legenden über diesen Aufstiegsversuch. Hatten Mallory und Irvine den Gipfel erreicht – und waren beim Abstieg verunglückt? Zweifelsfrei klären lässt sich diese Frage nicht. 1999 entdeckte eine britische Suchexpedition den Leichnam Mallorys in 8250 Meter Höhe auf einem Schuttband. Ein Beinbruch und eine Kopfverletzung lassen darauf schließen, dass er gestürzt und den Hang hinabgerutscht war. Unfähig, weiter zu laufen, war er am Berg gestorben. Seine Kamera fand sich allerdings ebenso wenig wie das Bild seiner Frau, das er am Gipfel hatte ablegen wollen. Die Rätsel blieben, doch der Fundort legt nahe, dass er sein Ziel nicht erreicht hatte. Ausgerüstet mit Eispickeln und Nagelschuhen, scheinen Irvine und Mallory auf ein Hindernis gestoßen zu sein, das sich für sie als unüberwindlich erwiesen hatte: Auf dem Gipfelgrat befinden sich drei Felsstufen, die schlicht *First, Second* und *Third Step* genannt werden. *First* und *Third Step* bereiten dem Bergsteiger nur wenig Probleme, da sie ohne größeren Aufwand passiert werden können. Anders der *Second Step*: Schroff aufragend ist er nur mit guter Kletterausrüstung zu überwinden – und an dieser fehlte es Mallory und Irvine.

Die Ehre, den Mount Everest als Erster bestiegen zu haben, blieb einem Neuseeländer vorbehalten: Edmund Hillary. Sein Erfolg beruhte auf der Pionierleistung mehrerer Schweizer Expeditionen, die zu Beginn der 1950er Jahre den Aufstieg über die Südroute riskierten, dabei einen sicheren Weg durch den Khumbu-Eisbruch fanden und zum Tal des Schweigens vorstießen – einem idealen Ort für ein Hochlager. Gemeinsam mit dem Sherpa Tenzing Norgay stieg Hillary am 29. Mai 1953 auf. 100 Meter unterhalb des Gipfels stießen auch sie auf eine Felsstufe, den später so getauften *Hillary-Step*. Es gelang ihnen, dieses letzte Hindernis zu überwinden! Die meisten kommerziellen Expeditionen führen über die von Edmund Hillary gewählte Südroute. Annähernd 500 Bergsteiger versuchen jährlich auf diesem Weg ihr Glück. Als Veranstalter hat sich insbesondere der Neuseeländer Russell Brice einen Namen gemacht. Die Nordroute ist dagegen weitaus weniger »populär«. Das liegt auch an den politischen Gegebenheiten: Die Einreise nach Tibet unterliegt aufgrund seiner völkerrechtlich umstrittenen Zugehörigkeit zu China vielen Einschränkungen und ist von Jahr zu Jahr politischer Willkür ausgesetzt, der gleichen Willkür, welche die chinesische Regierung auch bei den Aufstiegs-Genehmigungen an den Tag legt. Für einige Jahre machte China die Grenzen zu Tibet sogar ganz dicht. Doch trotz dieser Unsicherheit konzentrierte sich Kari Kobler über viele Jahre auf die Nordroute und baute sich in China ein gut funktionierendes Netzwerk auf.

Akklimatisation mit dem Auto nach Kari Kobler

Die von Kari verantworteten Expeditionen folgen einem ausgeklügelten Plan, zu dem eine lang anhaltende Phase der Akklimatisation gehört – zunächst im Auto. »Wir fliegen nach Lhasa, das auf 3650 Meter Höhe liegt«, skizzierte er die ersten Etappen. »In sechs Tagen fahren wir dann über mehrere Stationen und einige 5000-Meter-Pässe bis zum Basislager in 5200 Meter Höhe. So können wir uns allmählich an die Höhenluft anpassen.«

Nach unserer Ankunft in Lhasa, der Hauptstadt der chinesischen Provinz Tibet, hatte ich zunächst leichte Kopfschmerzen. Wir besichtigten den Potala-Palast, der, anders als die meisten buddhistischen Klöster, die Zeit der Kulturrevolution unter Mao Zedong unbeschadet überstanden hatte. Seit dem 17. Jahrhundert Sitz des Dalai-Lama, wurde der Palast einige Jahre als Unterkunft der chinesischen Besatzungsarmee missbraucht, ehe er in jüngerer Vergangenheit in ein Museum umgewandelt wurde.

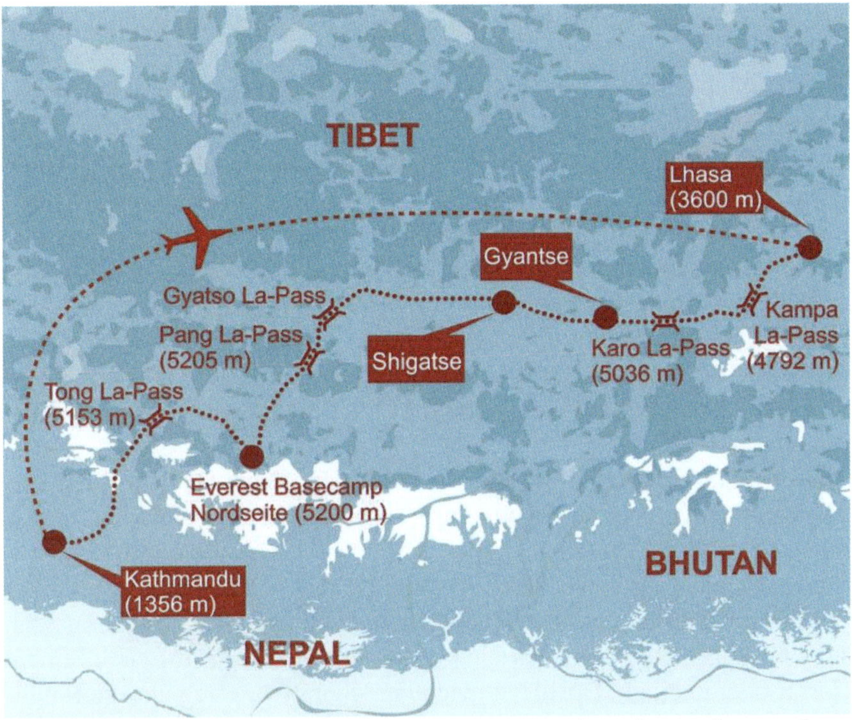

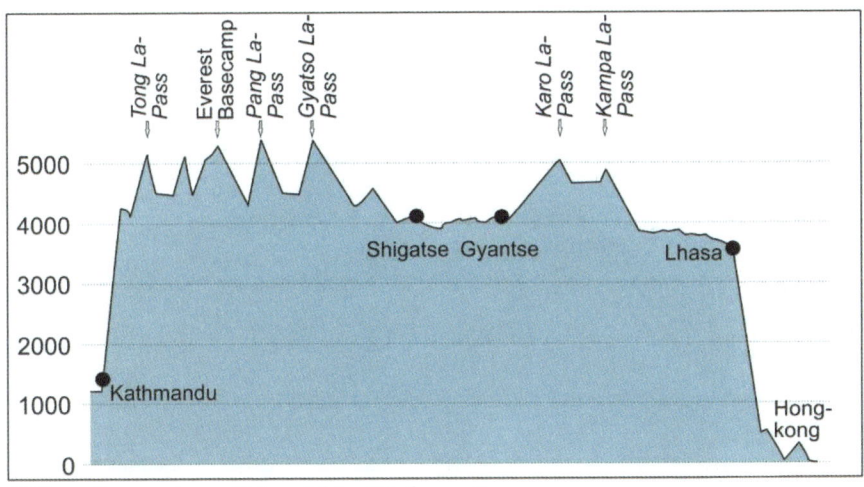

Prinzip der allmählichen Akklimatisation mit dem Auto über mehrere 5000 m-Pässe

Höhendiagramm „Friendship Highway"
Höhenpässe auf dem Weg zwischen Lhasa und Kathmandu

Für die Tibeter blieb der Palast ein heiliger Ort, den jeder einmal im Leben besuchen sollte. Pilger umkreisen ihn mit der Gebetsmühle – immer im Uhrzeigersinn. Wir fuhren mit dem Bus zum Roten Berg, auf dem der Palast thront, und mischten uns unter die fromme Menge. Manche Pilger ließen sich auf die Knie fallen, beugten sich vornüber, legten die Hände ausgestreckt auf den Boden, zogen sie wieder zu sich heran und erhoben sich, um einige Meter weiter das Ritual zu wiederholen. Dabei beteten sie unablässig. Nachdem wir das Schauspiel eine Weile betrachtet hatten und mit dem Strom der Pilger ein Stück um den Palast gezogen waren, wollten wir zum Bus zurückkehren. Als wir uns aber umdrehen und in Gegenrichtung weggehen wollten, mahnten die Menschen in unserer Nähe uns eindringlich: »Tut das nicht! Niemand darf am Palast *gegen* den Uhrzeigersinn laufen.«

Also vollendeten wir den vorgeschriebenen Kreis. Wir wollten das Schicksal nicht gleich zu Beginn unserer Reise herausfordern.

Von Lhasa aus fuhren wir durch das tibetische Hochland in Richtung Xigatse, der zweitgrößten Stadt Tibets. Die karge Natur, die glasklaren Seen und Flüsse bildeten mehr als eine großartige Kulisse. Ob wir in einem Kloster oder in einem Dorf Halt machten: Überall empfing uns die Bevölkerung mit großer Freundlichkeit und Herzenswärme.

Der Potala-Palast in Lhasa, 12. April 2013.

Ein tibetischer Mönch, dem ich auf dem Weg zum Pang-La-Pass begegnete. Sein Gesichtsausdruck wurde für mich zum Sinnbild für Zufriedenheit und innere Ruhe.

Am Abend, bevor wir nach Xigatse weiterfahren wollten, kam Kari zu mir.

»Du musst Aldo helfen«, bat er mich.

»Seine Wange ist stark geschwollen, das habe ich gesehen«, erwiderte ich.

»Es wird immer schlimmer. Wir müssen etwas unternehmen.«

Wenig später sprach mich Silvio Mondinelli an: »*Per favore*, Gregor, hilf Aldo! Wenn du ihn wieder gesund machst, trage ich dich zur Not auf den Gipfel.«

»Wow – das nenne ich ein Angebot. Und für mich eine Herausforderung!«

Aldo litt unter fürchterlichen Schmerzen. Vor der Abreise hatte er sich in Italien an den Zähnen behandeln lassen. Ein Zahn war vorgeschädigt gewesen und musste gezogen werden. Das war vor einer großen Expedition nicht unüblich, ein Teil des notwendigen gesundheitlichen Komplett-Checks. Der clevere italienische Zahnarzt hatte es jedoch für angeraten gehalten, das nun leere Zahnfach mit Knochenersatzmaterial zu füllen – vielleicht, weil sich der Eingriff auf diese Weise besser abrechnen ließ? Medizinisch war die Lösung jedoch »suboptimal«. Ganz besonders, wenn man wusste, dass der Patient kurz danach auf eine längere Expedition gehen würde. Es kam, wie es kommen musste: Eine Kieferentzündung, ein sogenannter Abszess, hatte sich ausgebreitet. Am nächsten Morgen brachen Aldo und ich darum nach Xigatse auf, gemeinsam mit einem tibetischen Verbindungsmann, der zu Karis Vor-Ort-Netzwerk gehörte, während die anderen noch einen Abstecher zu einer Palastbesichtigung unternahmen. Wir fuhren zu einer Praxis, die nicht ganz nach den in Europa geltenden Maßstäben eingerichtet war: Der Behandlungsraum war durch ein Schaufenster voll einsehbar und bot außer den Patienten auch einigen Angehörigen Platz, die als Publikum beiwohnen konnten. Ich schaute zunächst neugierig auf den Arbeitsplatz des Zahnarztes und sah, dass er gerade eine Unterkieferfortsatzfraktur schiente. Hut ab, dachte ich, als Zahnarzt Kieferfrakturen zu versorgen, ist bei uns nicht üblich. Aber die Lage in seinem Lande ließ ihm wohl keine andere Wahl.

Die beiden Zahnstühle waren nicht höhenverstellbar, ich musste in denkbar ungünstiger Haltung arbeiten. Die Praxis hatte mehr die Anmutung eines Frisörsalons. Die Situation war jedoch nicht danach, mäkelig zu sein, und hilfsbereit, wie die Menschen Tibets nun mal sind, unterbrach der Zahnarzt sein Werk und erklärte sich bereit, mir einen der beiden Stühle, sein Instrumentarium und die notwendigen Medikamente zur Verfügung zu stellen. Unter seinen wachsamen Augen und denen einiger Patienten, die auf ihre Behandlung warteten, wandte ich mich Aldo zu, dem der Angstschweiß schon auf der Stirn stand. Andererseits war er froh, von einem Europäer und noch dazu einem Bekannten und Bergkameraden behandelt zu werden. Aus eigener Erfahrung wusste ich, dass die südländischen Patienten immer etwas schmerzempfindlicher sind als die meisten Mitteleuropäer. Sie litten heftig beim Zahnarzt, mehr noch beim Kieferchirurgen. Nichtsdestotrotz war der Erfolg dieser OP für alle enorm wichtig. Ich versetzte mich gedanklich in meine Praxis und versuchte, alle Misslichkeiten auszublenden und genau nach Schema vorzugehen.

Es gilt immer wieder die gleiche alte Medizinerregel: Vorsicht bei Verwandten, Bekannten und Freunden. Bei ihnen geht des Öfteren etwas schief, weil man meint, besonders gut sein zu müssen. Nur wenn man auch bei diesen Leuten vorgeht wie immer, hat man Erfolg. Das hatte ich in den vielen Jahren meiner Praxis zur Genüge erfahren, und ich versuchte, es umzusetzen.

Vor der lokalen Betäubung reichte mir der Kollege einen Alkohol-Wattebausch zur Desinfektion der OP-Region – keinen Tupfer, wie bei uns üblich. Ich spritzte großzügig ein und musste mehrfach nachinjizieren, zumal die Injektionslösung (Lidocain) nicht den gefäßverengenden Wirkstoff Adrenalin enthielt und die Wirkung der Spritze durch die Entzündung gemindert wurde. Danach entferne ich das Knochenersatzmaterial aus dem Zahnfach mit einer Art Lanzettmesser und einer Zahnfleischkürette (bei uns nimmt man dafür einen sogenannten »Scharfen Löffel«). Ich erkannte das Material mit dem Namen »Bio-Oss«, und es war nicht das erste Mal, dass ich solche, von der Industrie propagierten Materialien, eingebracht an der falschen Stelle zum falschen Zeitpunkt, entfernt hatte. Aber der Ort, an dem ich diesen Eingriff vornahm, war neu!

Dann entfernte ich auch den zum Teil schon abgestorbenen Knochen und frischte die Wunde an, bis das gereinigte Zahnfach wieder vollbluten konnte. Die Operation abschließend, legte ich noch einige Adaptationsnähte – mit einem guten alten Bekannten: einem uralten Nadelhalter »nach Mathieu«, den ich lange nicht mehr benutzt hatte.

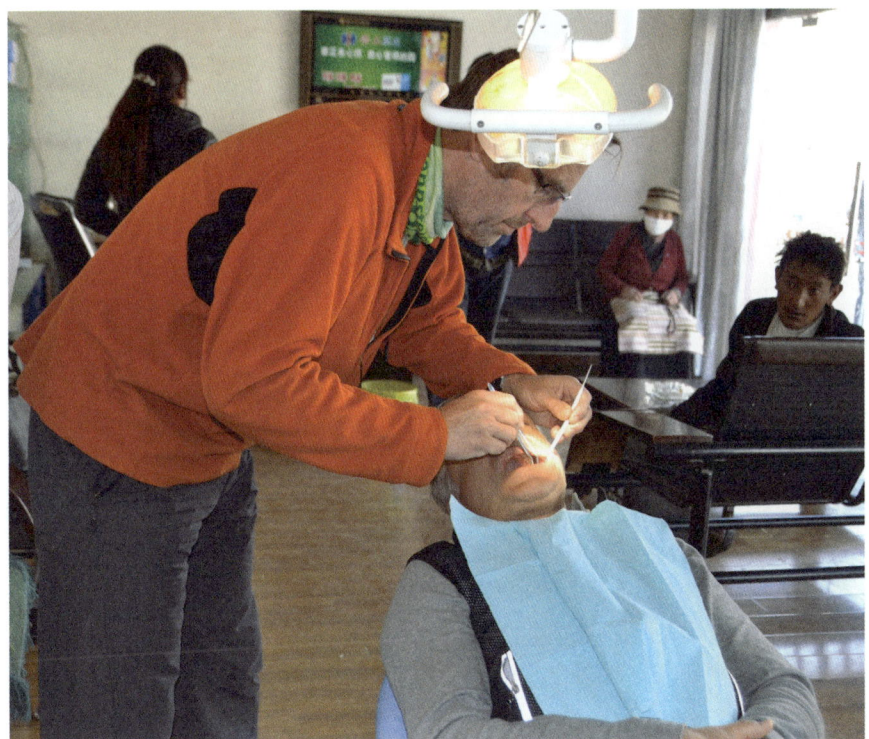

Ich operierte Aldo in einer Zahnarztpraxis in Xigatse, 14. April 2013.

Zuletzt reichte mir der Doktor eine Art Zauberlösung zur Wunddesinfektion. Als er die Flasche öffnete, roch ich sofort das gute alte, in DDR-Zeiten viel verwendete Chlorphenol-Kampfer-Menthol, kurz CHKM genannt. Na, wenn das kein Erfolg wird, sagte ich mir. Das Antibiotikum bekam Aldo aus meiner Reiseapotheke.

Nachdem der Eingriff glücklich beendet war, stellten wir uns noch zu einem Abschlussfoto zusammen. Als der tibetische Zahnarzt seinen an einigen Stellen verschmutzten Kittel auszog, sagte ich zu ihm: »Es ist doch kein Problem, mit dem Kittel fotografiert zu werden.«
»Das sehe ich auch so«, erwiderte er. »Ich möchte bloß einen sauberen Kittel anziehen.«

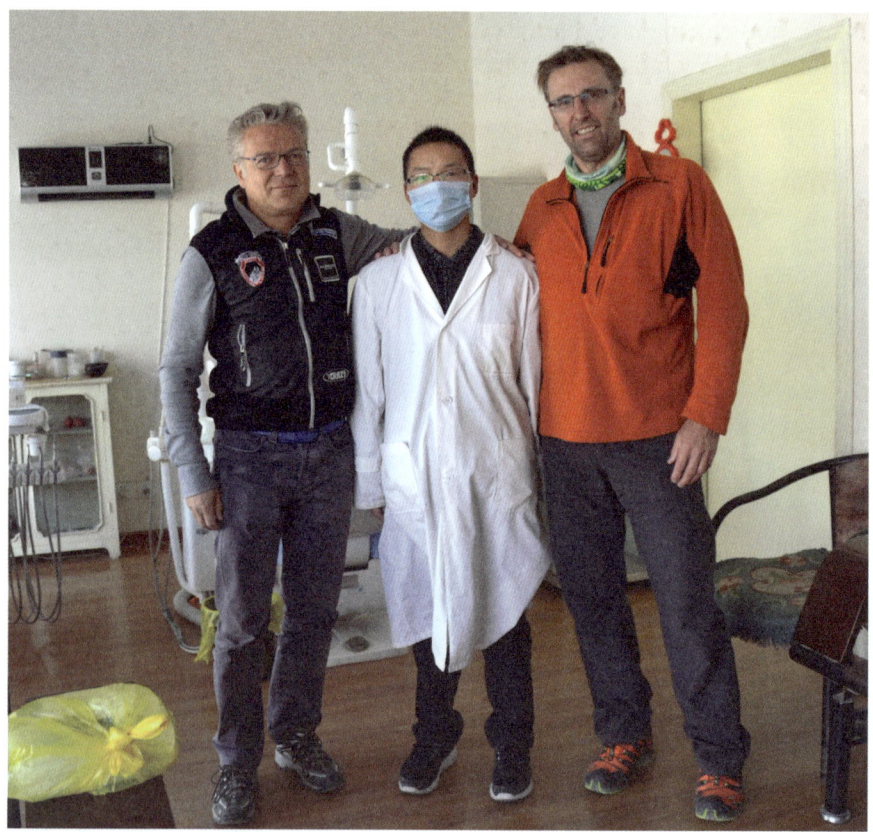

Mit Aldo und dem tibetischen Kollegen, dem die Praxis gehörte, nach dem erfolgreichen Eingriff.

Der neue Kittel war auch nicht ganz fleckenfrei, was mich aber nicht so sehr erstaunte wie der Umstand, dass der Zahnarzt sich für das Foto seinen Mundschutz aufsetzte, den er zuvor bei der Behandlung nicht getragen hatte.
»Warum machst du das denn? Du hast doch bisher keinen Mundschutz getragen?«
»Wenn irgendwann ein Foto von mir im Internet auftaucht, auf dem ich mit zwei Kapitalisten zu sehen bin, denen ich meine Praxis zur Verfügung gestellt habe, kriege ich allergrößte Probleme.«
Ich nickte. Mit staatlicher Überwachung hatte ich schließlich auch meine Erfahrungen gemacht. Bevor wir uns verabschiedeten, bezahlten wir unsere Rechnung. Der Zahnarzt verlangte 150 Yen – umgerechnet 54 Cent. Aldo gab ihm deutlich mehr.

Auf der Nordroute

Am 16. April starteten wir um 6 Uhr morgens von der Ortschaft Xegar zum Basislager. Nach zehn Minuten hielt der Bus. Eine Polizeikontrolle vor der Zufahrt in den Everest-Nationalpark. Im Zollhäuschen wurden unsere Pässe geprüft, dann ging es weiter über den Pang-La-Pass. An einer Aussichtsplattform legten wir einen Zwischenstopp ein und genossen das Panorama der über den Wolken aufragenden Berge im Licht der aufgehenden Sonne. Cho Oyu, Shishapangma, Lhotse und, über alle erhaben, Mount Everest. Ein Anblick, der mir Respekt einflößte, und ein wenig Beklommenheit.
Über ein tibetisches Bergdorf erreichten wir das Rongpu-Tal, das von den Ausläufern und Abflüssen des Rongpu-Gletschers gebildet wird und sich in ein östliches, ein mittleres und ein westliches Tal gliedert. Dort besichtigen wir das Rongpu-Kloster, das als das höchste Kloster der Welt gilt und in früheren Zeiten Einsiedlermönchen als Versorgungsbasis diente, die in noch höher gelegenen, aus unbehauenen Steinen errichteten Zellen hausten. Im Zuge der Kulturrevolution vollständig zerstört, dann seit 1983 allmählich wieder aufgebaut, beherbergt das Rongpu-Kloster heute zwischen dreißig und fünfzig buddhistische Mönche und Nonnen. Neben manchem, was mich beeindruckte, entdeckte ich auch immer wie-

der das »Sonnenrad«-Zeichen, dessen Gestalt den Hakenkreuzen der Nazis entspricht. Auch wenn es hier natürlich etwas anderes bedeutet: Für einen Deutschen ist das ein gewöhnungsbedürftiger Anblick.

Kurz vor dem Basislager hielt der Bus endgültig. Wegen Bodenwellen war eine Weiterfahrt nicht möglich. Wir legten die letzten Meter zu Fuß zurück. Beim Anblick des Lagers, in dem sich russische, amerikanische und chinesische Expeditionen tummelten, blieb mir fast die Spucke weg über den Luxus, der sich uns an diesem unwirtlichen, abgelegenen Ort bot. Um riesige, von den Sherpas errichtete Mannschaftszelte für Besprechungen und die gemeinsamen Mahlzeiten gruppierten sich Kolonien von Einzelzelten. Nicht nur Everest-Besteiger hatten sich hier eingefunden. Etliche waren hier, die »nur« auf einen der umliegenden Siebentausender gehen oder vom Basislager aus Höhenwanderungen unternehmen wollten.

Zu den vielen Annehmlichkeiten, die uns hier erwarteten, gehörte eine Sodamaschine, die Kari aus der Schweiz hatte kommen lassen. Für diejenigen, denen Wasser auf die Dauer zu eintönig war, gab es Sirup, mit dem sich das Sodawasser versüßen ließ. Für mich war Kaffee wichtiger. Aber auch daran fehlte es nicht – wie es an fast nichts fehlte. Die Verpflegung bestand zum weitaus größten Teil aus guter Schweizer Küche. Poncho, unser Chefkoch, hatte eigens einen »Kochkurs« in der Schweiz besuchen müssen. Es gehörte zu Karis Programm, seine Crew intensiv zu schulen. Nicht nur die Köche, auch die Chef-Sherpas, mit denen er zusammenarbeitete, lud er im Sommer zu Schulungen auf eine Berghütte in der Schweiz ein. Dort lernten sie Englisch, sogar ein bisschen Deutsch. Noch wichtiger aber war: Sie wurden mit der Mentalität der Europäer vertraut.

Müsli, Rösti, Zürcher Geschnetzeltes: Mir war es beinahe ein wenig zu viel an Schweizer Kost. Ähnlich schien auch Aldo gedacht zu haben. Er und Silvio hatten sich zur Ergänzung der „Kobler-Kost" ihr eigenes Essen mitgebracht, italienisch natürlich. Ab und an durften wir uns aus Aldos und Sylvios großen blauen Expeditionstonnen bedienen: Richtiger Parmesankäse oder Cantuccini – ein traditionelles Mandelgebäck aus der italienischen Provinz Prato – in Weißwein getaucht: eine Freude!

Nach einem Ruhetag am 17. April begaben wir uns am 18. April auf eine erste Eingehtour, die uns zunächst in östlicher Richtung und schließlich auf einen Höhenweg oberhalb des Basislagers führte. Wir erreichten eine Höhe von 5418 Meter. Das Gelände war geröllig. Staub wirbelte uns um die Nase. Doch stärker zu schaffen machten mir die Schmerzen, die allmählich in meinem Kopf aufbrandeten, mein neuerlicher Tribut an die Höhe. Bei der zweiten Eingehtour, diesmal in westlicher Richtung, erging es mir ähnlich.

Zeltplatz mit atemberaubendem Everest-Blick: Vor meinem Zelt im Basislager, 16. April 2013.

Ein erstes „Briefing" von Kari Kobler im Mannschaftszelt, 16. April.

Das Basislager der Everest Nordroute, 18. April.

Die dritte Eingehtour am 21. April hatte es in sich: Über eine Gletscherzunge, für die wir unsere Steigeisen anlegen mussten, gelangten wir wiederum in eine Geröll- und Steinlandschaft. Wir wechselten die Schuhe (Steigeisenstiefel in Bergschuhe) und folgten einem zunächst nicht sehr steilen Hang, der zu einer kegelförmigen, von Geröll und kleinen Eisfeldern überzogenen Erhebung führte. In Serpentinen mühten wir uns hinauf, mussten dabei auch ein Feld mit bizarren Mini-Seracs durchqueren. 13 Kilometer Wegstrecke und achthundert Höhenmeter in nur sechseinhalb Stunden! Gemeinsam mit Karin und einem Sherpa erreichte ich als Letzter den Gipfel in 6005 Meter Höhe. Erinnerungen an den Mount Kibo wurden in mir wach. Vor allem aber fühlte ich mich platt und rang nach Luft.

»Jeder, der diesen Gipfel geschafft hat«, munterte Kari uns auf, »hat später auch den Everest geschafft.«

Dein Wort in Gottes Ohr, dachte ich, und genoss die kurze Ruhepause vor dem Abstieg, bei dem ich mich wiederum im hinteren Teil der Gruppe hielt.

Kari nutzte unsere Eingehtouren, um unsere physische Verfassung, unsere technischen Fähigkeiten und unser Equipment zu überprüfen. Er unterstützte uns nach Kräften, wies uns aber auch, wenn es aus seiner Sicht angezeigt war, auf unsere Pflichten hin. Einmal, als ein etwas stärkerer Wind aufkam und mein Zelt bedenklich wackelte, bat ich ihn um Hilfe. Das hätte ich besser nicht getan!

»Was bist du? Ein Expeditionsmitglied – oder was? Du musst dein Zelt selber festmachen – du, und niemand sonst!«

Eigentlich hätte ich mir die Frage sparen können. Ich wandte mich an Kasan, meinen Freund aus der Küche. Ohne Probleme verzurrte er mein Zelt an den umliegenden Felsbrocken.

Wie ernst Kari seine Aufgabe nahm, wie gewissenhaft er bei seiner Arbeit war und wie genau er uns beobachtete, erlebte ich an dem Tag, als wir vom Basislager (5200 Meter) zum Intermediate Base Camp (5700 Meter) aufstiegen, einer Zwischenstation auf dem Weg zum Advanced Base Camp (ABC, 6400 Meter). Einen großen Teil unserer Ausrüstung transportierten Yaks für uns – äußerst bewegliche Tiere, die sich trotz ihrer massigen Statur sicher und behände über den Schotter bewegen. Sherpas und Hunde vervollständigten den Tross, der uns voranging. Wie eng verbunden Mensch und Tier erschienen, in dieser unwirtlichen Umgebung!

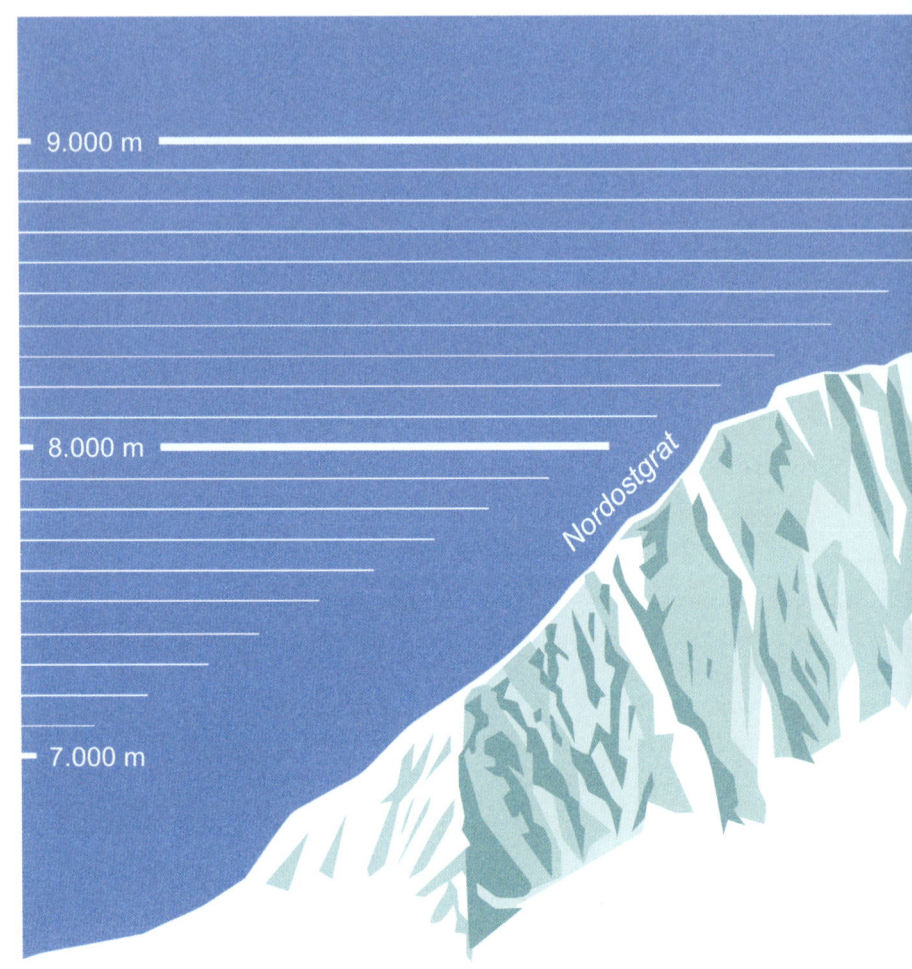

Die Nordroute auf den Mount Everest.

Wir schulterten unsere Rucksäcke und begaben uns auf die zehn Kilometer lange Tour, bei der wir etwa 500 Höhenmeter zu überwinden hatten. An diesem Tag wurde das Laufen für mich zu einer einzigen Strapaze. Für die teilweise bizarren Formationen der Seracs, die weite Strecken unseres Weges säumten, hatte ich kein Auge. Nun waren es weniger die Kopfschmerzen, die mir zusetzten. Die Höhe nagte noch auf andere Weise an mir. Mir schwanden zusehends die Kräfte.

Kari bemerkte meine schlechte Verfassung sofort. Er rief einen Sherpa zu sich und forderte mich auf:»Gregor, gib deinen Rucksack her!«

Keuchend befolgte ich seine Anweisung und sah zu, wie er meinen Rucksack dem Sherpa in die Hand drückte:»Du trägst den jetzt!«

»Nein«, intervenierte ich. Mir war das peinlich.»Ich trage den Rucksack selbst!«

»Nein, das wirst du nicht tun«, beharrte Kari.»Du läufst jetzt hinter mir her. Du machst die Schritte genau wie ich. Genau so und nicht anders. Das ist der Schritt, der hier am Everest gegangen wird!«

Sprach's, und lief wie eine Maschine vor mir her – unermüdlich und in genau dem richtigen Tempo. Spätestens an dieser Stelle begriff ich, wodurch er sich seinen Spitznamen verdient hatte:»Zwei Lungenflügel auf zwei Beinen«.

Im Lager angekommen, nahmen wir ein Dinner zu uns und begaben uns bald darauf zur Ruhe. Bevor ich mich schlafen legte, griff ich in meine Reiseapotheke und entschied mich für 600 Milligramm Ibuprofen. Es sollte helfen – am nächsten Morgen ging es mir deutlich besser. Die Kopfschmerzen waren weg, und auch sonst fühlte ich mich ausgeruht und frisch und wir setzten unseren Weg ins ABC fort. Um dorthin zu gelangen, mussten wir eine tiefe Schlucht durchqueren. Noch einmal ein gewaltiges Auf und Ab. Den nachfolgenden Ruhetag, den Kari verkündete, benötigten wir dringend: Wir befanden uns in einer Höhe von 6400 Metern und waren damit der Wirkung des katabolen Stoffwechsels ausgesetzt. Auch ohne dass wir irgendetwas taten, verloren wir Energie. Jeder Schritt bedeutet eine ungeheure Anstrengung.

Vom Lager aus blickten wir auf den Lhakpa Ri (7045 Meter), dessen Schönheit und Erhabenheit mich tief berührte. Am Morgen setzte ich mich vor mein Zelt, betrachtete ihn und versank in Meditation, Augenblicke der Ruhe, in denen ich mich mit der Natur in Einklang zu bringen versuchte – waren sie nicht das, was ich eigentlich hier oben am Berg suchte? Karis Leitmotto –»Niemand denkt am Anfang schon an den Gipfel« – erschien so in einem neuen, spirituellen Licht. Ich fühlte mich gelöst und ungeheuer entspannt.

Für einige aus unserer Gruppe war der Lhakpa Ri das Ziel der Tour. Am Aufstieg, der für den 27. April geplant war, sollten aber auch diejenigen, die auf den Everest wollten, teilnehmen – zumal das Wetter günstig war. Mir rutschte beim Gedanken daran das Herz in die Hose. Der Lhakpa Ri würde mein erster 7000er sein!

Doch bevor es so weit war, stand noch anderes auf dem Plan: eine weitere Eingehtour zum Crampon Point in 6600 Meter Höhe und Übungen mit Fixseil und Steigeisen. Paulina, die von Kopfschmerzen geplagt wurde, die selbst nach der Einnahme von vier Tabletten Ibuprofen nicht abklangen, entschloss sich, für zwei Tage ins Basislager zurückzukehren, um sich dort zu akklimatisieren.

»Ein weiser Entschluss«, befand Kari.

Am 25. April, zwei Tage vor dem Aufstieg zum Lhakpa Ri, wurden wir Zeugen eines besonderen Ereignisses: Die Sherpas feierten ihr Puja-Fest. Ein Teil von ihnen sollte am kommenden Morgen zum Nordsattel (North Col) vorgehen, einem 7020 Meter hoch gelegenen Sattel zwischen dem Mount Everest und dem nördlichen Changtse (7543 Meter). Dort sollten sie ein Höhenlager einrichten. Unser weiteres Programm sah nämlich mehrere Akklimatisationstouren zum Nordsattel vor – inklusive einer Übernachtung. Für die Sherpas begann damit der Aufstieg zum Qomolangma, zur verehrten Muttergöttin der Erde, für den sie zuvor um Erlaubnis bitten mussten.

Zu Beginn der Zeremonie errichteten die Sherpas einen Altar aus Steinen und rechts davor einen kleinen Kamin, der dazu diente, einige Opfergaben zu verbrennen. Reisig und Räucherstäbchen hatten die Sherpas mitgebracht. Während ein Priester in einem gleichmäßig auf- und absteigenden Sprechgesang Verse aus einem buddhistischen Gebetbuch zitierte, das von mehreren Schichten Panzer-Tape-Band zusammengehalten wurde, legten die Sherpas Reis, ein süßes Mehlgemisch, eine Flasche Schnaps und andere Opfergaben auf den Kamin. Am Altar stellten sie zudem einige Utensilien und Ausrüstungsgegenstände ab, die für einen Aufstieg unentbehrlich waren.

»Du musst auch etwas zum Altar bringen«, flüsterte Silvio mir zu. »Damit es gesegnet werden kann.«

Ich entschied mich für meine Höhenbergstiefel und die Steigeisen, die ich in die Steine des Altars einhakte.

Zum Höhepunkt steckten einige Sherpas einen langen Bambusstab in die Mitte des Altars, befestigten ihn mit Steinen und spannten Schnüre in alle Himmelsrichtungen, an denen Wimpel und Fahnen in allen Farben befestigt waren. Als einer der Sherpas sich anschickte, ohne jede Absicherung eine Wand hochzuklettern, um ein Seil samt Fahnen möglichst hoch zu fixieren, pfiff Kari Kobler ihn zurück. Er sollte sein Leben nicht schon vor dem Aufstieg riskieren.

Am Ende entstand ein vom Steintempel ausgehendes, sich in alle vier Himmelsrichtungen in die Tiefen des blauen Himmels erstreckendes Meer aus Gebetsfahnen! Vor der berauschenden Kulisse aus unzähligen, in Zuckerwatte gepackten 7000ern ergab sich ein Bild, das ich in meinem Leben nie vergessen werde und für das allein sich diese Reise gelohnt hat. Gott sei Dank – aber auch dafür, dass ich im ABC, auf 6400 m Höhe, wenig Kopfschmerzen hatte!

Nach zwei Stunden endete das Fest. Die Sherpas verteilten die gesegneten Gegenstände und boten die über dem Kamin zubereiteten Opfergaben an. Ich probierte von den vielen unterschiedlichen Keksen und Back-waren und erhielt, wie alle anderen, als besonderen Glücksbringer eine gute Portion von dem Zucker-Mehl-Gemisch auf die Wangen geschmiert.

Am nächsten Morgen brach die vorbestimmte Gruppe der Sherpas zum Nordsattel auf.

»Reserviert gute Schlafplätze für uns«, sagte Kari zu ihnen. »Gut schlafen, heißt Kraft sparen.«

Einen Tag später begann für uns der über sechs Kilometer lange Aufstieg zum Lhakpa Ri, 737 Höhenmeter. Wir teilten uns in mehrere Seilschaften auf. Ich gehörte, gemeinsam mit Kari und Karin, zu einer vorderen Gruppe. Nachdem wir am Crampon Point Steigeisen angelegt hatten, ging es durch einen märchenhaft anmutenden Eisbruch mit mannshohen Seracs. Anschließend querten wir eine Gletscherzunge. In der aufsteigenden Sonne wurden die umliegenden Gipfel allmählich von oben nach unten erleuchtet – ein Anblick, der uns für die großen Strapazen mehr als entschädigte. Doch mussten wir auf unseren Weg achten. Gletscherspalten taten sich auf, der Hang wurde steiler und steiler.

Mein morgendlicher Blick auf den Lhakpa Ri im „Advanced Base Camp" (ABC, 6400 Meter).

25. April: Im ABC feierten die Sherpas das Puja-Fest, mit dem sie um Erlaubnis baten, den Qomolangma, die verehrte Muttergöttin der Erde, besteigen zu dürfen. Dabei wurden Teile der Ausrüstung zum Altar gelegt.

27. April: mit Karin auf dem Gipfel des Lhakpa Ri (6990 Meter).

Karin konnte zwischenzeitlich mit unserem Tempo nicht mehr Schritt halten.

»Ich möchte gerne in eine langsamere Gruppe wechseln«, signalisierte sie, »Ich kann nicht mehr.«

Doch Kari Kobler reagierte nicht.

Schließlich, nach einem felsigen, für mich sehr schwierigen Schlussstück, erreichten wir die Gipfelkuppe. Wir machten indessen etwas unterhalb des Gipfels Halt, auf 6990 Metern. Um zum höchsten Punkt zu gelangen, hätten wir über eine Wechte laufen müssen – an diesem Tag und bei diesem Wetter wäre das zu gefährlich gewesen. Dennoch galt der Lhakpa Ri als von uns »bestiegen«. Dass mir zu meinem ersten 7000er ein paar Meter fehlten, konnte ich leicht verschmerzen.

Zum Gipfelfoto legte Karin ihren Arm auf meine Schulter. Ich genoss das Gefühl der Freundschaft nach diesem schweren Aufstieg. Beide sahen wir zum Gipfel des Everest hinüber, der ja noch über 1800 Meter höher lag. Unvorstellbar, wie wir das noch schaffen sollten!

Als wir abends, wie gewöhnlich, zur Auswertung unserer Tagestour zusammensaßen, kam Kari auf den kleinen Zwischenfall mit Karin zurück. »Du musst auch mal beißen können«, ermahnte er sie. »Wenn du das nicht kannst, wenn du es nicht fertigbringst, auch mal über deine Schmerzgrenze zu gehen, schaffst du den Everest nicht.«

Es sollte nicht das letzte Mal sein, dass die »Lungenflügel auf Beinen« einen von uns etwas forscher anpackte.

Nach der Besteigung des Lhakpa Ri trennte sich die Gruppe. Wer sein persönliches Ziel erreicht hatte, bereitete sich auf den Heimweg vor. Da die Yaks, auf deren Rücken die Ausrüstung hinab zum Basislager getragen werden sollte, einen Tag früher als geplant im ABC eingetroffen und für sie nicht genügend Futter vorhanden war, verließen uns die Heimkehrer bereits am 28. April und nicht erst, wie ursprünglich vorgesehen, am 29. April. Wir legten einen Ruhetag ein. In meinem Bergtagebuch notierte ich vor dem ersten Aufstieg zum Nordsattel:

29. April 2013, ABC (6400 m):
Habe schlecht geschlafen und geträumt, da ich nicht wusste, was ich mitnehmen soll, mit wem ich im Zelt bin, ob alles in Ordnung geht und ich einen Teil der Klamotten von Sherpas tragen lassen kann. Und so weiter. Der übliche Chaot in mir schwang sein Zepter. Im Laufe des Tages hat sich viel geklärt. Ich muss nur noch nach dem Abendbrot mit den Sherpas sprechen wegen dem Hochtragen. Habe sehr, sehr großen Respekt – um es vorsichtig auszudrücken.

Am 30. April stiegen wir also erstmals zum Nordsattel auf. Dort, im Lager 1 in 7020 Meter Höhe, verbrachten wir eine Nacht. Die nächste Tour hinauf sollte nach zwei weiteren Ruhetagen folgen. Doch es kam anders:
Ich wache relativ früh auf. Keinerlei Beschwerden. Halte von 6.45 bis 7.45 Uhr ein wunderbares Morgengebet, fast in Zwiesprache mit Gott. Sitze auf den Daunenhandschuhen hinter dem Zelt mit Blick auf den Lhakpa Ri, betrachte die Gletscherzunge zwischen dem Berg und unserem Lager sowie die hausgroßen Seracs. Es ist wie im Traum.

30. April 2013: Mein erster Aufstieg zum Nordsattel (North Col, 7020 Meter).

11.05.2013, auf dem Nordsattel nach der 1. Übernachtung ohne Sauerstoff in über 7000 m mit Silvio Mondinelli

2. Mai:
Kurz nach dem Frühstück kommt Kari mit Paulina vom North Col (Nordsattel). Gleich darauf erscheint eine chinesische Reporterin für ein Interview mit Kari. Auch wir sollen zu Wort kommen. Für einen englischsprachigen chinesischen TV-Kanal. Die Journalistin ist sehr weltoffen. Sieben Jahre lebte sie in London. Auch ihr Kameramann, ein Tibeti, beherrscht das Englische gut und scheint »international« beschlagen. Ich darf mein Zelt zeigen und beantworte zusammen mit Kameramann und Reporterin in einem Bergzelt stehend (!) ihre Fragen. Funny!

Kari hat Stress – er muss zum Dinner mit einem gewissen Mister Wang, dem drittreichsten Chinesen.

Das Wetter wird schlechter. Es beginnt zu schneien. Der Berg der Berge zeigt ein wenig seiner Kraft und Macht. Unsere Pläne sind direkt vom Wetter abhängig.

Ich gehe abends nach dem Dinner ins Küchen-Zelt und treffe dort Kari und Silvio. Kari ist abends regelmäßig bei seiner Mannschaft – gut so. Wie ein echter Käpt'n.

Von dem Sherpa, der für das Wiegen der Klamotten verantwortlich war, die wir auf den North Col haben bringen lassen, erfahre ich, dass es bei mir 10 Kilogramm waren. Kommt mir zwar etwas viel vor, ist mir aber egal. Gute Leistung muss gut bezahlt werden. Morgen werde ich ihm 100 US-Dollar geben, wie abgemacht: 10 US-Dollar pro Kilogramm bis zum Nordsattel. Gute Nacht!

PS: Kasan, der Kitchenboy, kann nun langsam meinen Namen aussprechen.

Am nächsten Morgen wartete Kari zum Frühstück mit unangenehmen Nachrichten auf: Für die nächsten vier bis fünf Tage waren heftige Winde mit Sturmböen bis zu 120 Kilometern pro Stunde angekündigt. Wir entschieden, noch am selben Tag ins Basislager zurückzukehren. In aller Eile packten wir unsere Sachen, machten unsere Zelte flach, beschwerten sie mit Steinen und brachen um 10 Uhr auf.

3. Mai:
Wir laufen durch ein Gemisch aus Fels und Eis. Es ist ein hektischer Aufbruch. Ich laufe als Letzter. Komme kaum hinterher. Ab und zu wartet Michi noch, dann zieht er seine Bahnen. 8,5 Kilometer bis ins Intermediate Base Camp. Es ist anstrengend. Ich fotografiere viel und halte gerade so

Anschluss an Karin. Im Intermediate Base Camp treffen wir uns mit Michi und Paulina. Aldo und Silvio sind schon weiter vorn. Karin und ich essen noch eine Nudelsuppe. Inzwischen gehen Paulina und Michi schon vor. Der zweite Streckenabschnitt ist ähnlich anstrengend, ich komme kaum dazu, meinen Gedanken nachzugehen. Möchte aber auch weiter fotografieren, die Natur ist überwältigend, gigantisch.

Am Ende des Abstiegs holen wir Michi und Paulina ein, Karin läuft straff vorbei. Ich gehe mit den beiden anderen gemeinsam zum Ziel – und sehe am Ende aus wie ein »Staubschwein«.

Eine buddhistische Nonne (Bhikkhuni), 5. Mai. Ihr Kloster steht in der Nähe des Basislagers und wurde direkt in den Felsen geschlagen. Im Hintergrund die Gipfelpyramide des Everest mit typischer Wetterfahne.

Wir blieben bis zum 7. Mai im Basislager, besichtigten ein kleines, fast nur aus Ruinen bestehendes Kloster, in dem aber noch Bhikkhuni (buddhistische Nonnen) wohnten, und eine »Zelt- und Hotelstadt« direkt am

Fuße des Basislagers. Dort bummelten wir über den Sonntagsmarkt, auf dem vor allem Souvenirhändler ihre Waren anboten. Zudem nutzten wir die Gelegenheit für ein paar persönliche Gespräche und etwas ausgedehntere Unterhaltungen.

Aldo erzählte mir von seiner ersten Tour zum Everest. Mit zwei namhaften italienischen Bergsteigern hatte er seinerzeit über die Südroute versucht, zum Ziel zu kommen, schaffte es aber nur bis zum South Col (7500 Meter) – ein totaler Flop.

»Mehrfach durchquerten wir den Khumbu-Eisbruch. Äußerst gefährlich!«, berichtete er. »Um mich zu erholen, bin ich mit einem Helikopter nach Kathmandu geflogen worden. Dort habe ich mir aber einen Virus eingefangen. Als ich, zurück im Basislager, bei einem Arzt vorsprach, schickte der mich sofort nach Hause. Das war's mit dem Everest – bis Silvio mich überredet hat, es noch einmal zu versuchen.«

Silvio war ein Cousin seiner Frau, mit der er in zweiter Ehe verheiratet war. Siebzehn Jahre jünger als Aldo, war sie ausgesprochen hübsch. Aldo schien sie abgöttisch zu lieben: Bei jeder Gelegenheit telefonierte er über sein Satelliten-Telefon mit ihr. Er war der Einzige von unserer gesamten Truppe, der ein solches Telefon bei sich hatte.

Am 7. Mai, einen Tag vor der Rückkehr zum ABC, unternahm ich mit Urs einen ausgedehnten Spaziergang. Auch er hatte bis dato schon zwei Anläufe auf den Everest unternommen. Bei seinem letzten Versuch kam er bis auf 8600 Meter, dann brach sein Sherpa wetterbedingt den weiteren Aufstieg ab. Unten angekommen, völlig enttäuscht, traf er Kari Kobler. Der hatte ihm Mut gemacht für einen dritten Versuch.

Vom Basislager aus wanderten Urs und ich in nördlicher Richtung, begaben uns zunächst auf einen Aussichtshügel für Touristen und statteten anschließend einem Denkmal für George Mallory und Andrew Irvine einen Besuch ab. Tief beeindruckt verharrte ich vor der Gedenktafel. Sie waren wahrhafte Pioniere, die ihr Leben gaben für einen Traum. Wir waren Zwerge auf dem Rücken von Riesen.

Es war der 7. Mai, meine letzte Nacht im Basislager vor dem langen schweren Weg zum Gipfel. Ich legte mich in meinen Schlafsack, wollte mir den Wecker für den nächsten Morgen stellen und sah voller Verwunderung, dass mein Handy Empfang hatte. Ich las die liebevoll-erotische Nachricht einer schönen Frau, die mir sehr nahestand und deren Worte mir viel Kraft gaben und meinen Willen stärkten, heil zurückzukommen.

Bei der Gedenktafel für George Mallory und Andrew Irvine

Das höchste Café der Welt

8. Mai, Base Camp, 5200 Meter:
Ich stehe beizeiten auf und habe zum Frühstück schon so ziemlich alles gepackt. Wir starten um 9 Uhr – Paulina, Karin und ich. Eigentlich etwas zu spät, wenn es ohne Übernachtung im Intermediate Camp bis ins Advanced Base Camp (ABC) gehen soll.

Karin läuft einen sehr konstanten Schritt, Paulina und ich hinterher. Bis zum Intermediate Camp geht's mir richtig gut. Paulina legt kurz vor dem Intermediate Camp einen Zwischenspurt ein und ist erst mal ohne Pause weg. Bis 13.40 Uhr Pause (Nudelsuppe und warmer Saft), dann weiter, obwohl es schon sehr spät ist! Hätte man vielleicht besser im Intermediate Camp übernachten sollen, wie mit Kari ursprünglich abgesprochen? Trotzdem gehen wir los. Der zweite Teil ist deutlich anstrengender und kommt mir ewig vor. Ich laufe wie in Trance und beginne, für jedes Familienmitglied ein Vaterunser zu beten. Aber wer gehört eigentlich noch alles zur Familie? Egal, ich habe Zeit, alle bekommen eins!

Der Weg neben den Eismoränen scheint endlos. Wir kommen voran, aber die Zeit vergeht so schnell. Es ist nach 17 Uhr. Höhe schon über 6000 Meter. Es wird kalt. Beim letzten Stopp ziehe ich zum ersten Mal die Goretex-Hose und die Mammut-Handschuhe an. Trotzdem spüre ich die Kälte immer mehr, da die Sonne uns nicht mehr wärmt.

Wir holen Paulina wieder ein, Karin gibt mir ein Wärmepack, aber das funktioniert nicht richtig. Ich bekomme es nicht dahin, wo es richtig kalt ist. Endlich sehen wir die ersten Zelte. Ein Sherpa kommt mir mit warmem Saft entgegen. Aber noch sind es knapp 100 Höhenmeter! Kurz vor 18.30 Uhr betreten wir endlich das superwarme Essenszelt. Es war wirklich auf den letzten Drücker!

Kaum Abendbrot gegessen, platt, erst mal eine Aspirin, dann mit Wärmflasche, Rucksack und Stiefeln ins Zelt. Alles gerichtet und eingeschlafen. Gegen Mitternacht mit viehischen Kopfschmerzen erwacht. Außerdem muss ich pinkeln und draußen ist es saukalt. Nehme in Ermangelung einer Pee-Box meinen Kochtopf, den ich hier wahrscheinlich nicht mehr brauche. Dann eine Ibuprofen und ich wache um 6.30 Uhr auf – ohne Kopfschmerzen.

Inzwischen hatte Kari über *Meteotest Bern* neue Wetterprognosen erhalten. Zwischen dem 15. und 20. Mai durften wir mit gutem Wetter für den Aufstieg zum Gipfel rechnen. Bevor es so weit war, stand der zweite Aufstieg zum Nordsattel auf dem Programm – unsere letzte Akklimatisations-Tour.

Am 10. Mai machten wir uns gegen neun Uhr auf den Weg. Ich spürte, dass ich heute leistungsfähiger war, besonders auf dem ersten Teil der Strecke. Ob es an der Einnahme von 50 Milligramm Viagra lag, ist schwer zu sagen. Ich wollte jedenfalls das im Höhenmedizinkurs erworbene Wissen direkt am Berg ausprobieren. Deshalb nahm ich die gleiche Strecke, den Aufstieg zum Nordsattel, einmal ohne und einmal mit Viagra. Natürlich weiß ich auch um die Wirkung von Placebos. Wie auch immer: Ich war topfit! Eine Erfahrung mehr. In einer steilen Eiswand überholte ich Karin mit einem echten Kraftakt auf nur einer Seillänge und fühlte mich auch danach noch frisch. Alles lief glatt. Bereits gegen zwei Uhr mittags kam ich in unserem Lager am Nordsattel an.

11. Mai:
Heute Morgen um 5.30 Uhr aufgewacht. Diese Nacht war besser als die erste auf dem North Col, aber dennoch viel Unsinn geträumt. Mund ständig trocken, Hals zu, leichte Kopfschmerzen. Kurz nach 7 Uhr raus zum Fotografieren – ich verliere dadurch etwas Zeit. Sie fehlt mir beim Abmarsch.
Im Küchenzelt bei Sherpa Dendy eine Tasse Kaffee und warmes Ananas-Kompott. Urplötzlicher Aufbruch – nichts für mich. Nur Karin ist genauso langsam – sie ist ja ein Chaot wie ich, doch ein sehr, sehr sympathischer.
Ich geh als Letzter vor Dendy, erreiche die Wand, an der wir uns abseilen müssen. Da sehe ich, wie Kari beim Einstieg in die Wand aufgeregt auf Karin einredet. »Und so was will zum Everest!«, höre ich ihn brüllen.
Karin hatte vergessen, den Hüftgurt zu schließen! Stress pur für Kari. Das ist unentschuldbar, da es hochgradig lebensgefährlich ist. Kari möchte keinen »bloody mountain«.
Er sagt zu Dendy, der nun auch langsam zum Abstiegspunkt kommt: »Kümmere dich um Gregor, ich helfe Karin!«
Wow, Glück gehabt, bin ja schon einmal sehr entspannt mit Dendy runter, und so war es auch dieses Mal. Wieder einiges beim Abseilen gelernt, sicher und gut abgestiegen.

Leider mussten wir uns am 12. Mai von Urs verabschieden. Er kämpfte immer noch mit einem verschleppten Infekt und fühlte sich der Herausforderung nicht gewachsen. Seine Muskulatur, vor allem die der Beine, spielte nicht mit. Ich stellte ihm ein Attest aus. Nach dem Mittagessen verließ er uns. Somit scheiterte auch sein dritter Versuch. Er hatte mir schon einige Tage zuvor auf unserem Spaziergang gesagt, vielleicht mit einer gewissen Vorahnung: »Wenn es dieses Mal wieder nicht klappt, dann soll es nicht sein, dass ich auf das Dach der Welt komme.«

Tags darauf machten wir uns mit unserem Sauerstoff-Equipment vertraut. Die Flasche war zu groß für den Rucksack, den ich für die Tour zum Gipfel vorgesehen hatte.

»Ich habe noch einen Ersatz-Rucksack, den ich dir geben könnte«, bot Aldo mir an.

»Das wäre super«, dankte ich ihm herzlich. Bei dem guten Stück handelte es sich um ein nur sechshundert Gramm schweres Hightech-Fabrikat. Als ausgesprochener Rucksack-Fan war ich hellauf begeistert. Die

Aussicht, die drei Kilogramm schweren Flaschen bis zum Gipfel und wieder zurückschleppen zu müssen, bereitete mir etwas weniger Vergnügen. Wir warteten auf das Signal von Kari, wann es losgehen sollte. Er blieb in enger Verbindung zu *Meteotest Bern* und glich die Daten auch mit den Vorhersagen von Karl Gabl ab, von dessen Fähigkeiten ich bereits am Aconcagua profitiert hatte. Manches sprach für den 20. Mai als bestem Gipfeltag.

Aber noch ging es nicht los – zum Glück, denn ich fühlte mich ziemlich platt. Ich konnte die Ruhetage gut gebrauchen.

»Du musst dich bewegen«, ermahnte mich Silvio. »Wenigstens eine kleine Tour!«

Mit Stöpseln im Ohr ging ich zum Crampon Point – die hinreißende Stimme Anna Netrebkos trug mich vorwärts und vereinte sich in meiner Wahrnehmung mit der ungeheuren Hochgebirgslandschaft um mich herum. Einmal mehr überwältigt, hielt ich auf einem Stein meine »Zwiesprache mit Gott«. Und wieder stieg dieses Gefühl der Vertrautheit mit der Natur und der tiefen Zufriedenheit mit der Welt in mir auf. Ein unbeschreiblich schönes Gefühl. Ein Gefühl der Dankbarkeit.

Beim Dinner eröffnete uns Kari: »Der Fahrplan steht. Der Gipfeltag wird der 20. Mai sein.«

Witzig, dachte ich, denn das ist der Geburtstag meines großen Bruders Thomas. Wenn das kein gutes Vorzeichen war! (Aber zuletzt sollte Thomas' Geburtstag doch kein Gipfeltag werden.)

Wenig später stießen unsere Sherpas zu uns, um sich im Zelt aufzuwärmen. Es beruhigte mich, solche »starken Männer« an meiner Seite zu wissen.

In einer leidenschaftlichen Rede schwor Kari die Sherpas und uns auf das ein, was vor uns lag. Die Sherpas ermahnte er: »If you think, that someone isn't strong enough or is sick or something is wrong: Talk to me. But you have the authority to go back down with that person. I don't want anybody to die up there. There is no doubt or question when it comes to health or safety. That's most important. You have a big responsibility now.«

Auch wir hörten aufmerksam zu. Als Kari seine Rede beendet hatte, fragte Karin: »Und was wäre, wenn mein Sherpa schlappmacht?«

»Das passiert eher nicht«, gab Kari herzhaft lachend zurück.

Anschließend wurden wir in den Gebrauch der Sauerstoffflaschen eingewiesen und jeder bekam noch eine Gipfelsturm-Notfallapotheke, unter anderem mit Dexamethasontabletten. Für mich war das nur ein Zusatz, da ich von Anfang an meine ärztliche Notfallapotheke inklusive Dexa-Spritzen dabeihatte. Ob ich es brauchen würde, erfuhr ich erst auf meiner letzten Etappe.

16. Mai – der Tag vor dem Gipfelsturm:
Bevor ich mit Duschen dran bin, sitze ich noch mit den Sherpas und Silvio in der Sonne. In diese Gesichter zu sehen, ist eine Wonne. Einfache, ehrliche, superstarke Typen. Jeder ein Unikat, markanteste Gesichtsausdrücke und dabei immer freundlich. Wenn ich bedenke, dass mein Leben in ihrer Hand liegt in den nächsten drei bis vier Tagen ... Ich habe keine Angst!
 Jetzt gehe ich ins Duschzelt, um sauber zu sein für die Muttergöttin. Kasan macht mir einen 5-Galonen-Sack heißes Wasser und bringt mir ein Handtuch. Ich dusche wieder ehrfürchtig auf Knien, da der Wassersack bis in die Mitte des Zeltes hängt. Wenn das jemand sehen könnte: Gregor auf den Knien, am Fuße des Berges der Berge, dennoch 6400 m über Dessau, über ihm ein kleiner Schlauch mit Minibrause, die gerade so den Körper nass macht und dennoch ein Gefühl wie im besten Luxushotel vermittelt, da man den Staub und Dreck der letzten Tage und Wochen wegwäscht. Ich war noch nie physisch und schon lange nicht mehr geistig so nah an Gott. Beim Anblick dieser gewaltigen Kulisse muss man einfach beten. Ich hoffe, er lässt mich noch näher ran, so physisch nah, wie es nur wenigen Menschen auf unserem Planeten möglich ist – bis auf den Gipfel! Ich danke DIR für diese Möglichkeit.

Nach dem gemeinsamen Abendessen gingen alle relativ zügig in ihr Zelt. Ich checkte noch mal meine ganze Ausrüstung, im Bewusstsein meines alten Traumas, irgendetwas vergessen zu haben. Alle Akkus waren geladen. Ich hoffte, auch mein »Akku« würde für die anstehende Schwerstleistung ausreichen, kroch in den Schlafsack, fand aber erst spät Schlaf.

17. Mai – 1. Etappe:
Start ABC (6400 m) um 08.26 Uhr. Ankunft am Crampon Point um 9.20 Uhr, kurze Pause, dann weiter. Noch bin ich der Dritte hinter Silvio.
 Direkt nach der letzten Leiter die Seillänge: Ich muss auf einen Klienten im Vollschutz warten (Daunenanzug, Skibrille, Sauerstoff). Es dauert zehn Minuten, bis sie ihn heruntergebugsiert haben, direkt neben mir höre ich ihn schwerst atmen, trotz Sauerstoff!
 Ankunft North Col (7020 m): 13.48 Uhr.

18. Mai – von Lager 1 (7020 m) zu Lager 2 (7700 m), erster Versuch:
Hat leider nicht geklappt: Die Muttergöttin der Erde hat es noch nicht zugelassen ...
7.05 Uhr Start nach kopfschmerzenreicher Nacht (Ibu hilft). 10 Uhr erste Pause. 11 Uhr bei etwa 7550 Metern. Auf dem Hinweg sehe ich vier Sherpas, die einen Verletzten bergen, von 7800 Metern runter ins ABC, irre anstrengend. Jeder hat zwei Seile. Der Verletze wird im großen Transport-Sack nach unten befördert.
Ganz vorne gibt Kari ein Zeichen zum Rückzug. An der Schneefeldgrenze wegen starker Winde umgekehrt. Zelte durch Sherpas nicht aufbaubar, zu gefährlich. 12 Uhr wieder unten. Kari geht nach kurzem Stopp auf dem North Col weiter ins ABC. Er wollte mit auf den Gipfel kommen, doch nun entscheidet er sich im Sinne der Gruppe, im »ABC« zu bleiben, um die ganze Aktion von dort aus zu leiten – immer mit einem heißen Draht zu den Wetterstellen in Bern und Innsbruck.
Zwei Stunden später ruft er an und gibt den aktuellen Wetterbericht durch. Wir sollen morgen starten, erneut zu Lager 2, Wind wird etwas besser, auch die Windrichtung. Das Wetterfenster für den Gipfelsturm ist nicht sehr groß. Ab 23. Mai wieder volle Kanne Wind! – Der Aufstieg mit Sauerstoff ist deutlich besser, aber ungeheuer gewöhnungsbedürftig. Der Anstieg ist superanstrengend – und das Ganze morgen noch mal!
Es ist 18.10 Uhr. Ich versuche zu schlafen – mit der Bitte an den lieben Gott, dass es morgen klappt.

19. Mai – von Lager 1 (7020 m) zu Lager 2 (7700 m), zweiter Versuch:
Ankunft um 14:38 Uhr; 7710 Meter laut GPS; verklettert am Ende des Schneefeldes und in der Mitte zwischen Höhenmeter 7400 und 7700 ohne Sauerstoff geklettert! Weit und breit kein Sherpa mit Ersatzsauer-stoff zu sehen. Zwar noch machbar in dieser Höhe, aber ein Gefühl, als ob dir jemand den Stecker zieht. Zwei Stunden später angekommen als die anderen. Michi winkt von Weitem und hüpft herum. Ich habe dafür keinen Nerv.

20. Mai – auf dem Weg zu Lager 3 (8210 m):
Unter einem Felsvorsprung Schutz suchend, legen Ganza und ich eine Pause ein. Wir blicken direkt auf die schneebedeckte Gipfelpyramide. Ich schaue auf meine GPS-Uhr und sehe vorne eine Acht! Erstmals in meinem Leben über 8000 Meter – welch ein Gefühl!

Nach dem zweiten Anlauf komme ich am 19. Mai in Lager 2 (7700 Meter) an.

20.05.2013, über 8000 m, auf einem Plateau wird ein toter Bergsteiger in voller Montur zur ewigen Ruhe gebettet

Auf etwa 8200 Metern gehe ich rechts durch eine leichte Rinne und sehe über mir ein Plateau. Da liegt ein Bergsteiger, der Kleidung nach zu urteilen, ein Sherpa. Komplett in Gelb. Genau zur Sonne ausgerichtet. Ich denke: Der schläft da! Wirklich, der hat's drauf! Ist so schnell, dass er sich noch ein halbes Stündchen in die Sonne legen kann. Aber als ich genauer hinschaue, bemerke ich, dass etwas mit seinem linken Bein nicht stimmt. Es ist nach außen verdreht. Der wird doch nicht ... – Er war tot. Meine erste Leiche am »Berg der Leichen«. Es ist ein Sherpa einer anderen Expedition, der kurz zuvor gestorben ist, wahrscheinlich an Herzversagen, so heißt es.

Nachdem ich um 15.37 Uhr im Lager 3 angekommen bin, nimmt mich Dendy Sherpa in Empfang und weist mir ein Einzelzelt vom Seven-Summits-Club zu.

Das Zelt steht wie ein Adlerhorst auf einer kleinen Plattform inmitten der sehr steilen Wand. Ich falle hinein und kann mich gerade so diagonal hineinpferchen – mehr sitzend als liegend. Rechts und links fällt es annähernd anderthalb Meter ab. Ich bin physisch komplett ausgelaugt – und wieder einmal zwei Stunden später als alle anderen. Eine Weile liege ich apathisch rum, dann kommt Dendy mit dem Funkgerät (hier Radio genannt) zu mir und sagt, Kari Kobler will mich sprechen ...

Abendstimmung in Lager 2, mit Blick auf den Changtse (7550 Meter).

Mein Zelt in Lager 3, am 20. Mai: Wie ein Adlerhorst stand es auf einer kleinen Plattform inmitten der steilen Wand. An der Gipfelpyramide sah man eine Wetterfahne, die die Höhenwinde verdeutlichte.

Es kann einem schwindelig werden, wenn man aus dem Zelt schaut.

Der Schatten des Everest. Am 21. Mai, kurz nach Sonnenaufgang, liegt das Bild der Gipfelpyramide auf der majestätischen Hochgebirgslandschaft.

Ich ahne nichts Gutes! Zum ersten Mal halte ich so ein Teil in der Hand, bin völlig überfordert mit der Bedienung. Dendy hilft mir, so gut er kann, auf Englisch, bis ich kapiere: Der andere muss erst ausreden, dann »Over« sagen, drücken und gedrückt der Stimme des anderen lauschen.
 Okay, ich hab's raus!
 »Gregor«, höre ich Kari, »so geht das nicht. Du bist jetzt zwei Tage hintereinander mit wachsender Verspätung hinter der Gruppe angekommen. Von Lager 1 zu 2 mit anderthalb Stunden, von Lager 2 zu 3 mit über zwei Stunden. Das sagt mir, dass du den Gipfel nicht schaffen kannst! Dazu ist der zeitliche Abstand zum Rest der Gruppe zu groß. Du bist zu schwach!«
 Mir jagt es einen Pfeil durchs Herz, ich bin wie erstarrt: Anderthalb Jahre Vorbereitung in der Heimat (ich zähle im Geist auf, was ich alles gemacht habe), sechs Wochen intensivste Akklimatisation – alles umsonst?
 Mir fällt nicht mehr ein, warum ich zu spät gekommen bin. Ich weiß es, bekomme es aber nicht raus: Weil mir gestern zwischen Lager 1 und Lager 2 der Sauerstoff ausgegangen ist und ich volle zwei bis drei Stunden, zwischen 7400 und 7700 Meter Höhe, ohne Sauerstoff geklettert bin, bis es der weit hinter mir laufende Sherpa endlich bemerkte und kurz vor Lager 2 eine neue Flasche für mich geordert hat. Und weil ich mich heute beim

Aufstieg zwischen Lager 2 und 3 wieder einmal schlichtweg verlaufen und verklettert habe.
Nein, mir fällt nichts mehr ein. Ich sage nichts, bin sprachlos!
Daraufhin Kari: »*Es gibt nur noch eine einzige Möglichkeit: Du musst mir hier und jetzt dein Versprechen abgeben, dass du, wenn du nicht in viereinhalb Stunden am Second Step bist, umkehrst, zusammen mit Ganza Sherpa. Wenn du es nicht in der Zeit schaffst, würdest du zu spät auf dem Gipfel sein – und nach dem Second Step ist keinerlei fremde Rettung möglich. Gibst du mir hierauf dein Versprechen, dich nicht zu weigern umzukehren?*«
Mir rutscht das Herz fast in die Hose. Erst jetzt finde ich die ersten Worte, immer noch mit dem Funkgerät und meiner Sauerstoffmaske (die ich dann runterreiße) kämpfend: »*Ja, aber kann ich dann etwas früher losgehen als die anderen?*«
Kari: »*NEIN! Verstehst du es nicht?!? Es kommt nicht darauf an, eher loszugehen, es kommt darauf an, den Second Step nach spätestens viereinhalb Stunden zu erreichen – egal, wann du losgehst! Kriege ich dein Versprechen? Die Erfahrung sagt, wer das nicht in dieser Zeit schafft, kommt zu spät am Gipfel an, schafft den Abstieg nicht und die Chance, dass er oben bleibt, ist hoch!*«
Da fällt mir nur noch ein (wirklich geistesgegenwärtig): »*Ja, Kari, dann brauche ich nur einen Pacemaker! Einen, der weiß, ob ich* »*in time*« *liege, einen, der mich in den Arsch tritt, wenn ich zu langsam bin.*«
Kari: »*Das ist eine gute Idee. Ich werde mit Ganza reden und ihm mitteilen, was wir besprochen haben. Er wird und kann diese Aufgabe übernehmen! Bekomme ich dein Ehrenwort?*«
»*Ja!*«
Ich gebe Dendy, der die ganze Zeit brav danebengesessen hat, das Walkie-Talkie, falle nach hinten und liege da wie erschossen.
Dann sagt Dendy: »*Die einzige Chance, das zu schaffen, ist, dass du jetzt aufgepäppelt wirst. Ich sage Ganza Bescheid!*«
Dann Zelt-Reißverschluss zu und Ruhe. Ich komme mir vor wie in Einzelhaft. Tausend Gedanken schießen mir durch den Kopf: War's das? War das das Ende – vor dem Gipfel? Warum bist du auch so eine lahme Sau gewesen! Ist dein Plan, alle Körner für die letzte Etappe zu sparen, nicht aufgegangen?
Ich liege da wie erschlagen und bemerke erst jetzt, dass ich keine Sauerstoffmaske aufhabe und die Flasche fast leer ist. Ich fummele mir das Ding

wieder drauf und warte, in Höchstspannung. Dann geht das Zelt auf und der wortkarge Ganza steckt seinen Kopf hinein: »Here's some more oxygen. Where's your cup? And your thermos?«

Er gibt mir eine große Tasse süßen Tee mit Yakmilch, eine ebenso große Tasse Milchsuppe, einen großen Becher Nudelsuppe (alles auf 8300 Meter Höhe mit dem Kocher zubereitet!), dann wieder Tee mit Yakmilch und schließlich eine Portion dünnflüssiges Stocki (Kartoffelbrei-Konzentrat, mit Wasser hergestellt – Schweizer Spezialprodukt).

Ich schaufele alles (!) in mich rein. Das ist meine letzte Chance, Kräfte zu sammeln! Es muss sein. Und die Zeit vergeht. Nach der Fress- und Sauforgie setze ich meine Maske mit frischem Sauerstoff auf und starre an die Decke. Oh Gott, hilf mir, in viereinhalb Stunden am Second Step zu sein! Wo genau liegt eigentlich der Second Step? Ich muss Dendy fragen!

»Dendy!«, schreie ich aus dem Zelt (um rauszugehen, bin ich viel zu platt). Er kommt.

»Dendy, wie hoch liegt der Second Step?«
»8600 Meter.«
»Wie hoch sind wir jetzt?«
»Etwas über 8200 Meter.«
»Was ist der Second Step?«
»Eine vierzig Meter hohe, sehr steile Felswand, schwierig zu klettern. Die Schlüsselstelle auf der Nordroute!«
»Gelten die viereinhalb Stunden vor oder hinter dem Second Step?«
Keine Antwort.

Also gut: Ich habe viereinhalb Stunden für gut 400 Höhenmeter – in über 8000 Meter Höhe. Saftige Kletterpassagen inklusive!

Ich sinniere, liege in meiner Einzelhaft, kann nicht einschlafen. Es wäre so wichtig! Wie viele Stunden habe ich nicht mehr geschlafen? Statt des Schlafs meldet sich der Körper mit anderen Bedürfnissen. Die Massen an Suppe und Tee und auch die feste Speise machen sich bemerkbar.

Ich muss wohl oder übel fürs kleine und große Geschäft raus, oh Gott – in dieser Höhe!

Ich durchdenke den ganzen Vorgang, plane alles minutiös, denn schlafen kann ich ja eh nicht: Da die Daunenhose nicht (wie inzwischen üblich) mit einem Reißverschluss am Hintern ausgestattet ist, aber mit Hosenträgern, muss ich die Jacke in die Hose stecken. Wohin mit dem Sauerstoff? Ich kann doch nicht mit Rucksack und Sauerstoffflasche zum großen Geschäft gehen? Also auf 8300 Metern ohne O2 beide Geschäfte. Was hat Silvio gesagt? Vorsicht mit den Insideboots, bei der Steilheit und Glätte! Ich wage es trotzdem, krieche auf allen Vieren raus und suche eine geeignete Stelle. Fürs kleine Geschäft direkt hinters Zelt, und fürs große? Gegenüber ist ein Felsvorsprung ... Äußerste Vorsicht bei jedem Schritt, doch es klappt in Rekordzeit. (Später frage ich Kari: »Wie erledigt man eigentlich in dieser Höhe sein großes Geschäft?« und erzähle meine Version mit dem Felsvorsprung und anschließender »Beerdigung« des Ganzen mit einem größeren Stein. Kari lacht aus voller Kehle und sagt: »Genau anders herum: Man hockt sich auf einen Stein und schmeißt ihn dann runter!«)

Dann bin ich wieder im Zelt, in meiner »Einzelhaft«, und kann nicht einschlafen. Es wird dunkel, dennoch finde ich keinen Schlaf. Ganza kommt noch einmal und fragt, ob alles okay sei.

»Wann starten wir?«

»22.30 Uhr.«

Also plant er doch auf eigene Verantwortung eine halbe Stunde früher. Das ist gut. Dann brauche ich nicht wieder hinterher zu rennen.

»Weckst du mich?«

»Ja!«

Es ist nicht nötig, denn ich kann keinen Schlaf finden.

Um 21.45 Uhr ist noch kein Ganza da, doch kurz nach 22 Uhr geht das Zelt auf. Gezielte Handgriffe: Becher voll mit Tee, Thermoskanne voll. Zweiter Becher mit Ovomaltine. Klettergurt an, Wärmebeutel in den Außenschuh, Stirnlampe, Sonnenbrille, Skibrille. Ich habe den Sonnenschutz vergessen – egal, zuerst ist es dunkel.

Füße raus, Rucksack auf, Maske auf, Außenschuhe an und fertig.

»Komm zu meinem Zelt hoch«, sagt Ganza. Alles, was ich eben in 10 bis 15 Minuten erledigt habe, schafft er in unter fünf.

Wir starten steil bergauf, über schroffen Fels, sehr anstrengend. Ich sehe wenig, meine Stirnlampe schwächelt – auch das noch!

Ich versuche, unter allen Umständen Schritt zu halten. Schon nach 15 Minuten frage ich Ganza: »Are we in time?« Er schaut mich groß an und weiß nicht, was er antworten soll. Das wiederholt sich einige Male, bis er schließlich sagt: »Everything's okay. We're in time.«

Die steile Passage ist geschafft, wir gelangen auf den Kamm in etwa 8450 Meter Höhe, der zum Gipfel führt. Ich bemerke einen weiteren Sherpa hinter uns, mit einem Rucksack voller Sauerstoffflaschen. Er sieht mich und sagt: »Your glasses are not okay! You need wind protection!« Ich nehme meine Skibrille von der Stirn, doch sie hat eine Eisschicht auf der Scheibe! Zunächst versucht Ganza, sie zu enteisen, dann hilft ihm sein Kollege. Der holt in aller Ruhe ein Läppchen aus seiner Daunenjacke und fängt an zu putzen. Und putzt und putzt, und dabei unterhalten sie sich ganz entspannt. Es ist schon eine irrwitzige Situation:

Zwei Sherpas und ein Hobbybergsteiger stehen auf etwa 8500 Meter Höhe, und die beiden Einheimischen unterhalten sich in aller Ruhe und tief entspannt. Sie nehmen wechselseitig meine Brille und versuchen sie zu enteisen. Mal mit anhauchen, mal mit dem Läppchen, dann mit dem Versuch, sie unter der warmen Jacke aufzutauen.

Ich stehe einfach nur herum und werde vor innerer Unruhe fast verrückt, bin noch nicht am Second Step, sehe die Zeit verrinnen und denke: »Bitte, bitte, macht Welle!«

»Okay«, sagt Ganza: »Unfreezing!« und steckt sich die Brille unter die Achseln.

»Faster, please!«
»Why?«
»The Second Step! If I'm not in time, I can't reach the summit!«
»Don't rush, we're in time«, beruhigt er mich.
Endlich ist die Brille aufgetaut und es geht weiter.
Ich weiß nicht, wo der verdammte Second Step ist und wie lange es noch dauert, ihn zu erreichen. Wir sind schon fast drei Stunden unterwegs. Jede Minute Verzögerung kann über meinen Gipfelerfolg entscheiden! Und die beiden hier haben die Ruhe weg!

Nach einer Weile auf dem Kamm erreichen wir ein Couloir, eine Rinne. Ich orientiere mich an den Fixseilen. Unseres ist rot, seit einer ganzen Weile schon. Die Rinne muss überwunden werden, das rote Fixseil ist dafür vorgesehen. Doch was ist das? Es führt direkt in die Tiefe! Ich will danach greifen, Ganzas Stirnlampe folgt meiner Bewegung ...

Was sehen wir? Ein orientierungsloser Bergsteiger hängt frei schwebend im Seil. Abgestürzt und gesichert hängt er dort in der Rinne und macht sich an seinen Handschuhen zu schaffen.

Ich erkenne ihn wieder. Es ist ein Japaner. Er fiel mir im Basislager auf, weil er rauchte. Oh Gott, wie kommt der dahin, was macht er?

Vor meinen Augen zieht er sich ganz langsam die Handschuhe aus und wirft sie in die Tiefe. Er versucht, sich mechanisch aus seiner Lage zu befreien. Wie in Zeitlupe. Er stirbt!

Ganza sucht ein anderes Fixseil.

»*There is somebody*«, *sage ich,* »*I must help him.*«
»*What do you want to do?*«
»*I can give him an injection*«, *sage ich. Ich denke an Dexamethason intravenös oder sublingual, unter die Zunge.*
Ganza sagt: »*And then? No rescue in this height! Let him die. That's Everest*«.
Ich bin entsetzt. Eine Situation wie in einem Film. Hier stirbt ein Mensch neben mir und ich kann nichts tun! Rein gar nichts!

Wir steigen weiter auf, meine Uhr zeigt 8500 Meter, 3 Stunden sind vergangen. Bloß nicht an den Japaner denken, sage ich mir. Nur an die Aufgabe, die vor mir liegt. Sonst kann ich es gleich sein lassen. Und wieder gelingt es mir, mich zu fokussieren und »im Tunnel« zu bleiben.
»*Are we in time?*«
Nur kurzes Nicken.
Jetzt stehen wir vor der ersten Felswand, ohne Leiter. Wahrscheinlich Step 1, denke ich. Nicht einfach zu klettern, aber ich schaffe es. Es ist ja dunkel, ich sehe die Abgründe nicht! Und die auf dem Weg zum Gipfel immer häufiger werdenden Leichen nur schemenhaft. Das ist das Schockierendste – die vielen toten Bergsteiger, denen es ergangen war wie diesem Japaner in seinem Todeskampf. Ich erkenne sie nur, wenn Ganza sie mit seiner starken Stirnlampe anleuchtet. Manchen komme ich beim Einklinken ins Fixseil so nah, dass ich ihre Gesichter erkenne, die teilweise angefressen sind wie von Vögeln (in dieser Höhe?). Ich versuche wegzusehen und mich abzulenken, indem ich für jeden Toten ein Vaterunser bete.
Es sieht gespenstisch aus. Es ist grausam, unerbittlich und völlig surrealistisch. Eine groteske Situation!

Bei einer kurzen Rast überholt uns die Hauptgruppe mit Silvio, Aldo, Michi und Paulina, Karin kommt etwas später – sie hat verschlafen! Ach du Schreck, jetzt ist schon die halbe Stunde verspielt. Wo ist nur der Second Step?
Plötzlich steh ich davor! Das muss er sein!
Vor uns türmt sich ein Hochhaus ohne Fenster auf. Im Halbdunkel der Stirnlampen erscheint es gigantisch. Gewaltig: Eine riesige Felswand, senkrecht in den Himmel ragend, zuerst aus reinem Felsen, dann mit einer kleinen wackeligen Leiter, danach eine endlos erscheinende Himmelsleiter. Silvio ist als Erster oben, wie eine Gazelle springt er hoch und leuchtet

mit der Stirnlampe von oben in die Weite der Nacht. Er sieht aus wie ein Riese, der auf einem Felsen steht und über die Welt schaut: gespenstisch und doch irgendwie zauberhaft.
Die ganze Gruppe steht am Fuß der Wand und jeder wartet, bis er dran ist. Eigentlich hoffst du, nicht dranzukommen, doch du musst!
Und jetzt bin ich an der Reihe. Wo hat Kari gesagt, ist der Einstieg, den ich mit den Frontzacken treffen muss?
Rechts, ich weiß es genau. Aber rechts ist nichts, verflixt!
Nach zwei kurzen Anläufen finde ich endlich den ersten Tritt und beginne mit dem Aufstieg.
Es ist dunkel, meine Stirnlampe flackert, Zacke für Zacke kämpfe ich mich nach oben, alles Gestein, kein Schnee, was die Sache noch schwieriger macht.
Ohne nach rechts oder links und schon gar nicht nach unten zu schauen, steige ich hoch. Die Anstrengung ist enorm, mein Adrenalinspiegel ebenfalls. Ich keuche wie eine Dampflok, fokussiert bis in die Zehenspitzen, die allmählich kalt werden.
Und dann stehe ich oben auf dem Second Step und schaue sofort auf meine Uhr: genau vier Stunden! Wow, geschafft! Der Gipfel rückt näher. Jetzt kann es klappen. Ich habe Karis Zeitvorgabe sogar noch unterboten. Von hier aus sind es noch 243 Höhenmeter. Alle laufen hintereinander zwischen Step 2 und 3.
Plötzlich hält die Kolonne an. Aldo ist völlig fertig, kann kaum noch laufen, schwankt hin und her. Silvio hüpft um ihn herum wie ein Heinzelmännchen, streichelt ihm den Kopf, muntert ihn auf, aber er will telefonieren!
»Ich möchte mit meiner Frau sprechen!«, röchelt er.
»Du hast eine Meise«, entgegnet Silvio, streicht ihm wieder sanft über den Kopf und sagt: »Komm, das letzte Stück noch.«
Mehrmals muss die ganze Gruppe anhalten, steht frierend dahinter und möchte einfach nur weiterlaufen. Ganza sagt zu mir: »Should we pass?«
Ich fühle mich gut und sage: »Yes, let's go!«
An einer günstigen Stelle ziehen wir an allen vorbei, führen die Gruppe nun an und geben diese Führung bis zum Gipfel nicht mehr ab! Jetzt kommen meine aufgesparten »Körner« und Ganzas super Verpflegung vom Vorabend zur Wirkung.
Am Third Step gibt meine Stirnlampe komplett den Geist auf! Um mich herum völlige Dunkelheit. Das hat noch gefehlt. Ich klettere in Ganzas

Lichtstrahl hinterher, zum Teil auf Knien, weil mir die Sicht fehlt. Wenn das nicht geht, weil das Gelände zu schwer ist, warte ich im Dunkeln, bis er vorgestiegen ist, dann dreht er sich um, leuchtet mir den Weg und ich steige hinterher.

Schließlich ist auch der letzte Step geschafft. Ein riesiges steiles Schneefeld tut sich vor uns auf. Es scheint direkt in den Himmel zu führen.

Langsam beginnt es zu dämmern, ein faszinierendes Bild. Wenn man es nur genießen könnte! Aber die Anstrengung des Aufstiegs schaltet alle anderen Sinne aus. Jetzt zählt nur noch Kondition. Schritt für Schritt steil nach oben. Ich denke: Ein Glück, am Ende dieses Schneefeldes kommt der Gipfel. So sieht es von unten aus. Doch weit gefehlt: Kurz vor dem ersehnten Moment am Ende des Schneefeldes biegt Ganza rechts weg. Noch einmal Felsklettern parallel zur Gipfelpyramide! Die Tritte, auf denen wir balancieren, sind manchmal nicht breiter als 30 Zentimeter – an einer Felswand die Tausende Meter in die Tiefe ragt. Über eine letzte Felskuppe gelangen wir auf den finalen Gipfelgrat. Obwohl nun keine Gefahr mehr besteht, klinke ich mich ein, um mich am Fixseil die letzten Meter nach oben zu ziehen.

... die letzte Seillänge ist zu Ende, geschafft. Ich klinke aus und sehe ein Fahnenmeer von tibetischen Gebetsflaggen, muss über sie hinweg steigen, stehe nur kurz, völlig überwältigt von der An- und Aussicht, und setze mich dann ... AUF DEN HÖCHSTEN PUNKT DER WELT! Am 21. Mai 2013, um 5.30 Uhr Ortszeit Nepal, wird die Vision Wirklichkeit.

Silvio, als er mit Aldo zu uns kam, fiel mir um den Hals, küsste mich ab und erdrückte mich fast: »Grazie!« Ohne meine Zahn-OP wäre Aldo unmöglich auf den Mount Everest gekommen, und Silvio hätte vermutlich seine Prämie nicht bekommen.

Ich war glücklich – nein, das sagt zu wenig über diesen unglaublichen Augenblick auf dem Dach der Welt. Unbeschreiblich, einmalig, eine ungeheure Bestätigung, ein gigantischer Erfolg. Was konnte mir jetzt im Leben noch im Wege stehen? Was schoss mir dort nicht allesdurch den Kopf. Es waren nur Minuten – und zugleich ein kleines Stück der Ewigkeit.

Nach ein paar Minuten kam Pemba Sherpa auf mich zu und reichte mir einen kleinen Pappbecher mit Kaffee. Er hatte vor dem Aufstieg angekündigt, seine »Kaffeemaschine« mit auf den Gipfel nehmen zu wollen: »Ich betreibe, wenn auch nur für kurze Zeit, das höchste Café der Welt!«

Der Weg war weit gewesen. Aber es saß sich gut als Gast in diesem Café!

13.05.2015, 5.15Uhr: Die letzten Schritte auf dem Weg zum Gipfel. Vorn: Ganza Sherpa, dahinter ich und weiter hinten, noch auf dem Gipfelgrat, der Rest unserer Gruppe.

Am 21. Mai 2013 um 5.30 Uhr stand ich auf dem Gipfel des Mount Everest, 8848 Meter! Ich hatte meinen Seven-Summits-Weg vollendet!

Silvio Mondinelli bedankt sich stürmisch, Michi misst meine Augentemperatur und Pemba Sherpa serviert Kaffee.

Dann halten wir das MKG-Dentsply-Plakat hoch und mein treuer Sherpa Ganza hat Zeit für ein Foto mit der nepalesischen Flagge.

Erst wenn du wieder unten bist ...

Aus unserer Expeditionsgruppe war ich der Erste auf dem Gipfel. Chefsherpa Dendy hatte es zu Kari ins ABC gefunkt, und Kari konnte es kaum glauben: »Immer der Letzte und jetzt als Erster auf dem Gipfel! Respekt, Big Job!«, ließ er mir ausrichten – vor Stolz war ich wie im siebten Himmel, und wo anders als dort hätte ich mich so fühlen können?

Geflutet mit Adrenalin, spürte ich kaum die körperliche Erschöpfung und ließ die Sauerstoffmaske unten. Ich versuchte, den Augenblick ganz in mich aufzunehmen. Doch war kaum Zeit, um innezuhalten: Schon bald, nachdem ich als erster Mensch einen auf dem Dach der Welt zubereiteten Kaffee getrunken hatte, ohne es gleich zu begreifen, bat Michi mich für einen weiteren Höhenrekord um meine Mithilfe. So hatten wir es im Basislager besprochen. Mit einem speziellen Messgerät wollte er meine Augentemperatur messen und dieses kaum wiederholbare Messergebnis in eine seiner Studien einbringen. Nun setzte ich auch noch meine Brille ab, um die Messung durchführen zu lassen. Kostbare Zeit, die mir später fast zum Verhängnis wurde.

Anschließend kramte ich das MKG-Plakat heraus – und dabei flogen mir 500 Dollar weg, die ich für Notfälle dabeihatte, und ein Brief von meinem Sohn. Na gut, noch ein Geschenk an die Muttergöttin der Erde, dachte ich: Der Brief von Gabriel, den ich oft genug gelesen hatte, war hier oben auch gut aufgehoben, und auch mit 500 Dollar hätte mich im Notfall keiner aus der Todeszone herausbringen können – welche Symbolik!

Jetzt half mir Michi im Gegenzug, das Plakat mit den Logos von MKG-Halle-Dessau und *Dentsply Implants* im stürmischen Wind auszurollen und für ein Foto zu halten. Ich war stolz, als erster Kieferchirurg mit einem Plakat meiner Praxis auf dem Dach der Welt zu stehen!

Fotografien, einzeln oder in Gruppen, hier ein kurzer Blickwechsel mit Karin, Michi oder Paulina, da noch ein Blick über Felsen und Wolken, an diesem Gipfeltag wie aus dem Bilderbuch – die Zeit verging im Nu. Silvio Mondinelli, der einige Minuten nach mir oben angekommen war, sah ich bereits nach 15 Minuten wieder absteigen. »Warum genießt er den Moment nicht noch etwas?«, fragte ich mich. Für einen kurzen Augenblick, einem der emotionalsten meines Lebens, hatte ich vergessen, dass der Abstieg noch vor mir lag. Ganza brachte mich zurück auf den Boden der Realität: »Let's go down. It's a long way to camp 3«, sagte er – und wir brachen auf.

Der Abstieg war eine Qual. Besonders das Abseilen zwischen Step 2 und Step 1 machte mir zu schaffen: Kein fester Tritt, keine Leiter, sauwindig, ein Abgrund ohne Ende, die Angst, einen Fehltritt zu machen – aber ich musste hier runter, wenn auch nur irgendwie krallend Meter für Meter.

Danach schleppte ich mich über den lang gezogenen, mir endlos erscheinenden Kamm in 8500 Meter Höhe. Solange wir nicht an Höhe verloren, wurde ich immer schwächer und schwächer.

»Wann geht es endlich runter?«, fragte ich mich und taumelte weiter und weiter. Dabei erblickte ich, hier in einer kleinen Mulde, da an einer Felskante, einen um den anderen Leichnam. Beim Aufstieg, im Licht der Stirnlampen frühmorgens, waren sie noch dunkle Schatten gewesen. Jetzt sprangen sie mir förmlich in die Augen und machten mir Angst. Sie lagen da wie drapiert – oft in nagelneuen Daunenanzügen, mit bestem Equipment. Sie zu bergen wäre viel zu gefährlich. Darum wurden es immer mehr. Erstarrte, gefrorene, zum Teil entstellte Gesichter – grässliche Anblicke. Ich musste wieder an den sterbenden Japaner denken.

Ich klinkte mich in eine neue Seillänge ein, bückte mich, sah nach rechts: Hinter einem Felsvorsprung wie zusammengekauert, das Gesicht abgewandt, lag ein toter Bergsteiger direkt vor meinen Augen. »So willst du nicht enden!«, sagte ich mir. »Runter, keine Pause, du musst sehen, dass du runterkommst–«, spornte ich mich an. Immer weiter auf diesem 2,9 Kilometer langen Kamm.

21. Mai, beim Abstieg zwischen Gipfel und Lager 3:
Es will nicht runtergehen. Ich bin stehend k.o. und muss einfach eine Pause machen, sonst kann ich die Konzentration nicht halten. Wir kauern uns in eine mit Sauerstoffflaschen und etwas Müll gefüllte Kuhle. Ich muss dringend pinkeln, bin aber zu schwach, um die Pause zum Aufstehen zu unterbrechen und die vielen Reißverschlüsse zu öffnen. Ich gehe nur ein kleines Stück, sehe aber, dass ich auf einer riesigen Wechte stehe, unter dem Überhang tausende Meter Abgrund. Oh Gott, zu gefährlich, lass es, sage ich mir. Weiter aushalten. Auch nach der Pause, in der wir nichts trinken, weil wir nichts mehr haben, gewinne ich keine Kräfte, im Gegenteil: Ich werde immer schwächer. Stehend falle ich einfach um, ich muss

was machen. Stopp: Ich wühle alle Taschen durch, nehme alles Essbare raus, das ich finde: einzelne verklebte Rosinen, Nüsse und – welch Glück – noch zwei Traubenzucker-Drops: Eins für Ganza, eins für mich. Mein Mund ist so trocken, dass ich ohne etwas zu trinken kaum schlucken kann, die Kehle ist wie zugeschnürt. Doch nun muss ich ohne Flüssigkeit die festen Brocken schlucken, eine Qual, aber es muss sein, sonst bleibe ich auf der Strecke. Bin nicht mehr geistiger Herr der Lage, und wenn das so bleibt, hat Ganza ein ganz großes Problem!

Ich stürze, nur noch vom Geist und Überlebenswillen getrieben, Ganza hinterher. Klinke mich an ungefährlichen Stellen gar nicht mehr ein. Das Seil habe ich zum Bremsen um den Arm gewickelt (scheiß auf die Daunenjacke!). Mit relativ viel Risiko vorwärts nach unten. Steilere Passagen überstolpere ich. Immer noch kein Ende des Kammes in Sicht! Ich muss Höhe verlieren, wenn ich nicht sterben will!

Mehr als drei Stunden befanden wir uns in dieser Höhe, in der Todeszone. Endlich war der Kamm zu Ende und es ging wieder merklich abwärts. Mit jedem verlorenen Höhenmeter fühlte ich mich besser. Bald sprang ich mehr, als dass ich meine Schritte vorsichtig setzte, fiel auf den Hintern, rutschte ein paar Meter, stand wieder auf, überstolperte ganze Seillängen ohne Sicherung.

Ohne meinen treuen Gefährten Ganza, der mir ein ums andere Mal beim Ein- und Ausklinken half, wäre die Wahrscheinlichkeit, lebend zurück zu kommen, deutlich geringer gewesen.

Fix und fertig erreichten wir Lager 3. Hier sah man keine Leichen mehr, ich fühlte mich wie zurück ins Leben katapultiert. »Jetzt hast du eine Riesenchance«, sagte ich mir, »es auch wieder ganz bis nach unten zu schaffen.« Die Sherpas waren damit beschäftigt, das Lager wieder abzubauen. Ich trank und trank und trank, setzte mich auf einen Felsvorsprung und genoss das emsige Treiben der Sherpas. Ich kam mir vor wie auf dem Marktplatz einer Großstadt, wie zurück in der Zivilisation, endlich wieder unter Menschen. Ich begann, mich allmählich zu erholen. Und das in einer Höhe von 8210 Metern.

In Lager 3 trennten sich die Wege von Ganza Sherpa und mir. Er gab mir die Spiegelreflexkamera zurück, die er für mich auf den Gipfel getragen hatte. Jetzt merkte ich erst, wie schwer sie war, und wusste die Leistung meines treuen Sherpas umso höher zu schätzen.

Chefsherpa Dendy berichtete im Vorbeigehen, er habe an Kari durchgegeben, dass Gregor nun auch auf 8210 Metern angekommen sei, als Letzter der Gruppe! Kari hatte schon ungeduldig in der Kommandozentrale gewartet. »Wo bleibt denn Gregor? Der war doch oben der Erste?«

Jetzt, sagte Dendy, werde Kari die E-Mail an alle mitfiebernden Menschen in der Heimat schreiben: »Alle waren auf dem Gipfel!«

Voller Optimismus stieg ich alleine weiter ab. Gelegentlich heftete ich mich an andere Bergsteiger, meistens Sherpas, und war glücklich über die Geschwindigkeit, mit der ich Höhenmeter verlor.

In Lager 2 auf 7700 Metern hielt ich mich nicht lange auf. Im Bewusstsein, wieder 500 Höhenmeter geschafft zu haben, trank ich nur etwas und stieg weiter ab, immer runter, runter, nur runter. Das Wetter verschlechterte sich zusehends. Wolken kamen auf, es begann zu schneien. Schon konnte ich den Nordsattel auf gut 7000 Metern sehen, wo ich schon zwei Mal übernachtet hatte – und war einfach nur glücklich. Aufgrund des schlechten Wetters und der einbrechenden Dämmerung wollte ich nur bis zu ihm absteigen, dort eine Nacht verbringen und erst am nächsten Morgen die steile Eispassage zum ABC mit frischen Kräften angehen. Als ich auf dem vertrauten 7000-Meter-Sattel angekommen war, kam er mir beinahe wie ein Basislager vor. Ich steuerte direkt auf die Zelte zu.

Und dort erwartete mich eine Überraschung: Silvio und Aldo saßen im Halbkreis mit einigen Sherpas und reichten mir eine Büchse Cola! Ich hatte nicht daran geglaubt, beim Abstieg noch jemanden aus meiner Gruppe einzuholen. Aber wie schon am Denali nahm meine Leistungskraft auch hier mit abnehmender Höhe deutlich zu.

Wie war ich froh, die beiden zu treffen! Wir fielen uns um den Hals und gratulierten uns gegenseitig. Ich bemerkte, wie erschöpft Aldo war, und freute mich, dass die beiden offenbar auch auf dem Nordsattel übernachten wollten. Doch Silvio widersprach: »Wir steigen noch ins ABC ab.«

»Ist das nicht zu gefährlich, bei dem Wetter?«

»Gregor, so oft, wie du das jetzt gemacht hast, ist es kein Problem, auch bei einem solchen Wetter.«

Da änderte ich meine Meinung. Ich vertraute dem Profi und freute mich, ihn beim Abseilen in meiner Nähe zu wissen. Wir begaben uns zum üblichen Abseilpunkt des Nordsattels. Doch wieder kam ich nicht aus dem Knick und war als Letzter am obersten Fixseil. Von dort sah ich, dass Aldo mächtig kämpfen musste. Seine Kräfte schwanden immer mehr. Weiter rechts gab es noch eine zweite abgesicherte Strecke, die zwar über einige relativ breite Gletscherspalten, aber ohne Umwege direkt nach unten führte. Spontan entschloss ich mich, diese Route zu nehmen.

Silvio hatte Recht: Die Handgriffe beim Abseilen waren mir mittlerweile so vertraut, dass ich förmlich nach unten flog. Im Nu war ich an Aldo vorbei. Meine Route war zwar steiler und etwas schwerer, aber viel schneller. Ich glitt wie entfesselt abwärts. Jetzt konnte ich die andere Gruppe schon nicht mehr sehen.

Die letzte Seillänge: Ich schwang mich förmlich nach unten – und hatte endlich wieder festen Boden unter den Füßen. Gut, dass ich mich für diese Route entschieden hatte.

Selbst die unverwüstlichen Yaks schienen der Witterung wenig abgewinnen zu können. Sie schauten recht betrübt aus ihrer wolligen Wäsche.

Jetzt noch über einige Schnee- und Eisfelder bis zum Crampon Point, dachte ich bei mir, und dann bist du gleich am ABC. Aber was war das? Nach etwa einer halben Stunde Fußmarsch stand am Ende eines Schneefeldes eine einsame Gestalt. Es begann, dicke Flocken zu schneien. Meine

Brille beschlug. Wer war das? Erst als ich näherkam, erkannte ich Kari. Mit einer Thermosflasche in der Hand begrüßte er mich: »Hi Gregor, Gratulation, Superleistung. Ich begleite dich zum ABC!«

Kari war uns bei diesem Sauwetter bis zum Fuße des Nordsattels entgegengekommen! Ich erzählte von Aldo und Silvio – »Das kann dauern!« – und erfuhr, dass auch Paulina mächtige Schwierigkeiten beim Abstieg hatte und noch nicht unten war.

Nebeneinander gingen wir, Kari und ich, über den Crampon Point, legten hier die Steigeisen ab, und dann weiter zum ABC. Ich fühlte mich wie ein König und sagte: »Danke, Kari!«

In meinem Zelt im ABC sah man mir die 34 Stunden physischer und psychischer Höchstleistung und die 4096 Höhenmeter an. Ich war an meine Grenzen gegangen. Jetzt hatte ich die Gewissheit: Du hast es geschafft!

Wir gingen ins Gemeinschaftszelt. Ich begrüßte die anderen, gratulierte ihnen und trank noch eine halbe Büchse Bier – dann fiel ich, fix und fertig, ins Zelt.

Du hast es wirklich geschafft, waren meine letzten Gedanken, ehe ich einschlief. Ich war oben und bin jetzt wieder unten. Ich habe es überlebt! Gott sei Dank!

Bergsteigertragik, Bergsteigerglück

Fokussiert auf das, was zu tun war, um mein Ziel zu erreichen, und zuletzt nur noch aufs Überleben konzentriert, hatte ich einen Teil dessen erlebt, was das gewaltige und unerschöpfliche Drama ausmacht, das »Everest« heißt. Meine eigene Geschichte in diesem vielverzweigten Bergdrama ging letztlich gut aus, trotz der erheblichen Gefahr, in der ich vor allem beim Abstieg schwebte – doch ich hatte genug gesehen, um zu wissen, dass die Chronik des Everest seit seiner Entdeckung im Jahr 1852 auch mit tragischen Wendungen, mit Scheitern, Verlust und Tod angefüllt ist. Und sogar während sich unsere Gruppe erfolgreich auf den Gipfel und zurück ins Basislager kämpfte, geschahen Dinge, die erzählt werden müssen, um zwar noch lange kein vollständiges, aber doch halbwegs realistisches Bild von dem zu vermitteln, was sich auf dem höchsten Berg der Welt abspielt.

Ein tragisches Schicksal hatte meinen Weg gekreuzt, doch erst im Basislager erfuhr ich, was dem Japaner zugestoßen war, der unterhalb des First Step vor unseren Augen starb. Als wir ihm in seiner ausweglosen Lage begegneten, war es Mitternacht. Auf dem Gipfel war er jedoch schon tags zuvor gewesen, ohne Sauerstoff. Absteigend hatte er noch alle drei Steps geschafft, bis er kurz nach dem First Step an seinem Sicherungsseil in das Couloir stürzte. Der Sherpa, der ihn begleitete, konnte ihn nicht bergen und forderte Hilfe an – die auch eintraf. Zwei der Profi-Helfer, einer davon aus der Kobler-Gruppe, stiegen zu ihm auf, was natürlich einige Stunden in Anspruch nahm. Doch als sie schließlich bei ihm ankamen, schlug der Japaner wild um sich, sodass es den Sherpas unmöglich war, ihn aus der Rinne zu bergen und nach unten zu bringen. Die Aggressivität, als vernunftwidriges Verhalten, ist ein bekanntes Symptom des Höhenhirnödems. Er wehrte sich völlig verwirrt gegen jede Hilfe. Unverrichteter

Dinge stiegen die Sherpas wieder ab. Als wir ihn sahen, war er dem Tod bereits sehr nahe, apathisch, in den letzten Zügen der Agonie. Er spürte keine Kälte mehr und zog sich die Handschuhe aus, wie es häufig von Erfrierenden berichtet wird. Alles im Organismus zentralisiert sich, die Wahrnehmung der Außenwelt verschwindet nach und nach. Der Tod scheint wie ein Freund zu kommen.

Oft verlangen Familienangehörige, dass die Verunglückten geborgen werden. Doch wer möchte dafür sein eigenes Leben aufs Spiel setzen? Kari Kobler erzählte mir, dass ihm bereits eine große Summe für ein solches Bergungsunternehmen geboten worden war – doch er weigerte sich, um das Leben der Sherpas zu schützen. Er sagte auch, dass schon einige Expeditionsteilnehmer umgekehrt seien, als sie die ersten Leichen gesehen hätten. Mit einem Schlag waren sie sich der Gefahr bewusst geworden, in die sie sich begeben hatten. Kari akzeptierte das natürlich und wies auch die Helfer an, es zu akzeptieren.

Bei einem gemeinsamen Abschlussessen aller Expeditionsteilnehmer sah ich Ruben wieder, einen Amerikaner aus Arizona, der um ein Haar auch zu einem Opfer des »Bloody Everest« geworden wäre – seine Geschichte ist die einer zweiten Geburt.

Ich erfuhr sie von einem unmittelbar Beteiligten, einem österreichischen Bergführer namens Hubert, der sich vor seinem Aufstieg ausführlich mit Silvio beraten hatte. Huberts Ziel war es gewesen, den Gipfel ohne zusätzlichen Sauerstoff zu erreichen. Zur Akklimatisation hatte er zuvor den 8027 Meter hohen Shishapangma bestiegen, und sprach nun mit Silvio ausführlich über die Taktik seines Aufstiegs, welche Etappen er wie angehen sollte. Zufällig saß ich dabei – und freute mich, als ich ihn später, offenbar nach glücklicher Rückkehr, auf mich zukommen sah – doch mit schwarzer Nasenspitze, wie ich sofort bemerkte.

»Gregor, du bist doch auch Gesichtschirurg. Was lässt sich da denn machen, mit meiner Nase hier?«

»Wie ist das denn passiert?«

Kurz unter dem Gipfel, erzählte er mir, sei ihm bereits aufgefallen, dass seine Nase gefühllos geworden war. Doch um sich Sorgen zu machen, habe er keine Zeit gehabt: Schon seien ihm zwei Bergsteiger entgegengekommen, vorneweg einer der berühmtesten Sherpas, die in jenem Jahr am

Everest im Einsatz waren, sein Name war Lakba Sherpa. Eine unwahrscheinliche Begegnung. Und noch viel unwahrscheinlicher war, was er sagte, indem er auf seinen Begleiter zeigte: »Ruben is snowblind.« Schneeblind!

Während des Aufstiegs, auch nachts, muss man die Augen mit einer Skibrille schützen – denn die Bindehaut der Augen kann nicht allein vom UV-Licht der Sonne geschädigt werden, das man für gewöhnlich mit Schneeblindheit in Verbindung bringt, sondern auch vom scharfen, kalten Wind. Auf dem Höhengrat, ungeschützt von aufragenden Wänden, pfeift er gnadenlos. Darum hatte Ganza so viel Wert darauf gelegt, dass ich auch beim nächtlichen Aufstieg die Brille aufsetzte – Ruben war genau in diese Falle getappt, vor der Ganza mich bewahrt hatte.

Damit war das Urteil über den Amerikaner eigentlich gesprochen. Ein junger Mann, etwa Mitte dreißig, kerngesund und zugleich dem Tode geweiht. Wie sollte er jemals den Abstieg bewältigen? Mit seiner Erholung war nicht zu rechnen. Eine Schneeblindheit benötigt Tage, um abzuklingen. Und wie sollte ein Blinder es vom Gipfel des Everest bis in eines der rettenden Lager schaffen – unmöglich! Wer sollte ihm denn helfen?

Doch das Unwahrscheinlichste war eingetroffen: In höchster Not waren Lakba und Ruben hundert Meter unterhalb des Gipfels auf Hubert gestoßen, der sogleich beschloss, seinen Gipfeltraum aufzugeben, um gemeinsam mit Lakba das Unmögliche zu versuchen: »Wir bringen Ruben ins Hochlager!«

Vorne Lakba, hinten Hubert, der blinde Ruben in der Mitte – über Grate, die oft nicht breiter als zehn Zentimeter waren. Jede kleine Stufe mussten sie ihn führen, dicht auf dicht hintereinander. Den Second Step, diese Vierzigmeterwand, dann der schier ewig währende Höhenkamm. Jedes dieser Hindernisse, das mir und der ganzen Gruppe schon sehend unvorstellbar schwergefallen war, bewältigten die Drei gemeinsam, zwei Sehende und ein Blinder – bis sie nach zehn endlosen Stunden in Lager 3 ankamen. Hubert und Lakba gelang tatsächlich, was niemand je geschafft hatte: Einen Schwerverletzen aus der Todeszone jenseits des Second Step zurück ins Hochlager zu bringen, und ihm so das Leben zu retten!

Ruben hatte in China gearbeitet, er sprach chinesisch, ein sportlicher junger Amerikaner, der – jetzt – sein ganzes Leben wieder vor sich hatte. Als ich ihn beim Abschluss-Essen in unserer Runde sah, sagte ich zu ihm: »Ruben, du hast ein zweites Leben geschenkt bekommen, weißt du das?«

»Klar weiß ich das«, antwortete er. Die Schneeblindheit war inzwischen abgeklungen, er konnte wieder sehen. »Ich kann nicht sagen, was ich fühle.«
»Was wirst du jetzt tun?«
»Ich werde Geld für Hubert sammeln. Damit er noch einmal die Chance hat, auf den Gipfel zu kommen!«
Das Schwarze an Huberts Nase war übrigens tatsächlich eine Erfrierung, vermutlich auch eine Folge des Sauerstoffmangels – doch sie betraf nur die Nasenspitze. »Dein Zinken ist groß genug«, sagte ich zu ihm. »Auf das Stückchen kannst du locker verzichten. Wenn es dir dann doch nicht gefällt, meldest du dich für eine plastische Korrektur bei mir!«
»Abgemacht!«
Noch Dutzende solcher Geschichten könnten hier erzählt werden (viele finden sich in anderen Büchern), ohne dass sie die Gewalt und die Faszination des Phänomens Everest erschöpfen würden.

Die Schwierigkeiten und Glücksfälle meines eigenen Gipfelerlebnisses nahmen mich noch für Tage gefangen, jede Einzelheit stand mir vor Augen – und so ist es zum Teil bis heute, in einer größeren Klarheit und Detailtreue, als niederzuschreiben möglich ist. Dennoch hieß es jetzt, sich allmählich von der zugleich großartigen wie unbarmherzigen Bergwelt zu lösen, und auf den Heimweg zu machen.
Der Abschied von den Sherpas war überaus herzlich. Ohne sie hätten weder ich noch die anderen unseren Traum verwirklichen können.
Kasan, mein Lieblings-Kitchenboy, hatte mir vor dem Aufstieg gesagt: »Hey, Gregor, wenn du lebend wieder runterkommst, gebe ich dir mein Amulett. Es ist sehr wertvoll.«
Danach trat eine kurze Pause ein. Ich wollte mich gerade bedanken und sagen, dass es mir dann ein besonderer Ansporn sei, wieder heil runterzukommen, aber er kam mir mit dem nächsten Satz zuvor: »Und dafür bekomme ich deine Thermoskanne!«
Jetzt gab ich ihm meine Thermoskanne und er hängte mir das Amulett um. Es war für mich wie eine olympische Goldmedaille.

22. Mai: Abschied von „Kitchenboy" Kasan, der mir sein Amulett schenkte.

In Kathmandu wollten wir noch einen gemeinsamen Abend im *Tom & Jerry* verbringen, einem in Bergsteigerkreisen bekannten Pub. Silvio Mondinelli brachte uns auf diese Idee. Im *Tom & Jerry* ist es Tradition, dass sich die Mitglieder erfolgreicher Everest-Expeditionen auf einem T-Shirt verewigen, das an die Wand des Pubs gehängt wird. Zuerst muss man jedoch dem Wirt die erfolgreiche Besteigung mit einem Gipfelbild beweisen. Wir nahmen diesen Brauch gerne auf. Wir hatten kein T-Shirt mit, aber dafür war gesorgt: Der Wirt gab uns eins. Wir tanzten, tranken und feierten die ganze Nacht. Es war ein erhebendes Gefühl, beim gelegentlichen Blick an die T-Shirt-Wand den eigenen Namen lesen zu können.

»Du bist ja jetzt ein kleiner Edmund Hillary«, begrüßte mich Govinda Prasad Dhital, mit dem ich mich nach meiner Rückkehr vom Qomolangma traf. Obwohl seine Tochter Jyoti längst die Verantwortung für CCODER trug, war er noch mit voller Kraft und ganzem Herzen bei der Sache.

»Du musst Werbung für uns machen«, beschwor er mich, meinen »kleinen Ruhm« für die Ziele von CCODER und damit für die Menschen in Nepal einzusetzen.

Im Mannschaftszelt stoßen wir auf unseren Gipfelerfolg an, von links: Gregor, Aldo, Karin, Kari, Paulina, Michi und Silvio (kniend), 22. Mai 2013.

Ich sagte ihm gerne zu – auch wenn mir das etwas zu theatralisch klang. Und kaum zwei Jahre später sollte meine Hilfe wichtiger werden denn je: Das Erdbeben vom 25. April 2015, dessen Epizentrum nur rund 18 Kilometer von Gorkha entfernt lag, traf wieder einmal die Ärmsten der Armen. Govinda schickte mir Bilder der Zerstörung seiner jahrzehntelangen Arbeit. Auch der Manakamana-Tempel war zerstört worden, der elf Kilometer südwestlich von Gorkha liegt. Ich nahm seinen Hilferuf auf und initiierte eine Spendenaktion, angefangen bei den Studienfreunden, die 2004 mit in Nepal gewesen waren. Ihre Spendenbereitschaft überwältigte mich. Ich weitete die Aktion noch aus, band unter anderem den Rotary-Club mit ein und konnte in kurzer Zeit eine erhebliche Summe zusammentragen – die genau da ankam, wo das Geld am notwendigsten gebraucht wurde. Govinda war voller Dankbarkeit, dass er seinem gebeutelten Volk mit unserer Spende effizient helfen konnte.

Abschied vom Basecamp und Mutter Göttin Everest. Von links: Paulina, Karin, Big Boss Kari Kobler, Michi, Gregor. Die Italiener Aldo und Silvio Mondinelli waren bereits am Tag zuvor abgereist.

25. Mai 2013, Kathmandu: Im Pub Tom & Jerry verewigen wir uns auf einem T-Shirt. Von links: Michi, Paulina, Gregor und Karin.

Gemeinsam mit Kari Kobler hatten Michi und Urs vor Beginn unserer Expedition Elizabeth Hawley besucht, die im Jahre 1923 geborene »Grande Dame« der Achttausender. Liebevoll »Mama Himalaya«, »Miss Marple von Kathmandu« oder auch »Sherlock Holmes der Berge« genannt, führt die gebürtige US-Amerikanerin seit den 1960er Jahren gewissenhaft Buch über jede Expedition zu den Sieben- und Achttausendern Nepals. In der *Himalayan Database*, die auf dieser Grundlage entstanden ist, sind über viertausend Expeditionen registriert. Wer wann welchen Gipfel des Himalaya erklommen hat: All dies hat Elizabeth Hawley in ihrer Datensammlung erfasst.

Als wir glücklich wieder unten waren, informierte Kari Billi Bierling, eine deutsche Bergsteigerin und Journalistin, die seit einiger Zeit als Assistentin von Hawley arbeitet, über den genauen Verlauf der Expedition. Alle relevanten Daten über unsere Aufstiegsroute, die Höhenlager, die Namen der Teilnehmer und den genauen zeitlichen Verlauf wurden in die *Himalayan Database* übertragen. Damit war unser Erfolg »amtlich« anerkannt und in die lange Reihe der Himalaya-Expeditionen eingeordnet.

Was mir heute wie ein Zeichen der Gnade erscheint: Im Jahr 2013, also genau sechzig Jahre nach der Erstbesteigung durch Edmund Hillary und Tenzing Norgay, war ich der sechzigste Deutsche auf dem Gipfel des Qomolangma!

Kari Kobler bei »Mama Himalaya« Elizabeth Hawley

Teures Hobby?

Immer wieder werde ich nach meinen Vorträgen über die Expeditionen zu den *Seven Summits* gefragt: „Was kostet denn das?"
Die Antwort auf diese Frage ist nicht mit einer Zahl auszudrücken, sie hängt von vielen kleinen Faktoren ab. Jede Reise setzt sich aus vielen Bausteinen zusammen und man ist selber der Baumeister.
Das Ziel ist immer das gleiche: Ich möchte auf den Gipfeln der höchsten Berge eines jeden Kontinents stehen! Aber der Weg dorthin, speziell der finanzielle Weg, kann unterschiedlicher gar nicht sein.
Also beschreibe ich es aus meiner subjektiven Sicht. An erster Stelle steht das, was sich wie ein roter Faden durch das ganze Buch zieht:
Der Amateur! Und als Amateur, der an seinem Leben hängt, bin ich immer wieder, bei jedem (!) Berg auf die Hilfe von Profis angewiesen.
Ich kann also zum Beispiel niemals mal eben in die Antarktis fliegen und auf den Mt. Vinson klettern. Ich würde vielleicht hochkommen, aber nicht hin.
Die Organisation der gesamten Logistik, beginnend von der Genehmigung der Besteigung (Permit) über Flüge mit speziellen Expeditionsflugzeugen bis hin zum Gas für den Brenner, ist für eine Einzelperson bei fast allen der *Seven Summits* schier unmöglich.
Dafür gibt es professionelle Reiseveranstalter. Im Expeditionsbereich sind es eine Hand voll.
Und wenn man wissen will, wie gut ein solcher Veranstalter ist, sollte man schauen, wie lange und wie erfolgreich er schon am Markt ist.
Und hier trennt sich die Spreu vom Weizen, besonders im Expeditionsbereich, wo die Veranstalter teilweise sogar zusammenarbeiten.
Ich habe bei der Beschreibung der Reisen bewusst auch immer die Anbieter mit genannt, nicht zuletzt, um auch ein Dankeschön an die geleistete Arbeit zu sagen. Ihr guter Job war meine Lebensversicherung.
Stellvertretend für alle möchte ich hier nur „Kari Kobler und Partner" aus der Schweiz nennen. Ich konnte mir auf zwei langen Expeditionen ein gutes Bild von ihm und der Philosophie seines Unternehmens machen. Sicherlich gehört er nicht zu den Billiganbietern. Aber letztendlich geht es nicht nur um den Erfolg am Berg, sondern es geht auch um das eigene Leben, die eigene Gesundheit, die man bei allem Ehrgeiz nicht aufs Spiel setzen sollte.

Eine kleine Geschichte vom Everest passt sehr gut zu diesem Thema: In unserem komfortablen Mannschaftszelt im Advanced Basecamp (6200 m) der Everest-Nordseite bekamen wir regelmäßig Besuch von anderen Expeditionsteilnehmern.
Jedes Mal, wenn ein Bergsteiger der wenigen anderen Expeditionen, die auf der Nordroute unterwegs waren, unser Zelt betrat, hatte er den gleichen Gesichtsausdruck und eine ähnliche Begrüßung: „Wow, what a luxery tent!"
Damit war natürlich nicht der zum Teil dekadente Luxus in den Hotels unserer neuen Welt gemeint. Hier am Berg, im vorgeschobenen Basislager in einer Höhe von über 6000 m zählt unter Luxus zum Beispiel ein allabendlicher für einige Stunden laufender Propangasbrenner, an dem man sich aufwärmen kann, oder die Sodamaschine in Kombination mit Schweizer Sirup, die den Geschmack der Getränkemassen, die man zu sich nehmen muss, wie Champagner erscheinen lässt. Ein anderer Luxus ist eine allabendliche Wärmflasche. Von den Sherpas vor der Nachtruhe vorbereitet, findet sie ihren Platz im Schlafsack genau zwischen den Beinen und sorgt für einen wohligen, tiefen Schlaf, der einem Kraft für den nächsten anstrengenden Tag gibt. Und so ließe sich die Reihe der Kobler'schen Specials fortsetzen.
All unsere Besucher waren deshalb über diese vielen kleinen, aber effektiven Annehmlichkeiten, die sie selbst in dieser Form nicht hatten, überrascht und angetan.

Eines Nachmittags besuchte uns ein relativ junger und korpulenter Bergsteiger aus England. Er war Teilnehmer eines asiatischen Expeditionsanbieters: *„Asian Trekking"*.
Ins Zelt eintretend, hatte er auch den gleichen Gesichtsausdruck. Wir kamen schnell ins Gespräch. Die Themen sind immer wieder ähnlich: „Schläfst du gut? Wie ist dein Essen? Verträgst du die Höhe? Wie läuft die Akklimatisation? Warum bist du hier?"
Die Antwort auf die letzte Frage war eine interessante Geschichte: Der Kollege aus UK erzählte uns, dass er gerade mit seinem Lehrerstudium fertig geworden sei. Deshalb das junge Alter, dachte ich mir. Und er fuhr fort: „Seit meiner Jugend träume ich davon, die *Seven Summits* zu schaffen. Doch zunächst war Schule und Ausbildung zum Lehrerberuf angesagt. Das hatte ich dann auch geschafft. Wann wäre es also günstiger gewesen als jetzt, meinen Traum zu erfüllen. Mein Arbeitgeber sicherte mir eine zweijährige Pause für eine Bildungsreise der besonderen Art zu.

Doch wie bezahlen, wenn du keine reichen Eltern hast? Deshalb habe ich einen Kredit von der Bank über 150.000,- € aufgenommen.
Andere kaufen sich dafür ein Haus, ich wollte mir damit meinen Traum erfüllen.

Der Zufall wollte es, dass mir der englische Bergsteigerkollege bei seinem Abstieg und meinem Aufstieg zwischen Hochlager 2 und 3 entgegenkam. Meine erste Frage war natürlich: „Und, hast du es geschafft?" – „Yea, I'm the happiest man in the world!", rief er mir mit einem strahlenden Lächeln entgegen. Er kam direkt vom Gipfel und war überglücklich, den größten Brocken seines *Seven-Summit*-Traumes geschafft zu haben.
Der schlaue Lehrer hatte den wahrscheinlich schwierigsten Berg der *Seven Summits* an den Anfang seiner zweijährigen Auszeit gesetzt, denn einen zweiten Versuch am Everest hätte sein Budget nicht zugelassen. Schlau geplant und gewonnen. Bezogen auf sein Einfamilienhaus war damit das Kellergeschoss fertig.
Somit bekam ich eine preisliche Hausnummer für das Gesamtunternehmen *Seven Summits*.
Dass man die *Seven Summits* in einem Ritt bewältigt, wird wohl generell die Ausnahme sein.
Aber stimmt denn der Preis auch, wenn man das Abenteuer über mehrere Jahre verteilt?
Dieser Frage bin ich nachgegangen und habe meine Ausgaben mit den Preisen der gängigen Expeditionsanbieter verglichen und gemittelt.

Da der Preis zu einem großen Teil von der Dauer der Expedition abhängt, habe ich den Preis pro Tag berechnet, die etwaige Expeditionsdauer in Tagen dazugeschrieben und bin zu folgendem Ergebnis gekommen:

Kontinent/ Berg	Preis der geführten Expedition / Tag Ohne Hin- und Rückflug in US $	Expeditionsdauer
Europa / Mt. Blanc	250,- / Tag	ca. 6 Tage
Europa / Elbrus	166,- / Tag	ca. 9 Tage
Asien / Mt. Everest	1000,- / Tag	ca. 55 Tage
Afrika / Mt. Kibo	250,- / Tag	ca. 8 Tage
Nordamerika / Denali	430,- / Tag	ca. 30 Tage
Südamerika / Aconcagua	180,- / Tag	ca. 22 Tage
Australien / Cartensz-Pyramide	600,- / Tag	ca. 20 Tage
Antarktika / Mt. Vinson	2000,- / Tag	ca. 20 Tage

Das erstaunliche ist bei dieser Aufstellung, dass, bezogen auf die Dauer der Expedition, die Antarktis mit dem Mt. Vinson der teuerste Berg ist. Das ist auch ein Grund dafür, dass der damals noch weitgehend unbekannte Reinhold Messner das Wettrennen um die Premiere der *Seven Summits* verloren hat: Er konnte sich die Antarktis ohne Sponsoring einfach nicht leisten.

Wenn man die Summen in der Tabelle zusammenzählt, kommt man tatsächlich in die Nähe des Betrages, den sich der Lehrer von der Bank geborgt hatte.

Daraus ergibt sich die geringe Zahl derer, die es geschafft haben:
Du musst nicht nur topfit sein, sondern brauchst auch viel Zeit, viel Geld und ganz zum Schluss noch eine riesen Portion Glück und, wenn möglich, einen heißen Draht zum Himmel.

Epilog

»Was machen Sie als Nächstes?«, fragten mich Freunde, Bekannte und Patienten, die meinen *Seven-Summits*-Weg mit Interesse verfolgten. Eine gute Frage.

Die ersten Wochen nach meiner Rückkehr verlebte ich wie im Rausch. Stolz und Demut mischten sich beim Gedanken an das, was ich geleistet hatte. Eine dreizehnjährige Pilgerreise war mit einem furiosen, überwältigenden Finale zu Ende gegangen.

Hin und wieder überstiegen sich meine Gefühle zu einem Wahn der Unbesiegbarkeit: Im August 2013 fuhr ich mit meinem Auto zur Praxis. Obwohl es schüttete, trat ich kräftig aufs Gaspedal. 400 PS ließen mich schnell in Fahrt kommen. Was soll mir schon passieren, dachte ich, ich habe einen Quattro und war auch noch dort oben! Da trug es mich aus der nächsten Kurve. Aquaplaning. Ich erlebte eine Schlitterpartie auf dem gerade abgeernteten Stoppelfeld, die nur ein Zaun stoppen konnte. Oh Gott, wieder einmal Glück gehabt: keine tiefe Böschung, kein Graben und zum Schluss ein Fangzaun. Also war ich doch nicht unbesiegbar! Der Sportwagen hatte Totalschaden.

Bei anderen Gelegenheiten reagierte ich eher tiefenentspannt. Zum Beispiel gewann ich ein von unserer MKG-Praxis organisiertes Golfturnier mit Handicap 54 in der Netto-Wertung. Obwohl reiner Gelegenheitsspieler, besaß ich in diesem Moment die notwendige Ruhe und Nervenstärke.

Im Laufe der Zeit wich das manchmal zu ausgeprägte Hochgefühl jedenfalls einer stilleren, sanfteren Dankbarkeit. Ich wurde gelassener, auch bei größeren Problemen. Ein Gefühl, das mir neu war.

Ich suche stets und ständig nach Herausforderungen. Vielleicht lebe ich – wie andere, die sich extremen Situationen aussetzen – von dem »Kick«, der sich einstellt, wenn man im Ziel und am Ende aller Bemühungen, körperlich total verausgabt, aber bis zum Rand voll mit Endorphinen, einfach nur glücklich ist! Diesen Kick habe ich schon so oft erlebt: Bei Marathon- und Ultramarathonläufen, beim Ironman, aber auch in der privatesten aller privaten Situationen. Und es war immer wieder wie eine innere Explosion. Ein schier unendliches Glücksgefühl. Es war dieses Gefühl, das auch meinen *Seven-Summits*-Weg prägte, am Ende mit einer unbeschreiblichen Intensität.

Die Frage nach der Sinnhaftigkeit und nach dem Warum solcher Besteigungen muss letztendlich jeder selbst beantworten. George Mallory antwortete 1924 einem Reporter der New York Times auf die Frage, warum er auf den Mount Everest steigen möchte, mit den berühmten Worten: »Weil er da ist.« Diese Antwort gilt bis heute.

Natürlich haben sich die Berge verändert. Sie sind teilweise »in Ketten gelegt worden«, sagt Reinhold Messner. Dennoch haben sie nichts von ihrem Glanz und ihrer Anziehungskraft verloren. Solange es die Berge erlauben, werden Menschen zu ihnen pilgern. Wenn es ihnen zu viel wird, werden sie ihre Besucher einfach abschütteln. Die Naturgewalten sind letztendlich dem Menschen überlegen. Er wird sich eher selbst vernichten als die Natur – davon bin ich fest überzeugt.

Wie in der Medizin gilt auch für die Berge das oberste Gebot, das ein jeder Besucher, ob Hobbybergsteiger oder professioneller Extremsportler, einzuhalten hat: »Primum nihil nocere!«[4] Und solange wir dem Berg nicht wirklich schaden, wird er uns dulden. Er wird seine Faszination nicht verlieren, uns immer wieder inspirieren und uns Menschen das Gefühl geben, dem Himmel ein Stück näher zu sein.

Fragen könnte man auch nach dem Sinn jeder einzelnen Bergsteiger-Regel, die sich in Bezug auf die *Seven Summits* herausgebildet hat. Manche Profibergsteiger plädieren etwa dafür, nur Besteigungen ohne Zusatzsauerstoff als »echt« zu zählen. Ich finde es verständlich, dass sie sich damit von uns Hobbybergsteigern absetzen möchten. Aber uns die Besteigung ganz abzuerkennen: Das geht dann doch zu weit! Schließlich hat mich niemand hochgetragen. Die Listen der *Seven Summits* von Dick Bass und Reinhold Messner hatten und haben nichts mit dem Verzicht auf Zusatzsauerstoff zu tun.

Als Mediziner würde ich einen generellen Verzicht auch für zu gefährlich halten. Kari Kobler schreibt zu Recht: »Ohne Sauerstoff kann der Mensch nicht leben und darum ist Sauerstoff kein Doping. Es unterstützt die Menschen beim Aufstieg und ist einer der wichtigsten Faktoren, warum Menschen den höchsten Berg ohne Schädigung der Gesundheit über-

---

[4] Ist ein Grundsatz, den die hippokratische Tradition ins Zentrum ihres Begriffs es moralisch geforderten ärztlichen Handelns stellt, das Originalzitat „Primum non nocere, secundum cavere, tertium sanare", übersetzte „erstens nicht schaden, zweitens vorsichtig sein, drittens heilen".

leben.« Natürlich kann jeder versuchen, es ohne zu schaffen, aber im Notfall sollte unbedingt Zusatzsauerstoff vorhanden sein, um unnötige Schäden und Todesfälle zu vermeiden. Und keiner sollte ihn aus falsch verstandenem Ehrgeiz heraus ablehnen und sich damit in Lebensgefahr bringen.

Wie oft ich von meinen Erlebnissen erzählte, vermag ich nicht zu sagen. Irgendwann hatte ich es oft genug erzählt, um zu begreifen: Was einst ein Zukunftsgedanke war, dem ich visionär träumend, planend und handelnd 13 Jahre meines Lebens gewidmet hatte, war nunmehr eine Erinnerung. Eine schöne, erhebende Erinnerung. Aber eine Erinnerung.

Was soll also als Nächstes kommen?

Ganz gewiss nicht die *Second Seven Summits*, die Hans Kammerlander beschreibt, die zweithöchsten Berge aller Kontinente. Sie sind und bleiben den Profibergsteigern vorbehalten. Ich dagegen bin und bleibe ein Amateur. Es war reizvoll, auf meiner langen Pilgerreise mit vielen Profis zu sprechen, mich gemeinsam mit einigen von ihnen am Berg zu bewähren. Doch ich war kaum mehr als ein Zaungast in ihrer oft rauen und von Konkurrenzkämpfen geprägten Welt.

Als Silvio Mondinelli sich beim Aufstieg zum Gipfel eine Sauerstoffmaske aufsetzte, rief ich ihm im Spaß zu: »Hey Silvio, du hast alle 14 Achttausender ohne Sauerstoff bestiegen. Setz das Teil ab!«

»Du merkst wohl nichts mehr«, gab er zurück. »Ich bin hier im Urlaub, als Reisebegleiter von Aldo. Ohne Sauerstoff gehe ich nur für Rekorde. Vergiss es!«

Freundschaftlich-stichelnd blieb so die Distanz zwischen seiner Welt der Profis und uns Amateuren gewahrt. Wofür ich fast alles geben musste, war für ihn (jedenfalls konnte er so tun) nur ein »Urlaub«.

Für mich gilt also: Keine *Second Seven Summits*, und auch sonst – vorerst – keine gefährlichen Bergabenteuer mehr. Ich fand neue Freunde und entdeckte meine Liebe zum Meer. Ich begann mit dem Kitesurfen und bald fand ich auch hier wieder diesen »Kick«. Wenn ich, nur mit einem Segel, das mit Leinen am Hüftgurt befestigt ist, und einem Brett unter den Füßen von den Urgewalten der Natur über die Wellen gezogen werde, dann ist es für mich nicht nur der »Kick«, sondern auch Freiheit pur!

Am letzten Tag meines jüngsten Brasilienurlaubs erwischte mich eine riesige Welle und ich stürzte mit voller Wucht ins Wasser, so dass die Kette des Amuletts riss, das mir Kasan zum Abschied geschenkt hatte. Ich hatte meine nagelneue Brille daran befestigt. Ich sah noch kurz Brille und Amulett wegschwimmen, dann kam die nächste große Welle und der Everest war endgültig Geschichte.

Die nächste große Herausforderung? Vielleicht kann ich sie mir auch nicht selbst suchen. Vielleicht wird sie mir gestellt. So, wie mir viele meiner Herausforderungen gestellt wurden, ich mich ihnen auf Wegen, Kreuzwegen und Pilgerwegen gestellt habe. Immer bin ich sicher angekommen – im Glauben an Gott und **seine** Vorsehung. DANKE!

*Wir müssen alles tun, was wir können,
aber am Ende steht das Vertrauen auf Gott.
(Ignatius von Loyola)*

Impressum:

Manuela Kinzel Verlag
06844 Dessau * 73037 Göppingen

Tel. 07165 / 929 399

info@manuela-kinzel-verlag.de
www.manuela-kinzel-verlag.de

3. Auflage 2018
© Alle Rechte vorbehalten.
Umschlaggestaltung: Julia Karl, www.juka-satzschmie.de

ISBN 978-3-95544-072-5